我
们
一
起
解
决
问
题

餐饮管理实操从入门到精通

滕宝红◎主编

人 民 邮 电 出 版 社

北 京

图书在版编目（CIP）数据

餐饮管理实操从入门到精通 / 滕宝红主编. -- 北京：
人民邮电出版社，2019.2
ISBN 978-7-115-50691-7

Ⅰ. ①餐… Ⅱ. ①滕… Ⅲ. ①饮食业－商业管理
Ⅳ. ①F719.3

中国版本图书馆CIP数据核字(2019)第013540号

内 容 提 要

餐饮管理是餐饮企业管理的重要组成部分，提高餐饮管理人员的工作能力是提升餐饮管理水平的重要手段之一。

《餐饮管理实操从入门到精通》以图文结合的形式，把餐饮管理人员需要掌握的各项知识和技能分解到365天中，形成了365个知识点。餐饮管理人员可以每天学习一个知识点，并将其应用到实际工作中。本书内容涉及餐饮店的组织架构与工作安排、餐饮智能营销、餐饮促销、餐饮采购管理、楼面作业管理、厨房事务管理、餐饮店营运安全管理、餐饮卫生管理、餐饮财务管理等多个方面，可以有效提高餐饮管理人员的工作能力和工作效率。同时，书中提供了大量的图表和实用范例，读者可以拿来即用或稍改即用。

本书适合各级餐管理人员或即将走上餐饮管理工作岗位的人员阅读，也可作为高等院校相关专业师生的参考读物。

◆ 主　编　滕宝红
　　责任编辑　姜　珊
　　责任印制　焦志炜
◆ 人民邮电出版社出版发行　　北京市丰台区成寿寺路11号
　　邮编　100164　　电子邮件　315@ptpress.com.cn
　　网址　http://www.ptpress.com.cn
　　北京七彩京通数码快印有限公司印刷
◆ 开本：800×1000　1/16
　　印张：16　　　　　　　　　　2019年2月第1版
　　字数：280千字　　　　　　　2025年3月北京第26次印刷

定　价：59.00元

读者服务热线：(010) 81055656　印装质量热线：(010) 81055316
反盗版热线：(010) 81055315

前　言

　　餐饮店是向顾客提供餐饮服务的企业，餐饮管理涉及方方面面的事务，餐饮管理人员只有充分掌握餐饮管理的各项技能，才能带领各级人员做好餐饮管理工作。本书内容主要分为以下三大部分。

　　第一部分"岗位职责"主要描述餐饮管理人员的岗位职责，具体包括餐饮店的组织架构及餐饮管理人员的职责和工作内容。

　　第二部分"管理技能"详细介绍了餐饮管理人员需要掌握的各项管理技能，如制订工作计划、听取汇报与下达指示、进行有效授权等。这部分内容着重强调了餐饮管理人员应积极进行形象自检，确保拥有良好的个人形象，同时还要经常进行自我反思，以便不断取得进步。

　　第三部分"专业技能"重点介绍了餐饮管理人员在日常工作中需要掌握的各项实际操作技能，具体包括餐饮智能营销、餐饮促销管理、餐饮采购管理、楼面作业管理、厨房事务管理、食品安全管理、餐饮店营运安全管理、餐饮卫生管理、餐饮成本控制、餐饮财务管理等。

　　通过认真学习本书，餐饮管理人员可以全面掌握餐饮管理的各项技能，更好地开展餐饮管理工作。

　　本书具有以下五个方面的特点。

　　1．模块清晰

　　全书分为三个部分，即岗位职责、管理技能和专业技能。通过学习岗位职责部分，餐饮管理人员可以了解到自己的职责权限和工作内容；通过学习管理技能部分，餐饮管理人员可以掌握工作中需要用到的各种管理技能；通过学习专业技能部分，餐饮管理人员可以掌握日常管理工作中的各项专业技能。

　　2．每天学习一个知识点

　　本书的最大亮点是把餐饮管理人员需要掌握的各项知识和技能分解到365天中，形成365个知识点。餐饮管理人员可以每天学习一个知识点，并将其应用到实际工作中，直至彻底掌握所有知识点。

3．精心设计了生动、活泼的对话

本书每一章的章前都设计了一段"A经理与Q先生／女士"的对话，这些对话生动、活泼，简要归纳了每一章的知识点。

4．提供了大量图表

本书包括大量的图表，以最直观的形式展示相关知识点，便于读者阅读和学习，此外，书中还设置了"经典范本""实用案例"等栏目，对相关知识点进行了丰富和拓展，为读者提供了有价值的信息。

5．实操性强

由于现代人工作节奏快、学习时间有限，本书尽量做到去理论化、注重实操性，以精确、简洁的方式描述所有知识点，以满足读者希望快速掌握餐饮管理技能的需求。

本书不仅可以作为餐饮管理人员自我充电、自我提升的学习手册和日常管理工作的"小百科"，还可以作为相关培训机构开展岗位培训、团队学习的参考资料。

本书由浙江智盛文化传媒有限公司、深圳市中经智库文化传播有限公司策划，由知名管理实战专家滕宝红主持编写。

由于编者水平有限，加之时间仓促，书中难免会出现疏漏与缺憾之处，敬请读者批评指正。

目 录

第一部分　岗位职责

第一章　餐饮店的组织架构与工作安排 2

　　餐饮店是向顾客提供餐饮服务的场所，餐饮经理必须明确餐饮店的作用，了解餐饮店的组织架构和日常工作流程，只有这样才能有针对性地开展相关工作。

第一节　餐饮店的组织架构 3
001　中小型餐饮店的组织架构 3
002　大型餐饮店的组织架构 3

第二节　365天工作安排 4
003　了解国家法定节假日 4
004　计算工作时间 5
005　采用阶段工作法 5

第二章　餐饮经理岗位须知 7

　　餐饮经理岗位须知主要包含两方面的内容，即岗位要求和工作内容。岗位要求对餐饮经理的任职提出了各种要求，只有达到这些要求，餐饮经理才能胜任这项工作；工作内容则是餐饮经理的主要工作事项，也是餐饮经理必须了解和掌握的。

第一节　餐饮经理岗位要求 8
006　个人形象要求 8
007　心理素质要求 8
008　个人能力要求 9
009　职业道德要求 10

第二节　餐饮经理的工作内容 10
010　日常管理工作内容 10
011　专业管理工作内容 11

第二部分　管理技能

第三章　基本管理技能 14

　　基本管理技能是指餐饮经理在餐饮店的日常管理工作中用到的一些技能，如制订工作计划、进行有效授权、开展沟通等。只有掌握了这些基本管理技能，餐饮经理才能高效地开展餐饮管理工作。

第一节　制订工作计划 15
012　工作计划的格式与内容 15
013　制订工作计划的步骤 16

第二节　下达指示和听取汇报 16
014　正确下达指示 16
015　听取下属汇报工作 17

第三节　进行有效授权................17
016　明确授权的要素............17
017　避免踏入授权的误区.......18
018　掌握必要的授权方法.......18

第四节　团队管理技能..............19
019　团队建设的措施............19
020　团队管理的基本要点.......20

第五节　日常沟通管理..............21
021　常见的沟通方式............21
022　常见的沟通障碍............21
023　达成沟通共识............22
024　做好向上沟通工作.......22
025　做好水平沟通工作.......22
026　做好向下沟通工作.......23
027　明确需要立即沟通的情况...23
028　掌握倾听的方法............24

第四章　自我管理技能..............26

除了要掌握基本的管理技能外，餐饮经理还要掌握自我管理技能。自我管理技能主要包括个人形象自检和自我反思。通过形象自检，餐饮经理可以保持良好的个人形象；通过自我反思，餐饮经理可以获知个人失误，以便及时做出改进。

第一节　个人形象自检..............27
029　男士形象自检的内容.......27
030　女士形象自检的内容.......28

第二节　自我反思工作..............29
031　自我反思的内容............29
032　做好自我反思记录.......30
033　自我反思的推广和运用...30

第三部分　专业技能

第五章　餐饮智能营销................32

互联网、大数据、O2O、微信、APP不但改变了人们的生活，也改变了餐饮业。因此，传统餐饮业也必须改变，不改变就跟不上时代的步伐。餐饮经理也必须适应时代的变化，学习新的餐饮运营模式和营销模式。

第一节　餐饮大数据运用..............33
034　餐饮大数据包含的内容....33
035　餐饮大数据的采集与分析...33
036　餐饮大数据营销三要素....34
037　大数据助力精准市场定位...34
038　大数据支撑收益管理.......35
039　大数据创新需求开发.......36
【实用案例】餐饮企业如何利用大数据在菜单上"做文章"............36
040　如何利用大数据开展精准营销................38
041　灵活运用O2O平台的大数据................38

第二节　餐饮微信营销................40
042　餐饮微信精准定位.......40
043　微信营销内容推送.......40
044　餐饮企业公众号的管理...41
045　运用"附近的人"进行营销................42
046　朋友圈特色美食分享.......42
047　餐饮店微信摇一摇活动模式...43

048　建立自己的粉丝团发展
　　　达人经济 43
049　餐饮店扫一扫加会员 43
050　开通微信点餐 43
051　做好微刊 44
052　餐饮店微信陪聊模式 45
053　微信危机公关 45
054　餐饮店关键词不可忽视 45
055　线上线下整合营销 46
056　餐饮企业微信营销细节 46

第三节　餐饮企业团购营销 47
057　网络团购 47
058　把握团购的时机与商机 47
059　餐饮企业团购促销准备事项 48
060　确认团购合作方式 48
061　选择适合的团购网站 49
062　团购策划设计要有针对性 49
063　做好团购服务 49

第四节　餐饮企业O2O营销 50
064　餐饮企业O2O模式 50
065　餐饮企业的O2O营销方式 50
066　餐饮企业O2O布局 51
067　餐饮企业O2O平台的类型 52

第五节　餐饮APP营销 53
068　餐饮APP的功能 53
069　餐饮APP的种类 54
070　餐饮APP的开发 54
071　餐饮APP的推广 54

第六节　餐饮企业自建网站的营销 ...55
072　自建网站首页 55
073　自建网站主要栏目设置 55

074　自建网站注意事项 56
075　与专业网站开发公司合作 56

第七节　餐饮企业微博营销 56
076　微博营销前的调查 56
　　【经典范本01】××餐饮企业关于
　　微博营销的调查问卷 57
077　微博营销的内容 58
078　微博营销的推广技巧 58
079　如何增加微博粉丝 59

第六章　餐饮促销管理 60

　　餐饮店是为顾客提供餐饮服务的场所，餐饮店经济效益的好坏，在一定程度上取决于促销的运用。因此，在抓好内部管理的同时，餐饮经理应做好餐饮店的促销工作。

第一节　餐饮促销活动策划 61
080　促销活动策划前之自我分析 ...61
081　明确促销活动的目标 61
082　餐饮企业促销方法选择——
　　　服务促销法 62
083　餐饮企业促销方法选择——
　　　优惠促销法 63
084　餐饮企业促销方法选择——
　　　节假日促销法 63
085　餐饮企业促销方法选择——
　　　环境促销法 64
086　餐饮企业促销方法选择——
　　　对象促销法 64
087　餐饮企业庆典活动促销策划
　　　的步骤 65

3

088　开业庆典促销活动的策划....65

【经典范本02】××餐饮企业开业

促销方案....66

089　周年庆促销活动策划....67

第二节　常用的传统广告促销....68

090　户外广告....68

091　公交车车身广告促销....68

092　地铁广告促销....69

093　电梯广告促销....69

094　路牌广告保销....70

095　店内宣传品广告促销....70

096　店外告示牌广告促销....71

第三节　菜单促销....71

097　菜单的种类....71

098　菜单的设计....71

099　菜单的评估和修正....72

100　菜单的定价....73

101　手机电子菜单....74

第四节　服务促销....75

102　知识性服务促销....75

【实用案例】××茶餐厅的老报纸...75

103　附加服务促销....76

【实用案例】海底捞的附加服务...76

104　娱乐表演服务促销....76

105　菜品制作表演促销....76

106　借力促销....77

第五节　重大节假日促销....77

107　春节促销服务型经营方式...77

108　春节促销....77

109　情人节促销....78

110　元宵节促销....78

111　"五一"劳动节促销....78

112　端午节促销....79

113　母亲节促销线下版....79

114　母亲节促销线上版....80

115　父亲节促销....80

116　中秋节促销....80

117　重阳节促销....81

118　国庆节促销....82

119　圣诞节促销....82

第六节　跨界促销....82

120　与银行合作促销....82

【实用案例】美食特惠活动........83

121　与商场（超市）合作促销....83

122　与电影院合作促销....83

123　与饮料企业合作促销....83

【实用案例】××餐饮企业与可口

可乐的联合促销....84

124　与互动游戏企业合作促销....84

【实用案例】小尾羊与麒麟游戏

合作促销....84

125　与电器卖场合作促销....85

【实用案例】....85

百胜与苏宁合作促销....85

第七节　餐饮促销活动评估....85

126　检查法评估促销效果....85

127　前后比较法评估促销效果....86

128　顾客调查法评估促销效果....88

【经典范本03】××餐饮企业促销
策略调查问卷 88
129　观察法评估促销效果 90
130　促销效果评估 91
131　促销活动总结 93

第七章　餐饮采购管理 95

对餐饮企业而言采购管理非常重要，采购管理的目的是保障餐饮企业的经营活动正常持续进行，加速资金周转，降低采购成本等。

第一节　餐饮采购的方式 96
132　统一采购 96
133　集团统一采购与各区域分散
采购相结合 96
134　本地采购与外地采购相结合...96
135　餐饮企业联合招标采购 96
136　供应商长期合作采购 97
137　同一菜系餐饮企业集中
采购 97
138　向农户直接采购 97
139　自建原材料基地 97
140　食材集采 97

第二节　餐饮企业网络采购 98
141　选择最优的食材集采平台....98
142　餐饮B2B采购买方模式 98
143　餐饮B2B采购卖方模式 99
144　餐饮B2B采购第三方平台
模式 100
145　主要B2B餐饮采购平台 100
146　餐饮O2O采购 101

147　餐饮APP采购 102

第三节　制定食材的采购标准 ...104
148　大米的采购标准 104
149　面粉的采购标准 104
150　乳类的采购标准 104
151　肉类的采购标准 105
152　海产类的采购标准 105
153　蛋类的采购标准 106
154　蔬菜的采购标准 107
155　水果的采购标准 108
156　调味品的采购标准 109
157　干货类食材的采购标准......109

第四节　食材验收管理 110
158　明确食材验收的类别 110
159　选择合适的验收方法 111
160　明确验收的要求 111
161　认真做好验收 112
162　填写验收报告表 112
163　验收异常状况处理 113
164　坏品及退货 113

第五节　食材储存管理 113
165　淀粉类食材的储存方法......113
166　油脂类食材的储存方法......114
167　蔬菜类食材的储存方法......114
168　腌制食品与水果的储存
方法 114
169　鱼、肉类食材的储存方法...114
170　肉类的储存时间要求 115
171　豆类、乳类、蛋类的储存
方法 115
172　各类饮料的储存方法 116

173 酒类的储存方法...............116
174 了解常用食材的储存期限...117
175 定期对仓库进行清洁.........118
176 加强食材储存安全控制.....118
177 严格控制食材的发放.........119

第六节 采购工作稽核...............120
178 原始凭证核查...................120
179 采购费用核查...................120
180 食材途中损耗核查.............121
181 购进食材入库、入账数量
    核查...............................121
182 估价入账食材核查.............121

第八章　楼面作业管理............122

楼面是餐饮企业向顾客提供餐饮服务的主要场所，对楼面作业进行管理是餐饮经理日常工作的主要内容。餐饮经理要带领员工做好楼面的管理和销售工作，向顾客提供最好的服务，同时要处理好各类常规事件和突发事件。

第一节 提供优质的服务...............123
183 保证餐饮服务质量 123
184 楼面工作人员仪容要求......124
185 楼面工作人员着装要求......124
186 服务姿态大方优雅.........125
187 日常手势规范得体.........126
188 建立统一的服务标准.........127
189 细心照顾残疾顾客.........128
190 耐心对待带小孩的顾客.....129
191 尊重老年顾客...............129
192 平等对待熟人或亲友顾客...130
193 顾客意见调查...............130

【经典范本04】顾客意见卡........130

第二节 楼面销售工作...................131
194 保证菜品质量...............131
195 增加酒水销售收入.........132
196 增加服务费收入...........133
197 增加包间收入...............133
198 收取酒水商进场费.........134

第三节 智能自助点餐...................135
199 自助点餐的好处.............135
200 自助点餐的方式.............135
201 自助点餐的选择.............136
202 二维码点餐...................136
203 微信公众号点餐.............137
204 APP点餐.......................137
205 自助点餐机...................137
206 小程序点餐...................138

第四节 楼面工作检查...................139
207 上午营业前及营业中例行
    检查...............................139
208 中午收尾工作检查.............140
209 下午例行工作检查.............141
210 晚上收尾工作检查.............142
211 处理检查结果...................142

第五节 常规问题处理...............142
212 顾客醉酒的处理.............142
213 顾客要求提供AA制服务
    的处理...........................143
214 顾客就餐赶时间的处理.....143
215 顾客结账时的处理.........143
216 顾客有要事谈的处理.........144

217 就餐的小朋友吵闹的处理...144

218 顾客要求服务人员陪酒的
处理.........................144

219 顾客要求取消上菜的处理...144

220 餐饮店客满的处理.............145

221 顾客点了菜单上没有的
菜品的处理.................145

222 菜、汤汁溅到顾客身上的
处理.........................145

223 发现未付账的顾客离开的
处理.........................146

224 顾客发现饭菜中有异物的
处理.........................146

225 回答不了顾客提问的处理...146

226 顾客要求减账时的处理......147

227 顾客反映价格不对时的
处理.........................147

228 顾客反映菜品味道不对的
处理.........................148

229 顾客进餐时损坏了餐具的
处理.........................148

230 顾客想给服务人员敬酒的
处理.........................149

231 顾客自带食材要求加工的
处理.........................149

232 顾客要赠送礼品的处理......149

233 顾客偷拿餐具的处理.........150

234 预防跑账的处理.............150

第九章 厨房事务管理..................151

厨房是集烹制、加工、调理等功能于一体的场所，餐饮经理必须加强厨房事务的管理工作，否则极易出现纰漏，从而影响餐饮店的正常运营。

第一节 日常厨房事务管理.........152

235 制定检查工作制度.............152

236 做好厨房会议管理.............152

237 厨房设备管理.................153

第二节 菜品生产质量控制.........154

238 明确菜品生产流程.............154

239 使菜品生产标准化.............155

240 食材的领用、保管、质量
控制.........................156

241 食材粗加工质量控制...157

242 切配质量控制.................157

243 烹调制作质量控制...........158

244 打荷质量控制.................159

245 出菜质量控制.................159

246 销售质量控制.................160

第三节 菜品创新管理...................160

247 明确菜品创新的条件.........160

248 创新菜品的申报.............161

249 明确创新菜品的鉴定人员...161

250 创新菜品的鉴定方法.........161

251 创新菜品的技术培训.........161

第四节 厨房员工安全管理.........162

252 确保工作环境安全.............162

253 预防割伤.....................162

254 预防烫伤.....................163

255 预防烧伤.....................163

256 预防机器设备伤害.............163

257 预防跌伤 164
258 预防扭伤 164

第十章 食品安全管理...............165

保障餐饮店的食品安全是餐饮经理的职责，餐饮经理必须对此高度重视。餐饮经理要采用各种措施，避免食物过敏和食物中毒等事件发生，同时要做好相应的处理工作。

第一节 预防食物过敏 166
259 了解食物过敏反应 166
260 了解常见食物致敏原 166
261 做好食物致敏原预防工作...............167
262 标示标注致敏原...............168

第二节 预防食物中毒 169
263 了解产生食物中毒的原因...............169
264 明确预防食物中毒的要求...............170
265 预防细菌性食物中毒...............170
266 预防化学性食物中毒...............171
267 预防有毒食物中毒...............172
268 处理食物中毒事件...............172
269 处理食物中毒投诉...............173

第十一章 餐饮店营运安全管理...174

安全是餐饮店有序营运的前提，是餐饮店实现效益的保证，是保护顾客与员工利益的根本。作为餐饮经理，要时刻把餐饮店的营运安全放在重要的位置。

第一节 餐饮店人、财、物的安全防范 175
270 防抢劫...............175

271 防偷...............177
272 防意外...............179
273 防火...............179
274 防台风...............181
275 防爆...............181
276 防地震...............182

第二节 餐饮店突发事件应急处理...............182
277 烫伤...............182
278 烧伤...............183
279 腐蚀性化学制剂伤害...............183
280 电伤...............183
281 顾客突然病倒...............183
282 顾客跌倒...............184
283 顾客出言不逊...............184
284 顾客丢失财物...............184
285 顾客打架闹事...............185
286 突然停电...............185

第十二章 餐饮卫生管理...............186

餐饮卫生管理的目的是确保餐饮店干净、整洁、无虫害，这是从基本层面保证餐饮店的食品安全。因此，餐饮经理必须对餐饮店的卫生进行严格管理，如加强员工的卫生管理、生产场所的卫生管理等。

第一节 生产场所卫生管理...............187
287 墙壁清洁工作...............187
288 门窗与防蝇设施清洁工作..187
289 下水道及水管清洁工作...............188
290 通风、照明设备清洁工作...188
291 洗手池设备清洁工作...............189

292 更衣室和卫生间清洁工作..189
293 加工间清洁工作 189

第二节 食品及加工设备卫生管理 191
294 食品卫生管理 191
295 各类食品卫生要求 191
296 菜品制作卫生管理 194
297 加工设备卫生管理 195
298 烹调设备卫生管理 195
299 冷藏设备卫生管理 196
300 餐具卫生管理 197

第三节 垃圾处理及病虫害防治 ..198
301 气态垃圾处理 198
302 液态垃圾处理 199
303 固态垃圾处理 199
304 虫鼠的防治 200
305 苍蝇的防治 200
306 蟑螂的防治 200

第四节 餐饮卫生检查 201
307 定期进行卫生检查 201
308 检查结果的处理 203

第十三章 餐饮成本控制 204

餐饮经理要想提高餐饮店的利润，最有效的方法就是开源节流，一方面用促销的方法提高餐饮店的收入，另一方面使各项开支都能得到合理的运用，将损失和耗费降至最低。因此，餐饮经理应严格做好成本控制工作。

第一节 餐饮成本核算 205
309 餐饮成本的分类 205
310 掌握成本核算的方法 205
311 餐饮成本核算的步骤 206

第二节 采购、验收及储存成本控制 207
312 控制采购价格 207
313 防止采购"吃回扣" 208
314 配备称职的验收人员 209
315 明确验收程序 209
316 做好防盗工作 210
317 加强储存环节 211

第三节 食品生产成本控制 212
318 加工过程成本控制 212
319 配份过程成本控制 213
320 烹调过程成本控制 213
321 生产后成本控制 214

第四节 其他成本控制 214
322 餐饮人工成本控制 214
323 用水成本控制 216
324 冷冻系统控制 216
325 生产区设备电费控制 217
326 照明系统电费控制 218
327 燃气费用控制 219
328 租金成本控制 219
329 广告费用控制 221
330 折旧费用控制 221
331 刷卡手续费控制 221
332 房屋修缮费控制 221
333 停车费控制 222
334 餐具损耗控制 222
335 餐具清洁外包 223

第十四章　餐饮财务管理 224

财务管理在餐饮经理的日常管理工作中占据着非常重要的地位，因为财物管理涉及账款的往来，因此，餐饮经理必须从各个方面对与财务有关的事宜进行严格的管控，如定期进行财务核查等。

第一节　出纳与收银作业管理 225
336　确定收银员的职责 225
337　明确日常工作手续 225
338　明确账单核查流程 226
339　点菜过程控制 226
340　现金结账过程控制 227
341　信用卡结账过程控制 227
342　入账过程控制 227

第二节　餐饮智能支付与开票 228
343　了解微信支付的方式 228
344　公众号开通微信支付的流程 228
345　APP开通微信支付的流程 ...230
346　线下实体商户接入微信支付 230
347　申请微信支付收款码贴纸 ...230

348　了解支付宝支付对餐饮企业的意义 231
349　餐饮企业如何利用支付宝收款 232
350　支付宝收款码的申请 233
351　二维码支付 234
352　支付宝扫码开票 234
353　微信扫码开票 235

第三节　餐饮账款管理 236
354　备用金的日常管理 236
355　营业收入的日常管理 237
356　明确费用报销的程序 237
357　制定规范的信用政策 237
358　监控应收账款 238
359　催收应收账款 238

第四节　餐饮财务核查 239
360　日常账款核查 239
361　记账凭证的核查 239
362　各类经营账簿核查 240
363　日常经营报表核查 240
364　各种有价证券核查 241
365　其他项目核查 241

第一部分

岗位职责

第一章　餐饮店的组织架构与工作安排

导读 >>>

　　餐饮店是向顾客提供餐饮服务的场所，餐饮经理必须明确餐饮店的作用，了解餐饮店的组织架构和日常工作流程，只有这样才能有针对性地开展相关工作。

　　Q先生：A经理，作为一名餐饮经理，该怎样开展餐饮店的管理工作呢？

　　A经理：首先你要了解餐饮店的组织架构，大型餐饮店和小型餐饮店的组织架构不同。这是开展餐饮管理工作必须掌握的知识。

　　Q先生：那么，我该怎样安排餐饮店的日常工作呢？

　　A经理：根据我的经验，你可以将日常工作按日、周、月、季度以及年来进行安排。因为时间段不同，要做的事情也有所不同。例如，每天要做的事情是常规事项，而每年要做的事情则是需要长远的计划。只有做出恰当的安排，才能有条不紊、循序渐进地开展工作。

说明：A经理是一名具有多年工作经验的餐饮经理，Q先生是一名刚上任的餐饮经理。

第一节　餐饮店的组织架构

001　中小型餐饮店的组织架构

为精简人事，中小型餐饮店往往一人身兼数职，老板就是管理者（经理），人员编制可能只有厨师、洗碗工和服务人员，所以整个组织架构是扁平状的。中小型餐饮店的组织架构示例如图1-1所示。

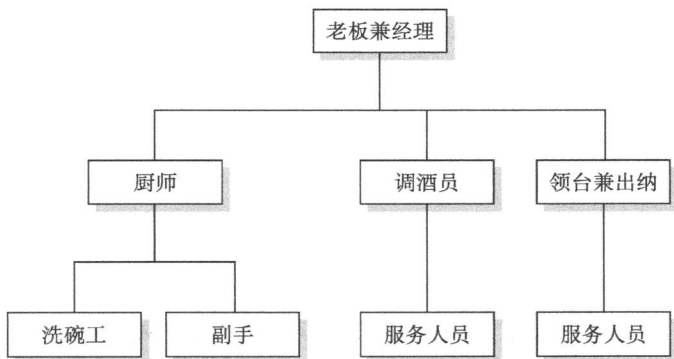

图1-1　中小型餐饮店的组织架构示例

002　大型餐饮店的组织架构

大型餐饮店多采用产品型组织架构，而产品型组织架构最大的优点是权责分明，工作责任无法推诿；其缺点是不易协调，人员和设备易重复设置，造成资金的浪费。大型餐饮店的组织架构示例如图1-2所示。

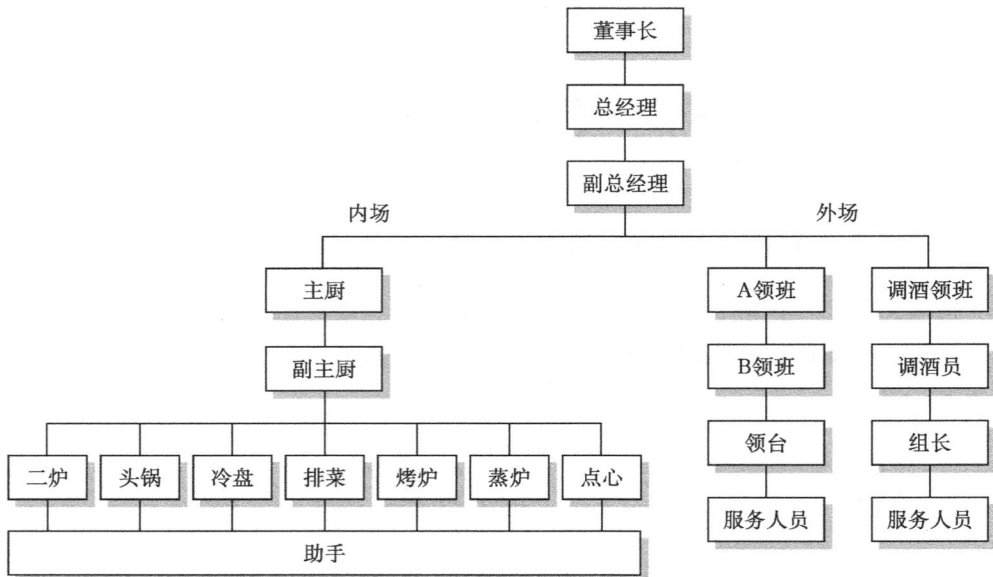

图1-2 大型餐饮店的组织架构示例

第二节 365天工作安排

003 了解国家法定节假日

餐饮经理要想合理安排员工的工作时间，就必须了解国家的法定节假日。因此，餐饮经理可以将一年中的国家法定节假日分列出来。常规的国家法定节假日如表1-1所示。

表1-1 国家法定节假日

节假日名称	放假天数	日期
元旦	1天	1月1日
春节	3天	农历正月初一、初二、初三
清明节	1天	4月5日前后
劳动节	1天	5月1日

（续表）

节假日名称	放假天数	日期
端午节	1天	农历五月初五
中秋节	1天	农历八月十五
国庆节	3天	10月1日、2日、3日

004　计算工作时间

工作时间又称法定工作时间，是指员工在法定期限内，在用人单位从事相关工作的时间。

1．工作时间计算

年工作日：365－104（休息日）－11（国家法定节假日）=250天

季工作日：250÷4=62.5天

月工作日：250÷12≈20.83天

2．有效工作时间

有效工作时间就是员工完成一件工作的必需时间。如果规定上班时间为8小时，那么通常情况下，许多员工的有效工作时间往往达不到8小时，必须扣除等待、闲聊、串岗或处理个人私事的时间。

005　采用阶段工作法

餐饮经理可以采用阶段工作法，对一年的工作进行具体安排。这里所说的阶段是指日、周、月、季度、年度五个不同阶段。餐饮经理应对每天、每周、每月、每季度及每年做好时间安排及工作事项安排，具体内容如表1-2所示。

表1-2　餐饮经理阶段工作安排

阶段	工作事项	备注
一日	（1）制订日工作计划 （2）每日进行形象自检 （3）召开早会 （4）巡视工作	

阶段	工作事项	备注
一日	(5) 与其他部门协调工作 (6) 楼面日常管理工作 (7) 顾客投诉处理 (8) 突发事件应急处理	
一周	(1) 制订一周工作计划 (2) 主持周例会 (3) 参加部门经理周例会 (4) 担任值班经理 (5) 日常卫生管理工作 (6) 餐饮食材的采购与验收 (7) 进行顾客意见调查 (8) 每周工作总结 (9) 每周自我反思	
每月	(1) 制订每月工作计划 (2) 制定每月排班表 (3) 在岗员工培训 (4) 食品安全管理 (5) 餐饮成本控制与管理 (6) 员工每月绩效考核 (7) 每月工作总结	
季度	(1) 制订季度目标计划 (2) 招聘新员工 (3) 新员工入职培训 (4) 员工激励管理 (5) 季度工作总结	
年度	(1) 年度工作总结与制订下一年工作计划 (2) 制订年度培训计划 (3) 制订年度营销计划 (4) 建立服务质量标准 (5) 签订安全责任书 (6) 员工年度绩效考核	

第二章　餐饮经理岗位须知

导读 >>>

　　餐饮经理岗位须知主要包含两方面的内容，即岗位要求和工作内容。岗位要求对餐饮经理的任职提出了各种要求，只有达到这些要求，餐饮经理才能胜任这项工作；工作内容则是餐饮经理的主要工作事项，也是餐饮经理必须了解和掌握的。

　　Q先生：A经理，我对自己能否胜任餐饮经理这项工作不是很有信心，我想请问您，要想做一名合格的餐饮经理，应该达到哪些要求？

　　A经理：餐饮经理是餐饮店的负责人，没有一定的能力是无法胜任的。你要具备良好的个人形象和心理素质、丰富的专业知识以及较强的沟通能力，同时还要具有良好的职业道德，这样才有可能能胜任这份工作。

　　Q先生：我刚刚入职，还不清楚餐饮经理应该做哪些工作，您能教教我吗？

　　A经理：餐饮经理的工作千头万绪，但具体来说分为两部分，即日常管理和专业管理。前者是指制订工作计划、汇报工作与下达指示等；后者则是每天要做的专业事务，如楼面作业管理、厨房事务管理等。

第一节　餐饮经理岗位要求

006　个人形象要求

餐饮经理的形象包括穿着的服饰、言谈举止、个人神态等，具体内容如表2-1所示。

表2-1　餐饮经理的形象要求

形象素质	具体说明
穿着的服饰	朴素、大方、整洁是对餐饮经理服饰的基本要求。餐饮经理无论穿什么款式的服装、佩戴什么样的饰品，都要做到衣着雅致美观，外表整洁端庄
言谈举止	言谈举止是一个人的修养、性格特征、经历的直接体现，餐饮经理的举止要彬彬有礼，谈吐要文雅、严谨
个人神态	(1) 餐饮经理的眼神应该是自然、温和的，使人感到亲切、可信赖 (2) 在日常工作中，餐饮经理应采用"公事凝视"，即用眼睛注视对方脸上的三角区，这个三角以双眼为底线，上顶角到前额，这样看着别人能给人以郑重、严肃的感觉 (3) 与下属相处时，目光要柔和一些，给人以平易近人的感觉

007　心理素质要求

餐饮经理应具备过硬的心理素质，具体要求如图2-1所示。

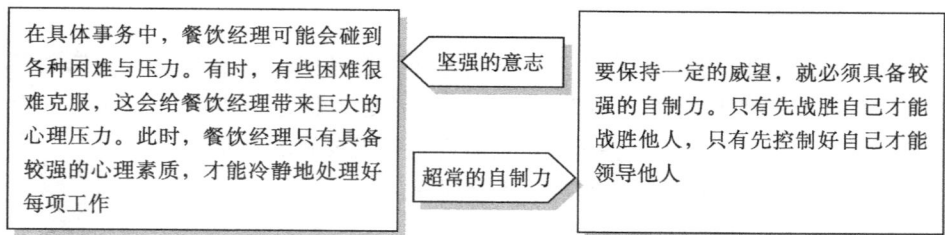

在具体事务中，餐饮经理可能会碰到各种困难与压力。有时，有些困难很难克服，这会给餐饮经理带来巨大的心理压力。此时，餐饮经理只有具备较强的心理素质，才能冷静地处理好每项工作

坚强的意志

超常的自制力

要保持一定的威望，就必须具备较强的自制力。只有先战胜自己才能战胜他人，只有先控制好自己才能领导他人

图2-1　餐饮经理的心理素质要求

008　个人能力要求

1．用才能力

员工是企业最大的财富，作为餐饮店的管理者，餐饮经理要充分重视员工的价值，合理调配餐饮店的资源，做到责权分明；要有科学的人才观，善于发现和培养人才，合理使用人才，只有这样才能留住人才。

2．市场营销能力

市场具有多元化、多变性的特征，并且现在的餐饮市场竞争非常激烈，餐饮经理要紧跟形势，准确把握餐饮市场的发展趋势，要具备前瞻性的眼光，做好餐饮店的业务拓展、地区市场开拓等工作。

3．沟通能力

要处理好与顾客、员工等不同群体之间的关系，就需要具备较强的沟通能力，协调好周围人的人际关系。随着餐饮市场的不断发展，餐饮经理要注重沟通技巧，提高沟通能力，最好能简单掌握一点儿外语。

4．创新能力

餐饮业的经营业态和经营特色复杂多样，餐饮经理要具备在本餐饮店经营模式的基础上找准目标市场的能力，经营方法和经营技巧要能切合人们的消费意愿，能以创新的观念开拓市场。

5．判断能力

餐饮经理应思维敏捷，对领导提出的议题有自己独特的想法、建设性的意见或建议，保持上下统一、总揽全局，做到认准和把握好方向，确保餐饮店协调、健康发展。

6．公关能力

作为餐饮店的高层决策人员，餐饮经理对内要以团结为己任，乐于倾听不同的意见，重视沟通，在坚持原则的前提下，把员工凝聚在一起；对外要以提高企业知名度和社会影响力为己任，协调好与社会各界的关系，拓展企业的发展空间，为产品"走出去"铺平道路。

7．处理危机或突发事件的能力

在餐饮店的营运过程中，会不可避免地出现短期或长期的危机及突发事件。最大限度地降低危机或突发事件的负面影响，减少此类事件对餐饮店正常经营的影响，带领员工奋发图强、走出危机，是优秀的餐饮经理必备的素质之一。

8．理财能力

餐饮经理的重要职责之一就是要做好财务监督工作，做一个"好管家"。因此，餐饮经理应具备一定的财务知识，能看懂反映餐饮店财务状况的各种财务报表和其他指标，控制不必要的支出，发扬"艰苦朴素、勤俭持家"的优良传统，力争把有限的资金用于餐饮店的经营和发展上。

009　职业道德要求

对餐饮经理职业道德的要求不仅要高于社会道德的要求，而且还要高于普通岗位的职业道德要求。

凡是要求下属和员工遵守的制度，餐饮经理首先要遵守；凡是要求下属和员工不能做的事情，餐饮经理首先不能做；要求下属不以权谋私，餐饮经理首先不能以权谋私。餐饮经理只有严格要求自己，才能言传身教、影响他人，使员工为实现企业目标而齐心协力地工作。

第二节　餐饮经理的工作内容

010　日常管理工作内容

餐饮经理的日常管理工作内容包括制订工作计划、下达指示和听取汇报、进行有效授权、管理团队、日常沟通、进行个人形象自检以及自我反思等，具体内容如表2-2所示。

表2-2　餐饮经理的日常管理工作内容

工作	具体内容
制订工作计划	在餐饮经理的基本管理技能中，第一项便是计划能力。制订工作计划贯穿于餐饮经理管理工作的全过程。因此，餐饮经理的首要任务是制订工作计划
下达指示和听取汇报	下达指示和听取汇报是餐饮经理日常管理工作的一个重要部分，也是其必须掌握的基本管理技能。餐饮经理要掌握下达指示和听取汇报的方法并把这些方法运用于工作中
进行有效授权	餐饮经理在授权时，必须对自己的职责有一个明确的定位，按照责任大小把工作分类排列，重要工作要亲自监控，其他工作授权给员工，但要做好督导
管理团队	餐饮经理在团队中扮演着领导的角色，担负着管理整个团队的责任，主要任务和职责就是带领团队成员实现团队目标

工作	具体内容
日常沟通	沟通是开展一切工作的前提，如果事先没有沟通，餐饮经理就很难顺利开展日常工作。因此，餐饮经理要充分认识到沟通的重要性
进行个人形象自检	要想做好餐饮管理工作，餐饮经理就必须进行个人形象自检
自我反思	餐饮经理应定期或不定期开展自我反思工作并如实记录，以便及时改进工作

011　专业管理工作内容

餐饮经理专业管理的工作内容涉及很多餐饮管理的具体事项，具体内容如表2-3所示。

表2-3　餐饮经理的专业管理工作内容

工作项目	具体内容
餐饮智能营销	(1) 餐饮大数据运用 (2) 餐饮微信营销 (3) 餐饮企业团购营销 (4) 餐饮企业 O2O 营销 (5) 餐饮 APP 营销 (6) 餐饮企业自建网站营销 (7) 餐饮企业微博营销
餐饮促销管理	(1) 餐饮促销活动策划 (2) 常用传统广告促销 (3) 菜单促销 (4) 服务促销 (5) 重大节假日促销 (6) 跨界促销 (7) 餐饮促销活动评估
餐饮采购管理	(1) 餐饮采购的方式 (2) 餐饮企业网络采购 (3) 制定食材采购标准 (4) 食材验收管理 (5) 食材储存管理 (6) 采购工作稽核

（续表）

工作项目	具体内容
楼面作业管理	（1）提供优质服务 （2）楼面销售工作 （3）智能自助点餐 （4）楼面工作检查 （5）常规问题处理
厨房事务管理	（1）日常厨房事务管理 （2）菜品生产质量控制 （3）菜品创新管理 （4）厨房员工安全管理
食品安全管理	（1）预防食物过敏 （2）预防食物中毒
餐饮店营运安全管理	（1）餐饮店人财物的安全防范 （2）餐饮店突发事件应急处理
餐饮卫生管理	（1）生产场所卫生管理 （2）食品及加工设备卫生管理 （3）垃圾处理及病虫害防治 （4）餐饮卫生检查
餐饮成本控制	（1）餐饮成本核算 （2）采购、验收及储存成本控制 （3）食品生产成本控制 （4）其他成本控制
餐饮财务管理	（1）出纳与收银作业管理 （2）餐饮智能支付与开票 （3）餐饮账款管理 （4）餐饮财务核查

第二部分

管理技能

第三章　基本管理技能

导读 >>>

　　基本管理技能是指餐饮经理在餐饮店的日常管理工作中用到的一些技能，如制订工作计划、进行有效授权、开展沟通等。只有掌握了这些基本管理技能，餐饮经理才能高效地开展餐饮管理工作。

　　　　Q先生：A经理，最近我在工作中遇到一些问题，如不知道该怎样向下级下达指示。

　　　　A经理：首先你要把心态放平和；其次你要掌握下达指示的技巧，如明确指示的内容等。

　　Q先生：A经理，您能教我一些沟通的技巧吗？

　　A经理：沟通分很多种，如向上沟通、向下沟通、水平沟通，要视不同的情况运用相应的沟通技巧。例如，向上沟通时，不要给上司出难题，要尽量出"选择题"；向下沟通时要注意下级的想法和感受。

第一节　制订工作计划

012　工作计划的格式与内容

1．工作计划的格式

工作计划的格式如下所示。

（1）计划的名称，包括计划名称和计划期限两个要素，如"××餐饮店＿＿＿年＿月工作计划"。

（2）工作计划的具体要求，包括工作的目的和要求、工作的项目和指标、实施的步骤和措施等，也就是为什么做、做什么、怎么做、做到什么程度。

（3）制订计划的日期。

2．工作计划的内容

餐饮经理的工作计划内容可用"5W1H"来概括，具体内容如图3-1所示。

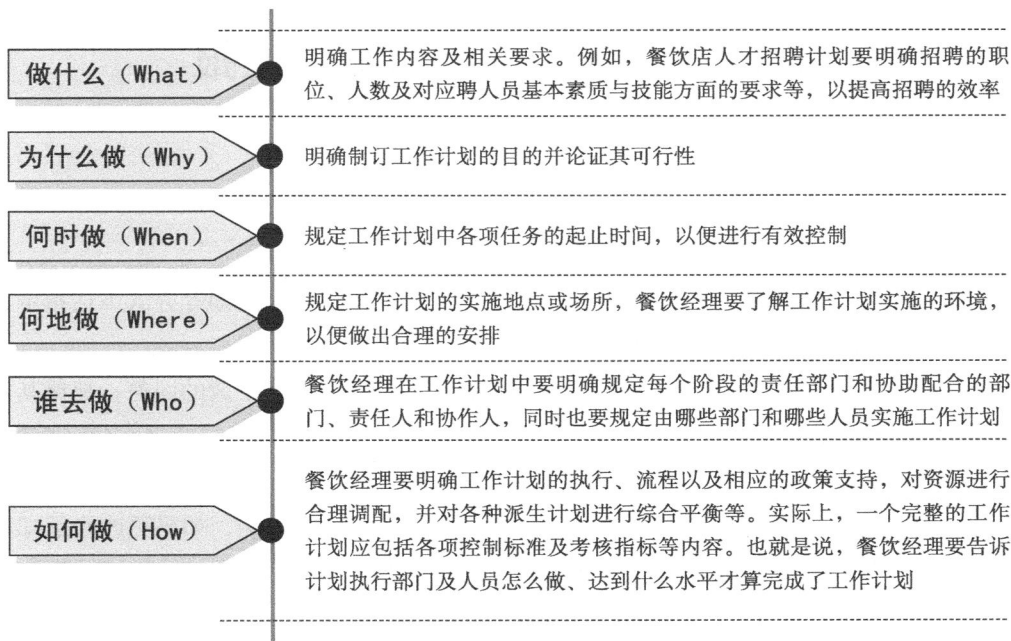

做什么（What）	明确工作内容及相关要求。例如，餐饮店人才招聘计划要明确招聘的职位、人数及对应聘人员基本素质与技能方面的要求等，以提高招聘的效率
为什么做（Why）	明确制订工作计划的目的并论证其可行性
何时做（When）	规定工作计划中各项任务的起止时间，以便进行有效控制
何地做（Where）	规定工作计划的实施地点或场所，餐饮经理要了解工作计划实施的环境，以便做出合理的安排
谁去做（Who）	餐饮经理在工作计划中要明确规定每个阶段的责任部门和协助配合的部门、责任人和协作人，同时也要规定由哪些部门和哪些人员实施工作计划
如何做（How）	餐饮经理要明确工作计划的执行、流程以及相应的政策支持，对资源进行合理调配，并对各种派生计划进行综合平衡等。实际上，一个完整的工作计划应包括各项控制标准及考核指标等内容。也就是说，餐饮经理要告诉计划执行部门及人员怎么做、达到什么水平才算完成了工作计划

图3-1　5W1H示意图

013　制订工作计划的步骤

制订工作计划的步骤如下。

（1）餐饮经理应认真学习和研究相关法律法规和政策，在制订工作计划时不要违背相关法律规定和政策。

（2）餐饮经理应认真分析本店的实际情况，这是制订工作计划的依据和基础。

（3）餐饮经理应根据本餐饮店的实际情况确定工作方针、工作任务和工作要求，然后据此确定具体的实施方法和措施，最后确定具体步骤。

（4）餐饮经理根据工作中可能出现的偏差、问题、困难等，确定相应的处理办法和措施，避免问题发生后工作陷入被动。

（5）餐饮经理根据工作的需要对相关人员进行明确分工。

（6）工作计划草案制订后，餐饮经理应将召集餐饮部全体人员参与讨论。

（7）餐饮经理在实践中进一步修订、补充和完善工作计划。工作计划一旦制订完毕并经正式通过或批准，所有员工应坚决贯彻执行。在执行工作计划的过程中，餐饮经理还需要对计划加以补充与修订，使计划更加完善并切合实际。

第二节　下达指示和听取汇报

014　正确下达指示

在下达指示时，餐饮经理应注意以下几个问题。

（1）可采用口头通知、短信通知、电话通知、书面通知、托人通知等方式下达指示，并说明该指示的注意事项和相应的奖惩机制。

（2）下达指示之前，可先向下属询问与指示相关的问题，通过下属的回答，把握其对所谈话题的感兴趣程度、理解程度，之后再把自己的真实意图表达出来。

（3）除了商业机密外，应对下属说明下达该指示的目的。

（4）对于已下达的指示，有时不得已要进行改正时务必做出说明，如果更改指示却不作任何说明，容易引起下属的不满，甚至导致其不执行新指示。

（5）尽量当着下属的面下达指示，必要时可亲自示范。

另外，最好将向下属下达的指示记录在工作笔记中，便于传达和下属进行记忆，也便于餐饮经理进行检查与监督。

015　听取下属汇报工作

餐饮经理在听取下属汇报工作时要注意以下事项。

（1）遵守时间。如果与下属已约定时间，应准时等候并做好相关准备工作。

（2）及时安排汇报者进门入座。

（3）善于倾听。当下属汇报工作时，可与之进行适当的目光交流，并配以点头等动作表示自己在认真倾听。

（4）善于提问。对汇报过程中不清楚的问题要及时提出来，并要求汇报者重复说明或进一步解释，也可以适当进行提问。

（5）不要做出不礼貌的行为。听下属汇报工作时不要有频繁看表、打哈欠、做其他事情等不礼貌的行为。要求下属结束汇报时可以通过委婉的语气告诉对方，不能粗暴打断。

（6）礼貌相送。下属告辞时，应起身相送。

第三节　进行有效授权

016　明确授权的要素

授权是指将分内的若干工作交给下属完成。授权行为包括工作指派、权力授予和责任担当三个要素，具体内容如表3-1所示。

表3-1　授权的三个要素

要素	具体内容
工作指派	餐饮经理在指派工作时，往往只告诉员工工作性质与工作范围，却未告诉员工其所要达到的工作绩效。对于餐饮经理分内的工作，有的可以指派给员工完成，有的则不可以。例如，目标的确立、政策的拟定、员工的考核与奖惩等工作都必须由餐饮经理完成
权力授予	餐饮经理授予的权力应以员工刚好能够完成指派的工作为限度。若授予的权力不及执行工作所需，指派给员工的工作将无法完成；反之，则会出现权力失衡。所以，餐饮经理必须对授予的权力进行必要的追踪、修正或收回

（续表）

要素	具体内容
责任担当	餐饮经理向员工授权就意味着员工对餐饮经理承担了与权力对等的责任，这是员工的责任担当。另外，餐饮经理对所授权员工也有一种责任，即该员工无法完成工作或错误地执行了工作指令时，餐饮经理必须承担相应的责任

017　避免踏入授权的误区

授权是一种可以让员工边做边学的在职训练，这有助于提高员工的归属感与成就感。许多餐饮经理因顾虑重重而不愿向员工授权，其主要原因如表3-2所示。

表3-2　影响授权的原因

原因	具体内容
担心员工做错事	餐饮经理担心员工做错事是因为对员工缺乏信心。每个人都会做错事，如果餐饮经理能适当训练与培养员工，员工做错事的可能性就会减少。授权是一种在职训练，餐饮经理不能因怕员工做错事而不进行授权
担心员工工作表现优秀	餐饮经理因担心员工工作表现太优秀而超越自己，所以不愿授权，但是从另一个角度来看，员工优秀的工作表现可以反映出餐饮经理的知人善任与领导有方
担心失去对员工的管控	只有领导力弱的餐饮经理在授权之后才会失去对员工的管理。如果餐饮经理在授权时能划定明确的授权范围、注意权责相当，并建立追踪机制，就不用担心失去对员工的管控了
不愿交出得心应手的工作	基于惯性或惰性，许多餐饮经理不愿将得心应手的工作授权给员工做。另外，有许多餐饮经理以自己做比员工做更省事为由而不愿授权
找不到合适的员工授权	找不到合适的员工授权常被一些餐饮经理当作不愿授权的借口。每位员工都具有可塑性，均可通过授权予以塑造

018　掌握必要的授权方法

1．学会授权工作

授权员工工作的步骤包括做出授权决定、简明交代情况和跟踪了解，餐饮经理要对每一步可能出现的情况进行预测，具体内容如表3-3所示。

表3-3 授权的步骤

类别	具体内容
做出授权决定	授权是有回报的，员工一旦掌握了某项技能，日后无须重复交代就能很好地完成该项工作。餐饮经理应视每项工作的性质将其授权给具备相应专业技能和知识的员工去完成
简明交代情况	要确保已向员工交代清楚，并且员工已经完全明了了餐饮经理的意思——做什么、什么时候完成及要达到何种程度。此外，在员工工作的过程中，餐饮经理应给予必要的支持和指导
跟踪了解	在员工工作的过程中，餐饮经理要检查工作完成的质量并提出积极的反馈意见

2．提供与工作有关的各种信息

当餐饮经理授权员工工作时，除了要清楚交代工作之外，还必须提供顺利完成该项工作所需的必要信息。同时，餐饮经理还应与员工讨论可能遇到的困难及解决方法。

3．强化被授权者的职责

对授权的工作要设定明确的、切实可行的完成时间。把工作授权给他人不仅仅意味着把项目的控制权交给对方，同时也交付了对这项工作的职责，因此要鼓励被授权者在符合要求的前提下，用自己的方式完成工作。这样才能使被授权者发挥自己的专业知识和技能，同时也能为其提供学习新知识和新技能的机会。授权常引起的争议之一是职责问题，因此，明确被授权者的职责至关重要。

第四节 团队管理技能

019 团队建设的措施

餐饮经理应采取以下措施开展团队建设。

（1）珍惜人才。人才是企业最宝贵的资源，热忱投入、出色完成本职工作的员工是企业最宝贵的资源和资本。

（2）尊重人才。为优秀的人才营造和谐、富有激情的工作环境，这也是上至经理、下至部门主管一切工作的核心和重点。

（3）尊重每一个员工的个性。尊重员工的个人意愿及选择的权力，为员工提供良好的工作环境，营造和谐的工作氛围，倡导简单、真诚的人际关系。

（4）培养自己的管理团队。持续培养专业的、富有激情和创造力的团队，让团队中的每一个人都成长为全面发展、能独当一面的综合型人才。

（5）倡导健康的人生。鼓励所有的员工追求身心健康、家庭和谐和丰富的生活。

（6）鼓励各种形式的沟通。提倡信息共享，帮助每一位员工以空杯心态培养学习能力，迅速提升各方面的技能和综合素质。

020　团队管理的基本要点

团队管理的基本要点如表3-4所示。

表3-4　团队管理的基本要点

要点	具体内容
制定规章制度	规章制度包含很多内容，如纪律条例、组织条例、财务条例、保密条例和奖惩制度等。规范的规章制度能让执行者自觉履行，而不觉得规章制度是一种约束
设定明确的目标	餐饮经理应为团队设定明确的目标，设定目标时要注意以下三个事项。 （1）要设定具体、可衡量的目标 （2）设定完成目标的最后期限，目标要具有挑战性和可行性 （3）设定团队目标时要考虑每位成员的个人目标
提供相关信息	员工在工作中难免会遇到信息不充分或不对称的情况，这就要求餐饮经理能及时提供相关的信息。例如，餐饮经理可以让某个部门的员工了解其他部门的工作程序，以便这个部门的员工在工作中遇到需要其他部门协助时知道该如何去做
营造积极进取、团结向上的工作氛围	为营造积极进取，团结向上的工作氛围，餐饮经理需要注意以下三个事项。 （1）奖罚分明。对于工作业绩突出者给予精神及物质鼓励，对于工作落后者给予相应的惩罚 （2）让每位团队成员承担一定的职责 （3）在生活中多关心团队成员，让大家都能感受到团队的温暖
沟通顺畅	由于团队中每个人的知识和能力不同，对同一问题的认识也会有所不同，所以顺畅的沟通是解决很多问题的金钥匙

第五节 日常沟通管理

021 常见的沟通方式

常见的沟通方式及其内容如表3-5所示。

表3-5 常见的沟通方式及其内容

沟通方式	具体内容
文字	即通过报告、备忘录、信函、短信等形式进行沟通。采用文字方式进行沟通的原则如下。 （1）文字要简洁，尽可能使用通俗易懂的语言 （2）如果内容较多，应增加目录或摘要 （3）合理组织内容，一般将重要的信息要放在最前面 （4）设置清楚、明确的标题
口头	即面对面进行沟通。采用口头方式沟通时，沟通者吐字要清晰
肢体语言	主要包括眼神交流、面部表情、手势、姿势和其他肢体语言等

022 常见的沟通障碍

常见的沟通障碍来源于传送方、传送渠道及接收方，具体内容如表3-6所示。

表3-6 常见的沟通障碍

障碍来源	具体说明
传送方	（1）用词错误，词不达意 （2）咬文嚼字 （3）不善言辞，说话不清晰 （4）不给他人讲话的机会 （5）态度不端正 （6）不能随机应变
传送渠道	（1）经他人转达而引起误会 （2）环境选择不当 （3）沟通时机不当 （4）有人蓄意破坏、挑衅

（续表）

障碍来源	具体说明
接收方	（1）没有听清楚 （2）只听自己感兴趣的内容 （3）偏见 （4）光环效应 （5）情绪不好 （6）听不懂言外之意

023　达成沟通共识

餐饮经理与员工沟通时应达成以下共识。

（1）鼓励员工提出有利于企业发展的建议，一方面餐饮经理可以倾听员工内心真正的声音；另一方面即使员工对企业政策有不满，只要他们愿意说出来，餐饮经理就可以向他做出解释。

（2）先耐心倾听，再适时提出个人见解。

（3）与员工沟通时不能表露出不良情绪（非理性情绪）。

024　做好向上沟通工作

餐饮经理要做好与上级之间的沟通工作，需要做到以下几点。

1．不要给上级出"问答题"，尽量出"选择题"。当遇到问题时，餐饮经理不要向领导建议"是不是开个会"，因为领导一旦把这件事搁置就没有结果了。所以与上级沟通时不要给上级出"问答题"，而要出"选择题"。

2．找准时机。

3．事先准备好答案或解决方案。如果没有准备好备选答案，结果很可能是：一是领导认为你办事不力；二是领导需要通过进一步分析才能得出结论。

025　做好水平沟通工作

水平沟通是指同级人员之间的沟通。在进行水平沟通时需注意以下四项（见图3-2）。

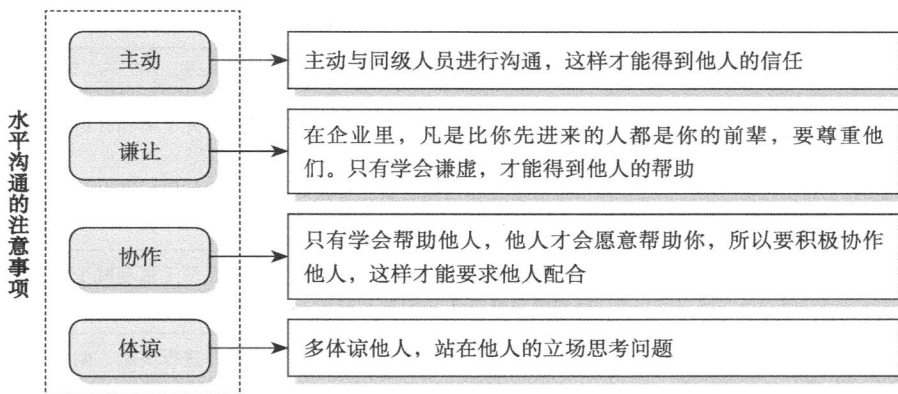

图3-2　水平沟通的四个注意事项

026　做好向下沟通工作

餐饮经理要想与员工进行更有效的沟通，就要做到以下三点。

（1）多了解状况。与下属沟通时，如果你是"空降兵"，建议你多学习、多了解、多询问、多做功课。这样在与下属沟通时你才会言之有物，下属才会心甘情愿听你的指挥。

（2）不要责备下属。下属在工作中难免会出错，这时不能一味地责备下属，而是应当与下属共同找到出错的原因并帮助他改正，这样才能提高下属的工作能力。

（3）提供方法，紧盯过程。与下属沟通时，重要的是提供方法并紧盯过程。

027　明确需要立即沟通的情况

当工作中出现表3-7所示的情况时，餐饮经理要立即与相关员工进行沟通。

表3-7　需要立即进行沟通的情况

情况	详细说明
阶段性绩效考评结束之前的绩效沟通	这是最重要的也是必须的一种沟通
员工工作职责、内容发生变化时	在这种情况下，餐饮经理需要向员工解释哪些内容发生了变化，变化的原因是什么，这种变化对公司有什么好处，同时征求员工对这种变化的看法，最后要对变化后的工作职责和内容进行确认
员工在工作中出现重大问题或某项具体工作目标未完成时	餐饮经理要注意沟通时的语气，帮助员工找到产生问题的原因，寻找解决问题的办法，而不是一味地追究员工的责任

(续表)

情况	详细说明
员工表现出明显变化，如表现异常优异或非常差时	(1) 对表现突出的员工要及时进行表扬，并了解和分析其发生变化的原因，以加强和延续这种良好的势头 (2) 对表现非常差的员工要及时向其指出问题，帮助其找出原因和制定改进措施，并给予其必要指导和帮助
员工工资、福利或其他利益发生重大变化时	餐饮经理要说明发生变化的原因，尤其是员工福利减少时，餐饮经理更要阐述清楚公司对调整的慎重态度
员工提出合理化建议时	(1) 如果建议被采纳，应及时告知员工并进行奖励，明确指出该建议对公司发展所起的作用 (2) 如果建议未被采纳，也应告知员工未采纳的原因，表明公司和餐饮经理本人对其建议的重视，肯定其对公司发展的关心和支持，希望其继续提出合理化建议
员工之间出现矛盾或冲突时	餐饮经理要了解和分析员工之间出现矛盾的原因并积极进行调解
员工对餐饮经理有误会时	作为一名合格的餐饮经理，要学会自我检讨，检查自身工作有无不妥之处，如有则制定改进方案或措施，向员工道歉并表明自己改进的决心，以获得员工的谅解
新员工到岗和老员工离职时	(1) 新员工到岗时，餐饮经理要明确其工作职责和工作内容。餐饮经理应对新员工的个人情况进行了解，帮助其制订学习和培训计划，使其尽快融入团队 (2) 员工辞职时，餐饮经理要与其进行充分沟通，对其为公司所做的贡献表示感谢，了解其辞职的原因和对公司的看法，便于今后更好地改进工作
员工生病或家庭发生重大变故时	餐饮经理应关心员工的生活，了解其在生活中的困难并提供力所能及的帮助

028　掌握倾听的方法

倾听的方法如表3-8所示。

表3-8　倾听的方法

方法	具体运用要点
主动	如果餐饮经理不愿意倾听和理解，就无法增进倾听的效果
目光接触	通过与对方进行目光接触来集中对方的注意力，降低其分神的可能性

（续表）

方法	具体运用要点
表现出兴趣	在进行眼神接触时坚定地点头或表现出适当的面部表情等，以此表示你正在专心倾听
避免分神的动作	在倾听的过程中，不要看表、翻动文件或做其他动作，这样对方会认为你觉得他的讲话内容无聊或无趣
表现关注	将自己置于倾听者的位置来理解员工的所思、所感，不要将自己的要求和意志强加到员工身上
把握整体	如果只听话语而忽视其他声音信息和非言语信号，可能会漏掉很多重要的信息
提问	分析自己所听到的内容，通过提问证实对方所讲的内容
解释	用自己的话复述对方所讲的内容，用"我听你这样说……""你的意思是不是……"此类语句进行复述
不要打断对方	不要打断对方的思路
整合所讲的内容	边倾听边整合，以便更好地理解讲话者的意思
让说话者和倾听者之间的转换更流畅	在日常工作中，餐饮经理需要不断地在说话者和倾听者之间相互转换。从倾听者的角度来说，餐饮经理应该关注讲话者所说的内容，在获得发言机会前不要总是斟酌自己要讲的话

第四章　自我管理技能

导读 >>>

　　除了要掌握基本的管理技能外，餐饮经理还要掌握自我管理技能。自我管理技能主要包括个人形象自检和自我反思。通过形象自检，餐饮经理可以保持良好的个人形象；通过自我反思，餐饮经理可以获知个人失误，以便及时做出改进。

　　　　Q先生：A经理，最近有员工说我不该留这么长的指甲，因为这样会影响公司的形象，是这样吗？

　　　　A经理：这需要根据公司的具体规定来看。我建议你在每天上班之前，按照公司的规定进行形象自检，如果不符合规定，要及时改正。

　　　　Q先生：前几天因为一次工作失误我与一位同事发生了争吵，现在我有点后悔，该怎么办呢？

　　　　A经理：如果确实是因为你的工作失误导致了你们之间的争吵，你应该向那位同事道歉。此外，你应定期进行自我反思，并且不断进行自我改进。

第一节　个人形象自检

029　男士形象自检的内容

男士形象自检的具体内容如表4-1所示。

表4-1　男士形象自检表

项目	检查标准	自检结果
头发	(1) 发型大方 (2) 头发干净、整洁，长短适宜 (3) 无浓重气味，无头屑，无过多的发胶、发乳 (4) 额前头发不能遮住眼睛 (5) 鬓角修剪整齐	
面部	(1) 胡须已剃干净 (2) 鼻毛不外露 (3) 脸部清洁 (4) 牙齿干净 (5) 耳朵干净	
手	(1) 干净、整洁、无异味 (2) 指甲已修剪	
外套	(1) 与工作环境相匹配 (2) 外套上没有脱落的头发、头皮屑，无灰尘、油渍、汗渍 (3) 衣袋平整	
衬衫	(1) 领口整洁，纽扣已扣好 (2) 袖口清洁，长短适宜 (3) 领带平整、端正	
裤子	(1) 熨烫平整 (2) 裤缝折痕清晰 (3) 裤长及鞋面 (4) 拉链结实 (5) 无污垢、斑点	

（续表）

项目	检查标准	自检结果
袜	(1) 袜子干净，每日换洗 (2) 袜子与衣服的颜色、款式协调	
鞋	(1) 已上油 (2) 鞋后跟未因磨损而变形 (3) 鞋与衣服的颜色、款式协调	
其他	(1) 面带微笑 (2) 精神饱满	

030 女士形象自检的内容

女士形象自检的具体内容如表4-2所示。

表4-2 女士形象自检表

项目	检查标准	自检结果
头发	(1) 发型大方 (2) 头发干净、整洁，无过多发胶 (3) 额前头发不能遮住眼睛 (4) 头上饰品佩戴合适	
面部	(1) 化淡妆 (2) 口红、眼影合适 (3) 脸部清洁 (4) 牙齿干净 (5) 耳朵干净	
手	(1) 干净、整洁、无异味 (2) 指甲已修剪	
饰品	(1) 饰品不夸张、不突出 (2) 款式简单、精致，材质优良 (3) 走动时饰品无噪声，不妨碍工作	
外套	(1) 与工作环境相匹配 (2) 外套上没有脱落的头发、头皮屑，无灰尘、油渍、汗渍 (3) 衣袋平整	

（续表）

项目	检查标准	自检结果
衬衫	（1）领口整洁，纽扣已扣好 （2）袖口清洁，长短适宜 （3）无明显的内衣轮廓痕迹	
裙子	（1）长短合适，松紧适宜 （2）拉好拉链，裙缝位正 （3）无污物、斑点	
长筒袜	（1）颜色合适 （2）干净、整洁	
鞋	（1）清洁 （2）款式大方简洁，没有过多装饰与色彩 （3）鞋跟高度适宜，走动时没有太大声响 （4）鞋后跟未因磨损而变形 （5）鞋与衣服的颜色、款式协调	
其他	（1）面带微笑 （2）精神饱满	

　　餐饮经理应以个人形象自检表为标准，每天进行自检，并且对所有员工进行检查。无论是餐饮经理还是下属，其个人形象都代表着整个企业的形象。

第二节　自我反思工作

031　自我反思的内容

　　在日常工作中，餐饮经理应该经常进行自我反思。这是因为餐饮经理的主要工作是管理餐饮事务，所以需要经常与店内外各级人员沟通交流，以完成企业管理工作。而在与他人交流的过程中，难免会出现沟通不畅的情况，这时餐饮经理进行自我反思就显得尤为重要。

032　做好自我反思记录

餐饮经理应针对工作中出现的问题进行深刻反思，以提高管理水平。餐饮经理应每周进行一次全面的自我反思，将反思结果记录下来并找出解决方案。餐饮经理自我反思记录表如表4-3所示。

表4-3　餐饮经理自我反思记录表

日期：

日期 ＼ 内容	个人问题	解决方案
星期一		
星期二		
星期三		
星期四		
星期五		
星期六		
星期日		

033　自我反思的推广和运用

餐饮经理要将自我反思的结果如实记录下来，并经常翻看记录表，以便从中汲取经验和教训，更好地开展餐饮管理工作。

同时，餐饮经理还应将自我反思的方法在部门内部进行推广，要求下属也经常进行自我反思，促使大家共同进步。

第三部分

专业技能

第五章 餐饮智能营销

导读 >>>

　　互联网、大数据、O2O、微信、APP不但改变了人们的生活，也改变了餐饮业。因此，传统餐饮业也必须改变，不改变就跟不上时代的步伐。餐饮经理也必须适应时代的变化，学习新的餐饮运营模式和营销模式。

　　　　A经理：如今餐饮O2O领域线上和线下正在不断融合，很多互联网公司正努力向线下扩展，我想我们餐饮店也可以尝试通过互联网来拓展业务。

　　　　Q先生：嗯，我也觉得这是一个必然的趋势，既可以吸引客源，还可以节省营销成本。但是，我们不知道如何开展。

　　　　A经理：在我们以往所做的企业网站推广、微博推广、搜索引擎推广、博客推广的基础上，运用大数据思维、微信、团购、O2O、APP等进行全方位的网络营销。

　　　　Q先生：太好了，如果能全方位地开展智能营销推广，那餐饮店的生意肯定会越来越好！

第一节 餐饮大数据运用

034 餐饮大数据包含的内容

我们每天在微博、微信以及其他网络平台分享各种文本、照片、视频、音频、数据等信息，而这些信息可能就包括餐饮店的信息、顾客个人信息、行业资讯、菜品食用体验、菜品浏览记录、菜品成交记录、菜品价格动态等。这些信息就形成了餐饮行业的大数据，通过对这些数据进行分析可以得到餐饮行业的市场需求、竞争信息等（见图5-1）。

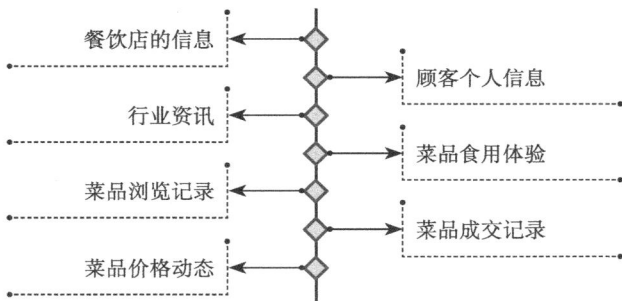

图5-1 餐饮大数据包含的内容

035 餐饮大数据的采集与分析

餐饮企业进行营销离不开对大数据的采集与分析，重点包括两个方面，如图5-2所示。

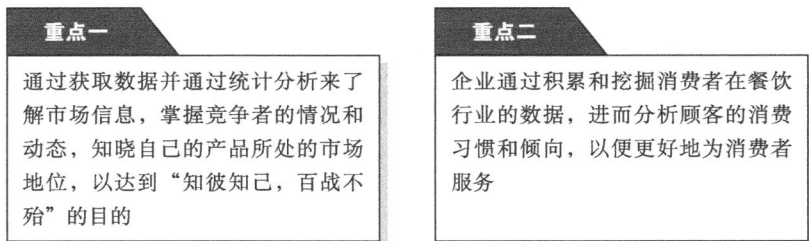

重点一

通过获取数据并通过统计分析来了解市场信息，掌握竞争者的情况和动态，知晓自己的产品所处的市场地位，以达到"知彼知己，百战不殆"的目的

重点二

企业通过积累和挖掘消费者在餐饮行业的数据，进而分析顾客的消费习惯和倾向，以便更好地为消费者服务

图5-2 餐饮大数据采集与分析的重点

餐饮企业要想应用大数据，完善数据采集体系则是第一步。大数据采集有三个要点，如图5-3所示。

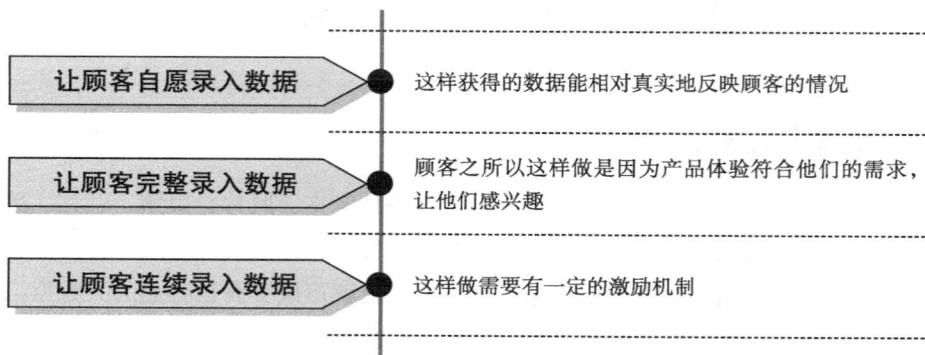

图5-3　餐饮大数据采集要点

036　餐饮大数据营销三要素

餐饮营销首先要确定三个要素：什么时间，什么人，什么内容。具体如图5-4所示。

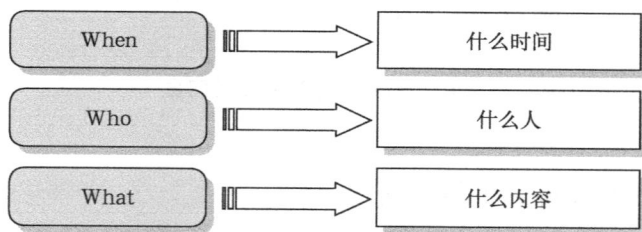

图5-4　餐饮营销的三要素

也就是说，餐饮大数据营销首先要把大数据的内容与这三个要素对应上，大数据的应用要提供一种日常化、数据化、自动化的营销方式。餐饮经理应该明确营销方式和优惠活动是如何绑定和完成的。

037　大数据助力精准市场定位

成功的品牌离不开精准的市场定位，而基于大数据的市场分析和调研是企业进行品牌定位的第一步。餐饮企业要想在竞争越来越激烈的市场中立足，就需要做到以下几方面，如图5-5所示。

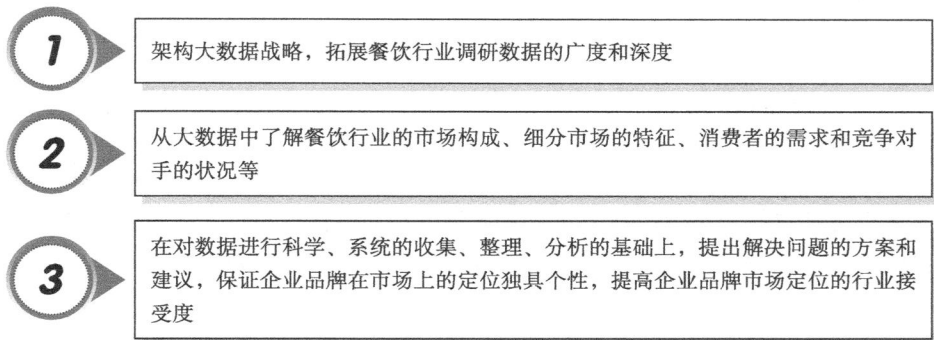

图5-5　餐饮企业利用大数据进行市场定位的内容

餐饮企业要想进入或开拓某一区域的市场，需要先进行项目评估和可行性分析，只有这样才能知道是否适合进入或开拓这一区域。在这一过程中，需要对餐饮行业的大数据进行分析，分析的过程也是餐饮企业对自身的重新定位。

038　大数据支撑收益管理

近年来，收益管理受到餐饮行业人士的普遍关注。收益管理主要通过建立实时预测模型和对以市场细分为基础的需求行为进行分析，确定最佳的销售或服务价格，最终实现餐饮店收益最大化。要达到收益管理的目标，需求预测、细分市场和敏感度分析是其中的三个重要环节，而推进这三个环节的就是大数据（见图5-6）。

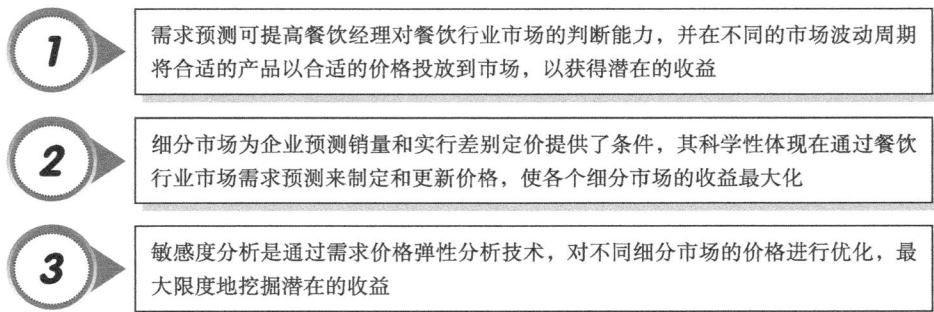

图5-6　收益管理的三个重要环节

　　需求预测、细分市场和敏感度分析要求有大量的数据，如果餐饮企业在实施收益管理的过程中能在自有数据的基础上，利用一些自动化信息采集软件来收集更多的餐饮行业数据和信息，就能制定出有效的收益策略，进而获得得更高的收益。

039　大数据创新需求开发

　　随着论坛、博客、微博、微信、电商平台、点评网等在PC端和移动端的出现和发展，分享信息变得更加便捷、自由，而公众分享信息的主动性促成了"网络评论"这一新型舆论形式。微博、微信、点评网上海量的网络评论形成了交互性的大数据，其中蕴藏着巨大的价值，餐饮经理应对此加以重视。

　　如果餐饮经理能对网上针对餐饮行业的评论数据进行收集，建立网络评论大数据库，然后再通过分词、聚类、情感分析了解消费者的消费习惯和倾向、消费者的需求和产品质量问题，以此来改进和创新产品，量化产品价值，设定合理的价格及提高服务质量，进而获取更大的收益。

　　在实际的餐饮店经营过程中，餐饮经理如何从餐饮店的需求出发，利用餐饮大数据提高餐饮店的效益呢？下面以某家火锅店为例。

【实用案例】

餐饮企业如何利用大数据在菜单上"做文章"

　　1．××火锅店大数据解读

　　图5-7是××火锅店全年畅销菜品的整体排名。通过对大数据进行关联和对比发现，在夏季畅销菜品中，羊肉串、花生毛豆拼盘及啤酒的关系最为紧密，其余火锅菜品中金针菇、肥牛、毛肚、现切鲜羊肉的关系更为紧密（见图5-8）。

金针菇 22.3%
羊肉串 21.4%
蔬菜拼盘 16.0%
肥牛 21.2%
普通羊肉卷 16.7%
毛肚 19.9%
土豆 18.2%
宽粉 19.3%
现切鲜羊肉 18.2%
冻豆腐 18.2%

图5-7　××火锅店畅销菜品排名

羊肉串、花生毛豆拼盘及
啤酒之间的关系最为紧密

火锅菜品中金针菇、肥牛、毛肚、
现切鲜羊肉之间的关系更为紧密

图5-8 关系紧密的菜品

2. 大数据应用

（1）以季节划分菜单

从收集的数据中可以看出，不同季节的菜品关联性弱，夏季多烧烤类菜品，冬季则多为火锅类菜品。所以在经营餐饮店的过程中，可以划分出两种菜单，夏季设置烧烤类菜品菜单，冬季设置火锅类菜品菜单，针对夏、冬季不同的畅销菜品制定不同的菜单（见图15-9）。

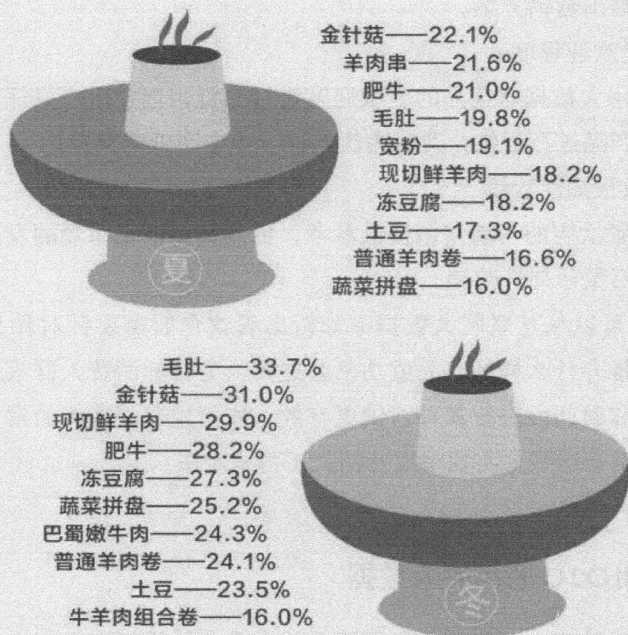

金针菇——22.1%
羊肉串——21.6%
肥牛——21.0%
毛肚——19.8%
宽粉——19.1%
现切鲜羊肉——18.2%
冻豆腐——18.2%
土豆——17.3%
普通羊肉卷——16.6%
蔬菜拼盘——16.0%

毛肚——33.7%
金针菇——31.0%
现切鲜羊肉——29.9%
肥牛——28.2%
冻豆腐——27.3%
蔬菜拼盘——25.2%
巴蜀嫩牛肉——24.3%
普通羊肉卷——24.1%
土豆——23.5%
牛羊肉组合卷——16.0%

图5-9 夏季和冬季菜品设计

（2）增加套餐类别

从大数据中可以看出，2 ~ 3人在火锅类菜品中的点菜量一般为9 ~ 10道菜。

以9道菜品为例，可依据大数据中火锅类菜品的畅销度及关联性设定套餐，或者设定偏素菜类、偏肉类或均衡类的套餐；或者以价格区间进行设定，缩短顾客在点菜环节的时间，以提高翻台率。

通过对畅销菜品的大数据进行分析即可得出以上结论，帮助餐饮店做好经营优化。

040　如何利用大数据开展精准营销

1．锁定核心消费人群

餐饮经理通过大数据技术分析，结合餐饮店的定位，锁定核心消费人群，针对核心消费人群制定营销策略。

2．描绘消费人群的特征

餐饮经理通过分析大数据的人群画像，对消费人群的消费习惯、个性特质等进行系统分析，然后有针对性地推出营销方案。

3．分析产品的受欢迎程度

餐饮经理可以利用大数据对菜品的受欢迎度进行分析，选择用户好评率高、点击率高、毛利率高的"三高"产品进行促销，及时淘汰差评、点击率低的菜品。

4．防患未然，做预知性营销

大数据不仅能为餐饮店的当前营销提供参考，更能预知未来市场的发展趋势，因此餐饮经理可利用大数据分析做预知性营销。

总之，餐饮经理可以从互联网大数据中分析出餐饮企业需要针对什么样的人群进行营销，向目标消费人群推介什么样的菜品成功率会更高，为目标消费人群策划怎样的优惠活动更恰当，在什么地段和时间段进行某种营销更有效，如何规避消费者的常见质疑与餐饮店会遇到的常见问题等。基于这些，实现精准营销就不再是难事。

041　灵活运用O2O平台的大数据

作为一家小型的餐饮店，可能不具备国际餐饮大企业的雄厚资金实力，不能开发独立的大数据系统或APP，更没有大量的人员投入到数据的管理上，那么该如何迈出大数据营销的第一步？入驻国内各大O2O平台就是一个不错的选择，类似大众点评、美团、口碑、饿了么等都是颇受餐饮商家与消费者欢迎的O2O平台，其背后强大的大数据支持也是餐饮店展开精准营销的重要渠道。

1．会员沉淀

无论是大众点评、美团等传统团购平台，还是口碑等新晋O2O平台，它们的会员体系都可以为餐饮企业的营销提供精准的目标人群。例如，口碑的"支付即会员"模式，可以帮助线下餐饮企业从支付宝与口碑的庞大用户体系中沉淀出自己的会员，进而进行二次精准营销。简单来说，消费者在商家领券并实现支付后，餐饮企业可以引导消费者关注自己的服务号，将消费者沉淀为餐饮企业的会员，再通过CRM（客户关系管理）系统进行智能化营销服务。

同时，通过分析O2O平台的大数据，餐饮经理能清楚地看到在过去一段时间里谁消费过哪一道菜品、消费过多少次、消费金额是多少，以及好评情况，先精准锁定目标人群，再有针对性地制定营销策略，效果自然会事半功倍。

2．菜品"红黑榜"

以大众点评网为例，其平台中的评分和点评永远是亮点，其中不乏专业吃货写出来的点评。对于这类点评，一方面消费者可以筛选出好评率高的餐饮店和菜品，另一方面餐饮经理可以从中了解自家菜品的受欢迎程度。大众点评的菜品"出镜率"排名犹如一个"红黑榜"，消费者最爱吃的和差评最多的皆在其中，这就为餐饮企业开展优惠活动提供了一个很好的参考。在"红榜"中挑选排名靠前的优质菜品，以增强促销活动的吸引力，提升顾客体验的满意度。

3．优惠活动的推送

对于美团、大众点评等O2O平台，餐饮企业通常通过团购、优惠券、打折等低价促销活动吸引消费者。相比较而言，口碑倡导的是一种更健康的引流模式，主要以现金券、二次抵用券、会员存储卡等方式来吸引消费者。

4．智能化精准营销

O2O平台可以利用大数据技术智能捕捉消费者的行为习惯。例如，当消费者在美团上消费过某餐饮店的菜品之后，在之后的一段时间里每当其打开美团，都能在醒目的位置看到平台智能推荐其消费过的这家餐饮店；同时，相关菜品的一些优惠信息也会被智能推荐。因此，O2O平台不仅仅是一个优惠推荐平台，更是一个智能营销平台。

在当下的营销环境中，传统意义的"广撒网、多钓鱼"的理论早已不再适用，用最低的成本撬动更大的利润才是营销的最高境界。而要达到这种境界，精准营销是工具，大数据是支撑。

第二节　餐饮微信营销

042　餐饮微信精准定位

餐饮经理可以通过微信精准定位目标消费者，掌握他们的需求，熟悉他们的口味，具体如图5-10所示。

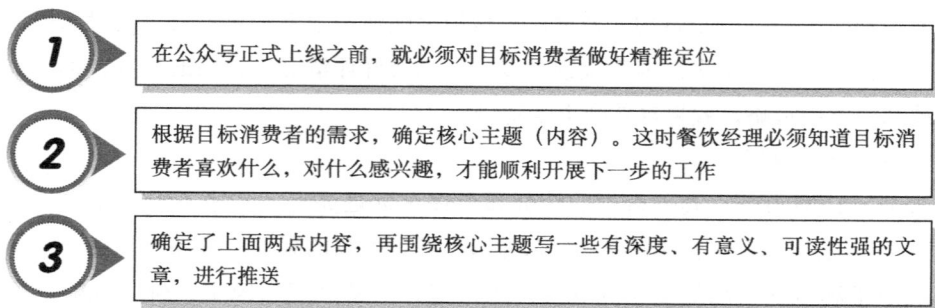

图5-10　精准定位的内容

043　微信营销内容推送

餐饮经理在自己的公众号上推送餐饮店的动态、美食、服务信息或打折优惠活动，这就像是餐饮店的海报，通过微信与用户沟通交流最新信息，不仅方便快捷，成本也低。

1．内容原创

所推送的内容很重要，保证内容原创、不抄袭他人的内容也是微信营销的要点，坚持内容原创的重要性有三个方面，具体如图5-11所示。

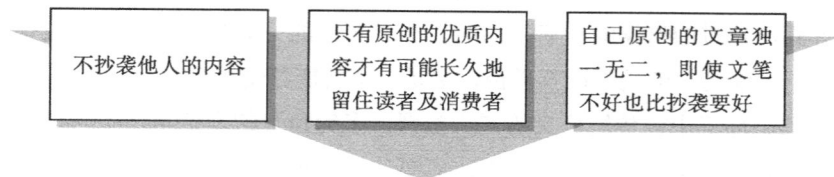

图5-11　内容原创的重要性

2．控制推送频率

餐饮经理应严格把控微信营销推送的频率，文章数量适宜，还要把控好推送时间，具体要点如图5-12所示。

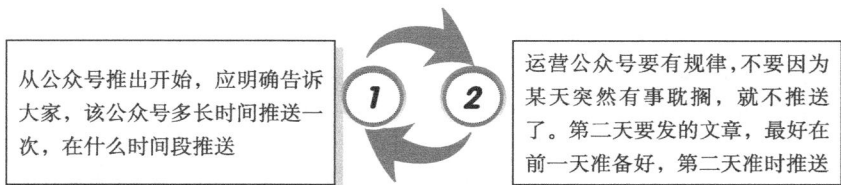

图5-12　推送频率控制要点

044　餐饮企业公众号的管理

1．平台功能实用

在平台功能运用方面，一定要以方便消费者为原则，具体要点如图5-13所示。

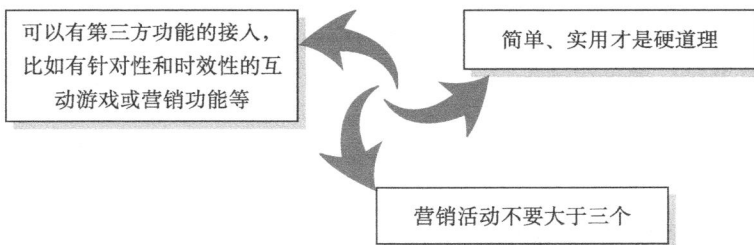

图5-13　平台功能实用要点

2．一对一互动

餐饮经理应增加公众号的一对一互动，提高解答问题的效率，其中有两个注意事项，如图5-14所示。

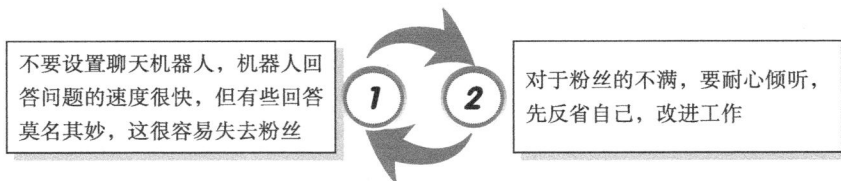

图5-14　一对一互动的要点

045 运用"附近的人"进行营销

微信中的功能插件"附近的人"可以使更多陌生人看到用户的信息,其作用如图5-15所示。

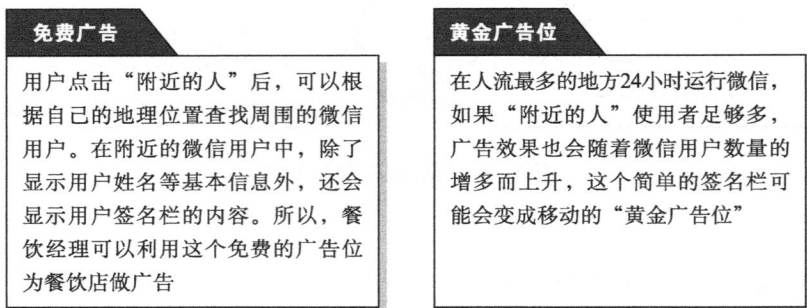

免费广告	黄金广告位
用户点击"附近的人"后,可以根据自己的地理位置查找周围的微信用户。在附近的微信用户中,除了显示用户姓名等基本信息外,还会显示用户签名栏的内容。所以,餐饮经理可以利用这个免费的广告位为餐饮店做广告	在人流最多的地方24小时运行微信,如果"附近的人"使用者足够多,广告效果也会随着微信用户数量的增多而上升,这个简单的签名栏可能会变成移动的"黄金广告位"

图5-15 运用"附近的人"进行营销

餐饮经理首先要申请微信认证账号以提高微信账号的权威性和可信度,然后在个性签名中输入餐饮店的信息、打折优惠活动或能够吸引他人点击进入餐饮店微信主页的简短话语等(如菜系、特色菜品、优惠活动等),当微信用户查看"附近的人"时,首先就能看到这些信息。

046 朋友圈特色美食分享

通过微信朋友圈营销的作用如图5-16所示。

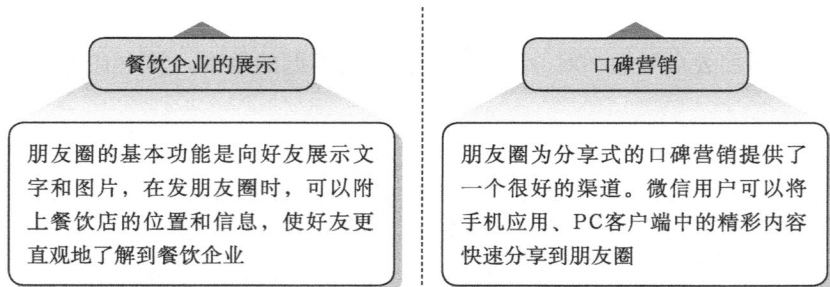

餐饮企业的展示	口碑营销
朋友圈的基本功能是向好友展示文字和图片,在发朋友圈时,可以附上餐饮店的位置和信息,使好友更直观地了解到餐饮企业	朋友圈为分享式的口碑营销提供了一个很好的渠道。微信用户可以将手机应用、PC客户端中的精彩内容快速分享到朋友圈

图5-16 朋友圈的作用

047　餐饮店微信摇一摇活动模式

餐饮店通过微信摇一摇，与网友约定不同时段开始摇手机，只要网友被餐饮店的微信摇到并关注餐饮店微信公众号，就可以得到奖品或优惠券，奖项设置可以激发网友参与的热情和积极性。

048　建立自己的粉丝团发展达人经济

1．餐饮店朋友圈营销

餐饮店可以通过运营人员的微信平台，将餐饮店的精彩信息介绍、优惠活动或餐饮品牌的推广软文分享到朋友圈中，推广内容支持网页链接方式打开。餐饮店通过及时更新和分享用户希望了解的信息，既可以赢得品牌口碑，吸引新用户关注餐饮店和产品，又可以增强用户的黏性。微信用户在没有关注该餐饮品牌或餐饮店公众号时，仍然能够通过朋友圈看到该餐饮店最新信息的链接，从而为餐饮店吸引新用户提供有效的通路。

2．餐饮店微信客服窗口

微信庞大的用户群和随时随地的特点为餐饮店打开了一个新的客服窗口，即餐饮店微信客服（特别是24小时餐饮店）。餐饮店在进入微信的第一时间就要建立餐饮店的微信客服官方认证账号。利用微信全天、及时性等特性，提供咨询、优惠活动、菜品介绍、订餐等，提高用户的用餐体验和餐饮企业品牌的影响力。

049　餐饮店扫一扫加会员

微信扫一扫是连接餐饮店官方微信和消费者的便捷通道。消费者只需用微信中的"扫一扫"功能扫描餐厅独有的二维码，就能获得一张存储于微信中的电子会员卡，可享受餐饮店提供的会员折扣、餐品信息、活动介绍和服务等。

050　开通微信点餐

随着微信的广泛应用，微信点餐已渐渐代替了电话订餐，开通微信点餐需要三个步骤，如图5-17所示。

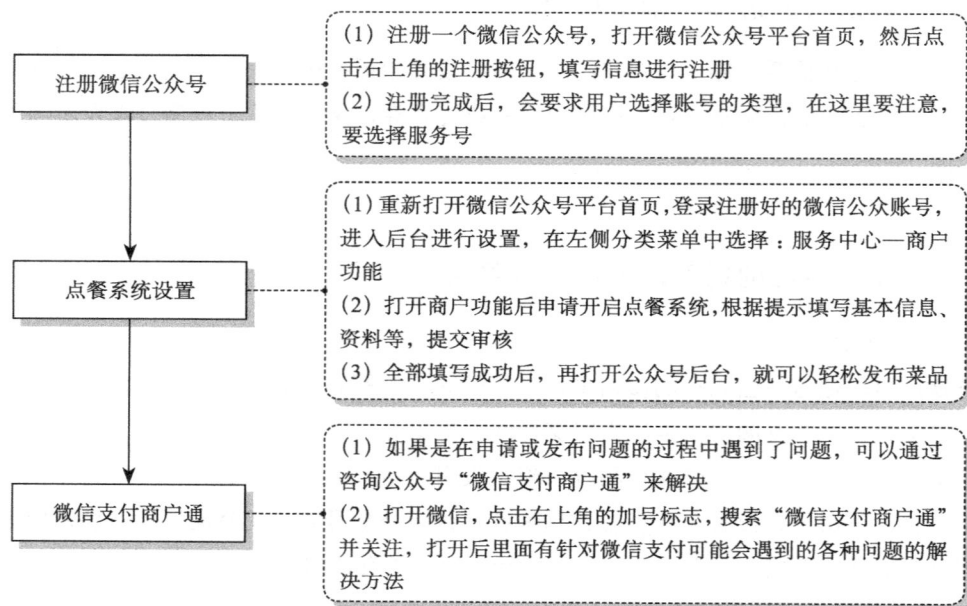

注册微信公众号	（1）注册一个微信公众号，打开微信公众号平台首页，然后点击右上角的注册按钮，填写信息进行注册 （2）注册完成后，会要求用户选择账号的类型，在这里要注意，要选择服务号
点餐系统设置	（1）重新打开微信公众号平台首页，登录注册好的微信公众账号，进入后台进行设置，在左侧分类菜单中选择：服务中心—商户功能 （2）打开商户功能后申请开启点餐系统，根据提示填写基本信息、资料等，提交审核 （3）全部填写成功后，再打开公众号后台，就可以轻松发布菜品
微信支付商户通	（1）如果是在申请或发布问题的过程中遇到了问题，可以通过咨询公众号"微信支付商户通"来解决 （2）打开微信，点击右上角的加号标志，搜索"微信支付商户通"并关注，打开后里面有针对微信支付可能会遇到的各种问题的解决方法

图5-17　开通微信点餐的步骤

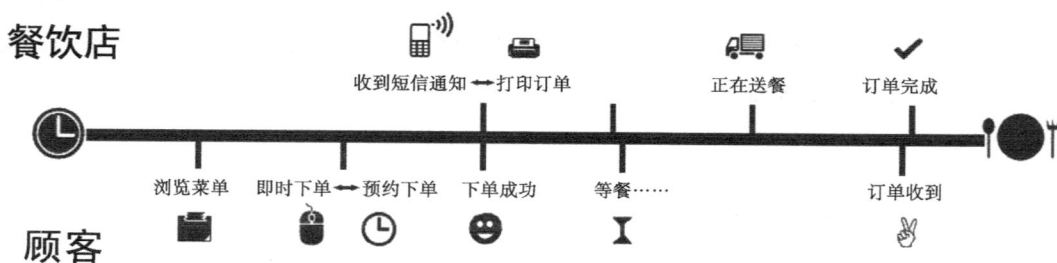

图5-18　顾客使用微信订餐的示意图

051　做好微刊

1．餐饮店的微信代言人

微信信息以订阅模式出现，意味着用户希望在这里能获得更专业、更全面的视角、观点，原始信息要经过整合再输出。餐饮店可以根据自身的特点，推出专家级个人账号，该账号发送与餐饮店相关的信息（美食信息、服务特色、餐饮亮点等内容），不直接推送品牌信息，做成隐性广告模式，不会让用户反感，又能很好地宣传品牌，增强用户的黏度。

2．餐饮店微刊"多媒体式"推广

微刊是餐饮店的信息载体，是与用户产生互动话题的来源，是用户知晓餐饮店理念、了解餐饮品牌的平台。因此，做好微刊对餐饮店来说很重要。餐饮店利用微信的功能和特点，结合图文、视频、音频推出自己的微刊，实现微刊多元化，牢牢抓住粉丝的眼球并产生用户黏性。

052　餐饮店微信陪聊模式

利用微信点对点的沟通功能，以餐饮店（美食、特色菜品、特色服务等）形象为蓝本，勾勒出有趣可爱的餐饮店卡通形象，与用户进行交流互动，互动时的语言要幽默诙谐，旨在与用户趣味沟通，增加用户对餐饮店的好感和黏性。

053　微信危机公关

危机公关无处不在，餐饮行业属于体验性服务经济，面对形形色色的顾客，再加上互联网的快速发展，顾客的不满情绪会在短时间内被迅速扩大和传播。当遇到此类情况时，餐饮企业应及时回复、发表观点、摆明态度。

054　餐饮店关键词不可忽视

1．餐饮店关键词搜索

微信关键词搜索模式将营销由被动变为主动，用户关注微信公众号并发送需求关键词，便可获取想要的信息。与百度搜索不同的是，微信关键词搜索更专业、更精准、更细致，并且转化率更高。餐饮店关键词设置一般包括餐饮店的位置、菜系、特色菜品、优惠信息等内容。

2．餐饮店搜索引擎优化

随着微信信息的海量注入，用户会再度面临信息选择的难题。搜索引擎优化将成为微信营销模式中的关键环节，如认证账号一般会排在非认证账号的前面。

055　线上线下整合营销

1．餐饮店微信—微博—SNS社区互动营销

餐饮企业的营销越来越多元化，微博、微信、SNS社区、传统媒体等都是企业营销的主战场，营销手段和渠道的整合是未来营销的大趋势。餐饮店（特别是连锁的餐饮企业）用好微博、微信、SNS社区三种营销渠道，相互结合、互动，移动端和PC端良性结合，不仅可以提升用户体验，还可以增加品牌的知名度。

2．餐饮店微信营销矩阵模式

微信营销矩阵模式包括两个方面：第一，以顾客为中心；第二，立体营销。餐饮店应根据自己的特色、价位、地点、品牌等诸多因素，在微信公众号输入"餐饮信息"后会出现相应产品的微信公众号，用户可以根据自己的需要选取。

056　餐饮企业微信营销细节

1．主打官方大号，小号助推加粉

餐饮经理可以注册一个公众号，在粉丝达到500人之后以申请认证的方式进行营销，这样更有利于餐饮企业品牌的推广，也方便餐饮企业推送信息和解答消费者的疑问，更重要的是可以借此免费搭建一个订餐平台。

小号则可以通过主动寻找附近的消费者来推送大号的吸引粉丝信息，以此将粉丝导入大号中统一管理。

2．打造品牌公众号

在申请了公众号之后，在设置页面更换公众号的头像，建议更换为餐饮企业店铺的招牌或LOGO，大小以不变形和可正常辨认为准。此外，微信用户信息可填写餐饮企业的相关介绍，回复设置的添加分为被添加自动回复、用户消息回复、自定义回复三种，餐饮经理可以根据餐饮店的需要进行添加。

3．实体店面同步营销

餐饮企业的店面也是充分发挥微信营销优势的重要场地。在菜单的设计中添加二维码并采用会员制或其他优惠的方式，鼓励到店消费的顾客使用手机付款。采用这种方法不但可以为公众号增加精准的粉丝，而且也可以积累一大批消费者，对后期微信营销的顺利开展至关重要。

4．通过活动吸引消费者参与

比较常用的微信营销方式就是以活动吸引目标消费者参与，从而达到预期的推广目的。

以签到打折活动为例，餐饮企业只需制作附有二维码和微信公众号的宣传海报和展架，营销人员现场指导到店的消费者使用手机扫描二维码。消费者扫描二维码并关注餐饮企业的公众号即可收到一条确认信息，在此之前商家需要提前设置好被添加自动回复。消费者凭借信息在结账的时候享受优惠。

第三节　餐饮企业团购营销

团购给餐饮业带来了新的营销模式，同时也给顾客带来了优惠和方便。

057　网络团购

团购就是团体购物，指消费者联合起来以加大与商家谈判的筹码，求得最优价格的一种购物方式。根据薄利多销、量大价优的原则，商家可以给出低于零售价格的团购折扣和单独购买得不到的优质服务。现在，团购的主要方式是网络团购。常见的团购网站有百度糯米、美团网、聚划算、1号店等。

058　把握团购的时机与商机

什么类型的餐饮企业适合采用团购促销？餐饮企业应该在什么情况下采用团购促销？以下是几点建议，具体如图5-19所示。

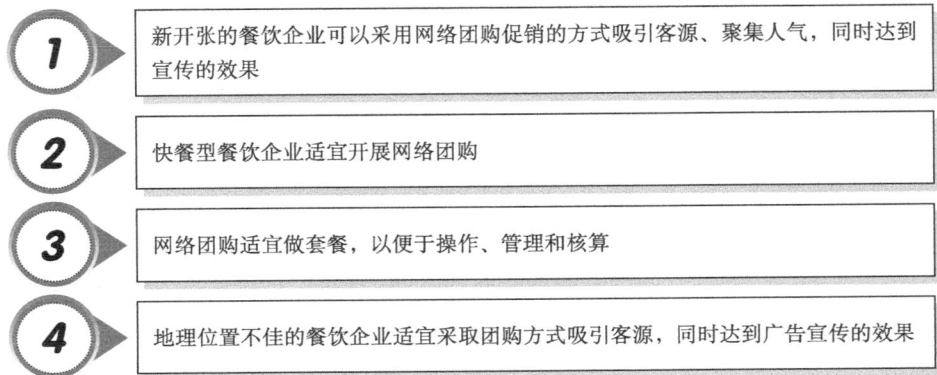

1 新开张的餐饮企业可以采用网络团购促销的方式吸引客源、聚集人气，同时达到宣传的效果

2 快餐型餐饮企业适宜开展网络团购

3 网络团购适宜做套餐，以便于操作、管理和核算

4 地理位置不佳的餐饮企业适宜采取团购方式吸引客源，同时达到广告宣传的效果

图5-19　团购促销时机

059　餐饮企业团购促销准备事项

餐饮企业在进行团购促销前需要做好各项准备工作，具体包括以下四项。

（1）明确团购目的。团购的目的不尽相同，有的是为了吸引客源、让利促销；有的为了薄利多销、赚取更多利润；有的是亏本促销，追求广告效应。餐饮企业一定要根据促销目的和自身的接待能力制定相应的促销方案，明确促销产品的种类、价格及人数限额等。

（2）寻找合适的团购网站。选择团购网站时要考虑其品牌知名度、餐饮团购经验、网站定位、合作方式、分利模式和所能提供的支持性服务等。

（3）根据自身接待能力进行团购消费筹备工作，包括每日接待人数分流、服务人员培训、团购餐品备料、应急方案制定等。

（4）团购促销结束后，登录团购商家后台，查询订单情况和团购券使用情况。在团购用户到店用餐时关注消费者的反馈意见，以达到利润和口碑的双赢、争取更多的回头客和新客源的目的。

060　确认团购合作方式

团购合作的方式主要有两种：一是团购网站主动出击，寻找有团购需求的商家；二是商家找到相应团购网站提出团购活动申请。下面主要介绍商家提出团购活动的流程，具体如图5-20所示。

商家提出申请	有合作意向的商家向团购网站提出团购申请
团购网站审核信息	团购网站审核商家提供的团购信息，对于符合要求的商家，团购网站会进一步与其进行联系
在线销售团购商品	团购网站按照双方约定的日期、销售数量、价格等将商家提供的服务或商品上线销售，供用户购买
商家提供团购服务	商家为团购消费者提供服务，同时登录团购网站后台查询订单情况和团购券使用情况

图5-20　商家提出团购活动的流程

061　选择适合的团购网站

除了把握住时机与商机，在哪些团购网站上发布、怎样发、时间节点的控制也很重要。餐饮企业要根据自己产品的特征和整体营销策略，选择合适的团购网站进行长期合作，建立多赢的模式，保证团购持久不衰。

团购网站越来越多，餐饮企业要选择那些在市场营销、组织经验、服务保障、网站人气等方面有优势的网站进行合作。实力雄厚的团购网站的宣传力度比较大，媒体曝光率也比较高，与此类团购网站合作，宣传效果会更明显。

当然，餐饮企业在与团购网站合作时，一定要签订合同，以保护双方的合法权益。

062　团购策划设计要有针对性

首先，增加团购的附加值，设计组合套餐，有一些餐饮店的新菜品在销售之前往往知名度不高，导致许多消费者不敢尝试，因此必须借助整合营销手段，把新菜品和知名菜品结合起来形成多种套餐。这样，不同菜品的相互组合将成为吸引消费者购买的一大特点。

其次，为满足不同消费者的选择，可以设计多样化的套餐，包括单人套餐、双人套餐、多人套餐、家庭套餐、商务套餐等。

063　做好团购服务

餐饮团购投诉的类型主要有：

（1）营业高峰预约困难；

（2）饭菜与订单不匹配；

（3）隐形消费；

（4）服务及菜品套餐缩水；

（5）不开发票等。

因此，餐饮店应该明确进行团购促销的目的不是为了短期销售，而是为了企业的品牌和形象。

如何借助网络团购的东风达到利润、品牌双赢的目的，而不是盲目追求人气，进而造成品质、服务下降，这些都是餐饮企业需要注意的问题。

第四节　餐饮企业O2O营销

064　餐饮企业O2O模式

O2O即Online To Offline（在线离线或线上到线下），是指将线下的商务机会与互联网结合起来，让互联网成为线下交易的平台。2013年O2O在我国开始进入高速发展阶段，开始了本土化及移动设备的整合和完善，O2O商业模式也应运而生。作为O2O模式本土化的一个分支，餐饮企业的O2O也随之发展起来。

餐饮企业开展O2O营销主要有四种模式，如图5-21所示。

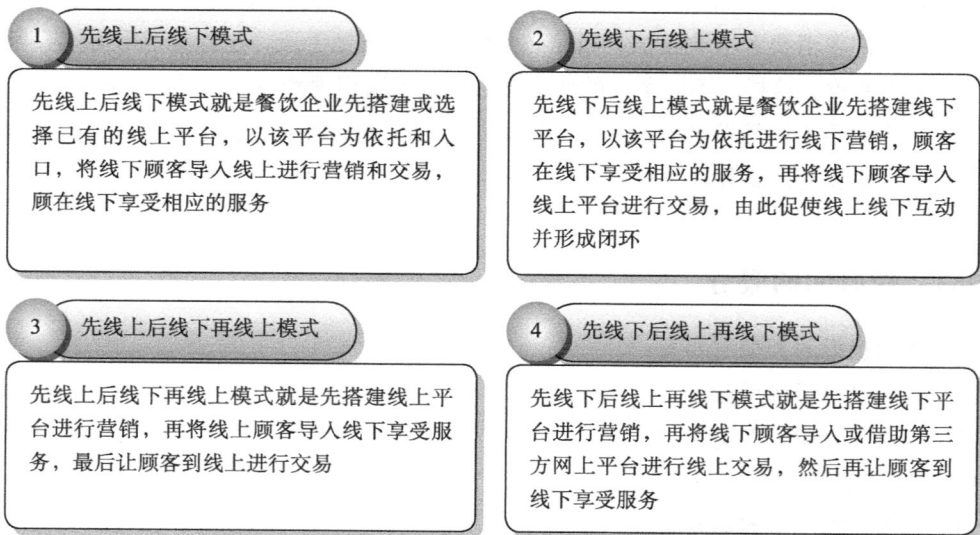

1　先线上后线下模式

先线上后线下模式就是餐饮企业先搭建或选择已有的线上平台，以该平台为依托和入口，将线下顾客导入线上进行营销和交易，顾在线下享受相应的服务

2　先线下后线上模式

先线下后线上模式就是餐饮企业先搭建线下平台，以该平台为依托进行线下营销，顾客在线下享受相应的服务，再将线下顾客导入线上平台进行交易，由此促使线上线下互动并形成闭环

3　先线上后线下再线上模式

先线上后线下再线上模式就是先搭建线上平台进行营销，再将线上顾客导入线下享受服务，最后让顾客到线上进行交易

4　先线下后线上再线下模式

先线下后线上再线下模式就是先搭建线下平台进行营销，再将线下顾客导入或借助第三方网上平台进行线上交易，然后再让顾客到线下享受服务

图5-21　餐饮企业O2O营销的四种模式

065　餐饮企业的O2O营销方式

对于餐饮企业来说，利用O2O进行营销的方式主要有三种，如图5-22所示。

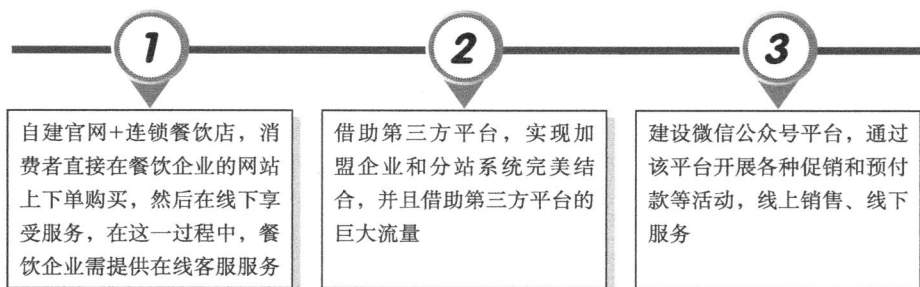

图5-22　餐饮企业的O2O营销方式

066　餐饮企业O2O布局

与传统的消费者在餐饮店直接消费的模式不同，O2O模式的消费过程由线上和线下两部分组成。线上平台为消费者提供消费指南、优惠信息、便利服务（预订、在线支付、地图等）和分享平台，而餐饮企业在线下专注于为消费者提供服务。在O2O模式下，餐饮企业的布局可分为五个阶段，如图5-23所示。

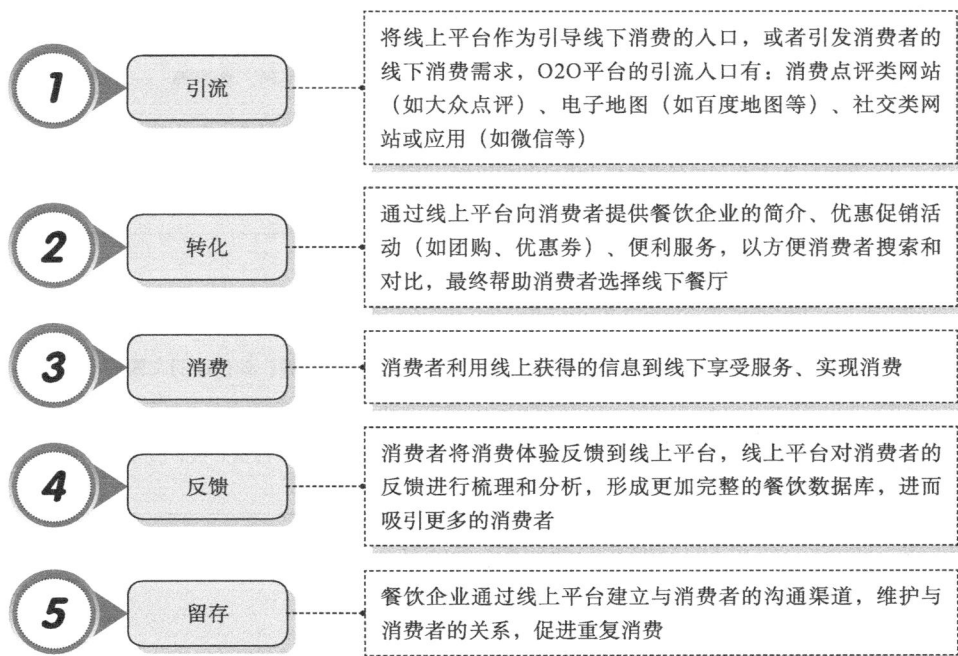

1	引流	将线上平台作为引导线下消费的入口，或者引发消费者的线下消费需求，O2O平台的引流入口有：消费点评类网站（如大众点评）、电子地图（如百度地图等）、社交类网站或应用（如微信等）
2	转化	通过线上平台向消费者提供餐饮企业的简介、优惠促销活动（如团购、优惠券）、便利服务，以方便消费者搜索和对比，最终帮助消费者选择线下餐厅
3	消费	消费者利用线上获得的信息到线下享受服务、实现消费
4	反馈	消费者将消费体验反馈到线上平台，线上平台对消费者的反馈进行梳理和分析，形成更加完整的餐饮数据库，进而吸引更多的消费者
5	留存	餐饮企业通过线上平台建立与消费者的沟通渠道，维护与消费者的关系，促进重复消费

图5-23　餐饮企业的O2O布局

067　餐饮企业O2O平台的类型

随着互联网的发展，O2O平台数不胜数，根据其商业模式和运作类型的不同，可以分为十种类型，如图5-24所示。

1 点评类，最早一批以本地餐饮信息分类为切入点的互联网企业，如大众点评等

2 团购类，以餐饮团购为切入点，如美团等

3 点餐服务类，以网上点餐为切入点，为用户提供线上点餐服务，商家自行配送，如饿了么等

4 第三方配送服务，以外卖配送为切入点，扮演搬运工角色，为餐饮店增加服务半径和节省人力成本，如点我吧外卖网、到家美食汇等

5 预订服务类，以订餐、订台等服务为切入点，提供便捷的到店服务，实则为商家提供客户关系管理解决方案，如易淘食、大嘴巴等

6 社交类，以美食分享和交友为切入点，如饭本、美食美刻、食遇等

7 菜谱类，以菜谱为切入点，如好豆网、下厨房等

8 健康塑身类，以减肥和健康为切入点，如Yota美食等

9 新型品牌类电商，借助互联网思维打造互联网特色品牌，如借助朋友圈传播

10 连锁品牌类，基于已有品牌的影响力和门店数进行O2O转型升级，如俏江南、小南国等

图5-24　餐饮企业O2O平台的类型

第五节　餐饮APP营销

068　餐饮APP的功能

对于餐饮企业来说，APP通常有六大功能，具体如图5-25所示。

图5-25　餐饮APP的功能

1．消息推送

在用餐时间餐饮企业通过APP向顾客推送优惠信息、餐饮贴士、新式菜品等，可以吸引顾客到店消费。推送娱乐新闻、实事新闻，天气预报等，并且通过这些资讯间接植入餐饮店的文化、菜品等。

2．会员管理

使用APP添加、导入餐饮店已有会员，一键实现对未安装APP会员的推广，还可以吸纳新会员。同时通过APP对顾客的行为进行统计和分析，根据这些数据，有针对性地推出不同口味的菜品，提高顾客用餐的满意度。

3．店面展示

把店面信息放在APP中进行展示，精美的图片展示不仅能让顾客享受一场视觉盛宴，更能吸引他们到店消费。

4．菜品展示及手机订餐

在APP中进行菜品详情展示并提供下单、支付、预约等服务，顾客在APP中就可以预订每一餐，提前点餐，方便快捷。

5．地图导航

找不到店面也无需担心，APP可定位和导航，操作方便。

6．会员客服及一键呼叫

顾客在就餐时可以在APP中向服务员咨询相关问题，反之餐饮企业通过APP进行服务、问题解答等。通过一键呼叫让顾客随时联络到餐饮店的工作人员。

069　餐饮APP的种类

打开手机应用中心，搜索餐饮、美食等关键词就会发现，餐饮类APP有很多，这些餐饮类APP主要可以分为以下几类，如图5-26所示。

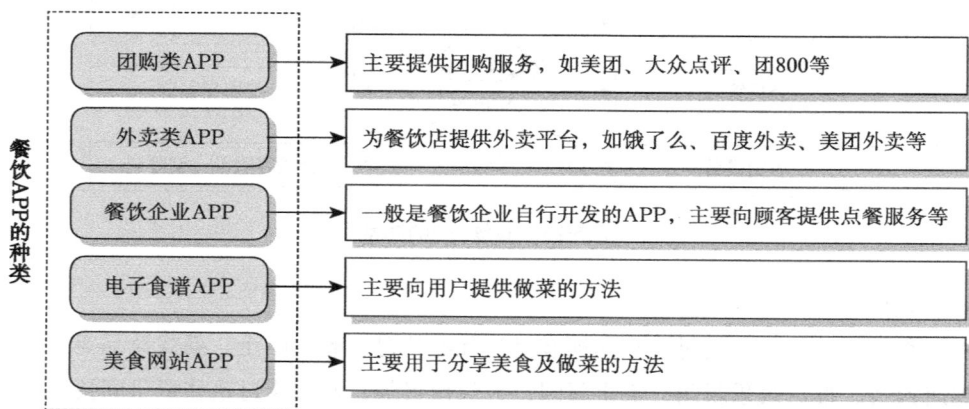

```
                    ┌────────────┐      ┌──────────────────────────────────────┐
                    │  团购类APP  │─────▶│ 主要提供团购服务，如美团、大众点评、团800等 │
                    └────────────┘      └──────────────────────────────────────┘
  餐               ┌────────────┐      ┌──────────────────────────────────────┐
  饮               │  外卖类APP  │─────▶│ 为餐饮店提供外卖平台，如饿了么、百度外卖、美团外卖等 │
  A                └────────────┘      └──────────────────────────────────────┘
  P               ┌────────────┐      ┌──────────────────────────────────────┐
  P               │ 餐饮企业APP │─────▶│ 一般是餐饮企业自行开发的APP，主要向顾客提供点餐服务等 │
  的               └────────────┘      └──────────────────────────────────────┘
  种               ┌────────────┐      ┌──────────────────────────────────────┐
  类               │ 电子食谱APP │─────▶│ 主要向用户提供做菜的方法 │
                    └────────────┘      └──────────────────────────────────────┘
                    ┌────────────┐      ┌──────────────────────────────────────┐
                    │ 美食网站APP │─────▶│ 主要用于分享美食及做菜的方法 │
                    └────────────┘      └──────────────────────────────────────┘
```

图5-26　餐饮APP的种类

070　餐饮APP的开发

餐饮APP软件是为餐饮企业打造的手机客户端，可以向用户提供手机点餐、在线咨询、线路导航、优惠推送、御用厨师、一键呼叫和手机智能定位等服务。餐饮企业可以利用餐饮APP向每一位就餐的顾客提供服务，累积并收集顾客的饮食习惯、评论和反馈意见，从而有效提升服务质量。

071　餐饮APP的推广

餐饮APP的推广一般包括以下两个方面，如图5-27所示。

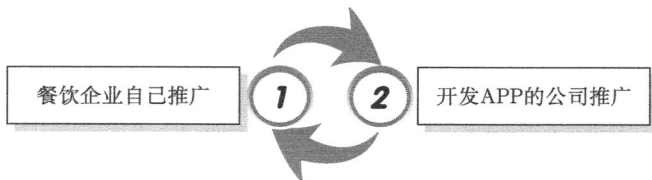

图5-27　餐饮APP推广

第六节　餐饮企业自建网站的营销

072　自建网站首页

餐饮企业网站的首页设计应秉承简约大方的设计理念，力求在有限的空间把餐饮企业的特色展现在浏览者面前。

073　自建网站主要栏目设置

不同餐饮企业所经营的菜系和经营风格不尽相同，因此可以在具体栏目设置上体现餐饮企业的独特性。餐饮企业自建网站主要栏目一般包括"餐饮企业介绍""菜品介绍""店面介绍""餐饮企业印象""新闻中心""人力资源""会员商城""在线订餐"等，如表5-1所示。

表5-1　餐饮企业自建网站栏目设置

栏目	说明
餐饮企业介绍	一般包括企业介绍、企业文化、团队管理、企业责任、企业荣誉等
菜品介绍	一般包括经典菜品、饮品、推荐菜品、新品展示等
店面介绍	一般包括店面位置、新店开业、店面介绍、外卖等
餐饮企业印象	一般包括主题活动、宴会和婚宴、店面掠影等
新闻中心	一般包括餐饮企业新闻、公告、行业动态等
会员商城	一般提供会员积分活动、代金券等

（续表）

栏目	说明
人力资源	主要发布餐饮企业招聘信息
在线订餐	提供在线订餐、订座服务

074　自建网站注意事项

餐饮企业在建设网站时需要注意下列事项，如图5-28所示。

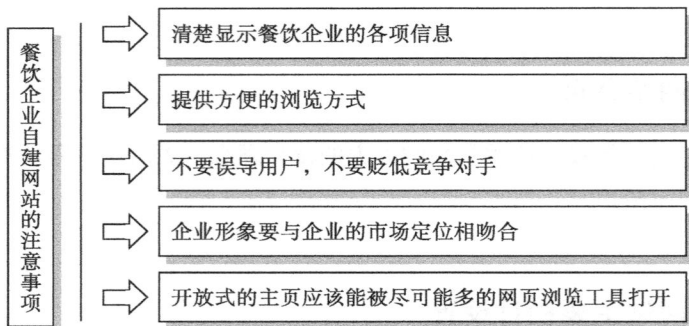

图5-28　餐饮企业自建网站的注意事项

075　与专业网站开发公司合作

餐饮企业也可以与专业网站开发公司合作，让其负责本餐饮企业的网站建设。当然，一定要与其签订合同，以保证双方的合法权益。

第七节　餐饮企业微博营销

076　微博营销前的调查

餐饮企业在开展微博营销前，可以做一个关于微博营销的调查，下面提供了一个范本，仅供参考。

【经典范本 01】××餐饮企业关于微博营销的调查问卷

××餐饮企业关于微博营销的调查问卷

您好，我们是××餐饮企业的市场营销人员，在此我们想了解微博在您选择餐饮企业时起到的作用，以及您对餐饮企业网站微博的关注情况，填写此问卷需要占用您宝贵的时间，谢谢！

1. 您的学历是？

   □高中及以下　　□大专　　□本科　　□研究生及以上

2. 您是否开通微博？（若"否"，请停止答题）

   □是　　□否

3. 您每天平均花在微博上的时间是？

   □30分钟及以下　　□30分钟至1小时　　□1～2小时　　□2～3小时

   □3～4小时　　□4小时以上

4. 您对微博上关于餐饮企业的关注程度是？

   □从不关注　　□偶尔关注　　□非常关注

5. 您关注的餐饮企业微博的类型是？（多选题）

   □餐饮企业攻略微博　　□旅游攻略微博　　□餐饮企业官方微博

6. 您关注的餐饮企业微博包括以下哪些？（多选题）

   □客房住宿　　□配套设施　　□餐饮企业文化　　□其他

7. 您关注与餐饮企业相关微博的理由是？（多选题）

   □通过转发、回复餐饮企业的微博，可以获得奖品、优惠券等

   □通过餐饮企业的微博，可以看到其他人的经验和攻略，给自己做参考

   □通过查看餐饮企业微博的评论，可以了解该店的情况

   □通过图片可以欣赏到各地的餐饮企业文化，增长见识

   □可以通过微博上的图片，了解当地的旅游资源

8. 您最关注餐饮企业的哪类营销信息？（多选题）

   □文字　　□图片　　□视频　　□其他

9. 您对有关餐饮企业类微博的态度是？

   □转发过　　□自己发过　　□搜索过　　□只是看看

10. 如果您看到自己感兴趣的餐饮企业的微博是否会和朋友分享？

   □是　　□否

11. 当您发现某餐饮企业微博上的信息与现实中有一定差距时，您会继续关注该微博吗？

□继续关注　　　□根据实际情况而定　　　□立马取消关注

077　微博营销的内容

餐饮企业微博营销的内容，主要包括以下五个方面。

1．发布预告信息

餐饮企业可以通过微博发布各种预告，如是否有空位、餐饮店附近的交通状况、本日主打菜品、促销活动预告等。

2．接受预订

餐饮企业可以通过微博接受顾客的餐位预订、包房预订、送餐服务预订等。

3．产品宣传推广

餐饮企业可以通过微博进行各种宣传活动，如品牌宣传、特色服务宣传、菜品宣传（附有图片）、招牌菜品介绍、最受欢迎菜品统计数据等。

4．发布相关资讯

餐饮企业还可利用微博发布一些餐饮企业的官方信息，如招聘信息、原材料采购、新店开张、营业时间、节假日休息公告等。

5．在线问答

餐饮企业还可与顾客进行在线交流，针对顾客提出的问题进行相关的答疑。

078　微博营销的推广技巧

即使餐饮企业的微博拥有很多的粉丝，但将微博的浏览量变成销量才是至关重要的，以下是一份微博营销的推广技巧，仅供参考。

1．话题

根据目标人群设定话题，进而制定内容策略。对于餐饮企业来说，运用社会化媒体推广的关键在于内容策略。

2．标签

标签设置好了可以帮助餐饮企业吸引顾客到店消费，当然不同的时间段可能需要不同的标签。

3．善用热门话题

每小时热门话题排行以及每日热门话题排行都很有用，如果添加到营销内容中，可以增加被用户搜索到的概率。

4．主动搜索相关话题

对餐饮行业百度知道中用户常问的问题进行整理并总结，提取重要的关键词，如著名餐饮企业、餐饮企业位置、餐饮企业服务等。随时关注微博用户讨论的内容，主动与他们互动。

5．更新要有规律

如果微博的更新频率和节奏把握不好，可能会导致粉丝流失。

6．让内容有"连载"

比如每天推荐一个景点、美食或热门资讯，每周发布一次活动结果，连载能提高粉丝的参与度和活跃度。

7．规划好发帖时间

只有抓住高峰阅读时段发帖，才可能产生高阅读量和高转发率。

8．善用关注

在微博推广的前期，关注能够迅速聚集粉丝。

9．活动

要定期推出各种活动，活动能够使粉丝量快速增加，并且增加其忠诚度。

10．互动

创造有意义的体验和互动，只有这样，顾客和潜在顾客才会与你交流，才会分享你的内容。

079　如何增加微博粉丝

餐饮企业增加粉丝的主要途径是店面推广。餐饮企业可以在店中醒目的位置树立企业微博ID的宣传广告牌，也可以通过专门的人员向顾客直接推荐餐饮企业的微博ID，还可以向顾客发放印有微博ID的订餐卡片等。

第六章　餐饮促销管理

导读 >>>

　　餐饮店是为顾客提供餐饮服务的场所，餐饮店经济效益的好坏，在一定程度上取决于促销的运用。因此，在抓好内部管理的同时，餐饮经理应做好餐饮店的促销工作。

　　Q先生：A经理，近来餐饮店的生意不太好，我们是否应该开展一些促销活动呢？

　　A经理：嗯，促销期间餐饮店的营业额一般都会大幅增加。我们要有计划地开展促销活动，最好制订一个全年的促销活动计划。

　　Q先生：那怎么制订促销活动计划？

　　A经理：促销活动计划要把全年的节假日、庆典等日期考虑进来，再根据不同的节日特点策划具体的促销活动。

　　Q先生：我们也可以在平时开展促销活动，还可以灵活运用户外广告、告示牌、菜单、菜品制作和展示等方式来进行推广。

第一节　餐饮促销活动策划

080　促销活动策划前之自我分析

在策划促销活动前，餐饮经理须根据餐饮企业的现状，分析影响企业的关键因素及存在的问题，具体内容如图6-1所示。

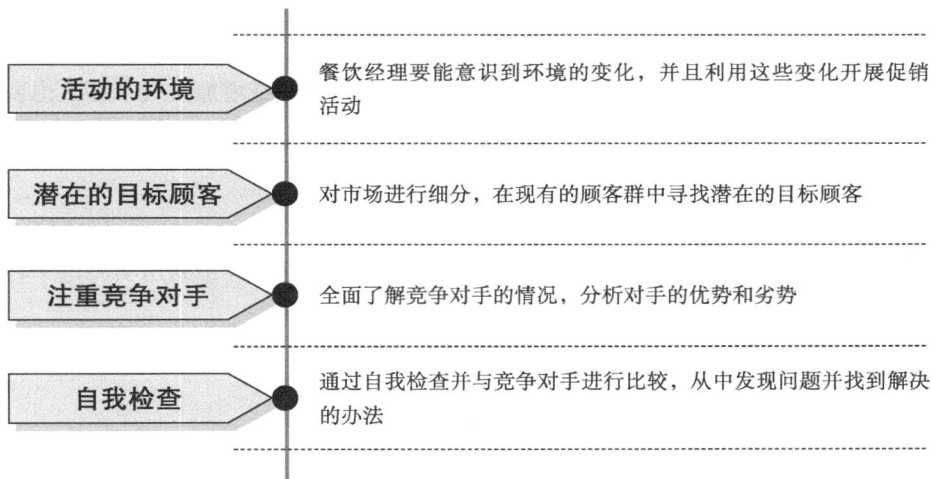

活动的环境	餐饮经理要能意识到环境的变化，并且利用这些变化开展促销活动
潜在的目标顾客	对市场进行细分，在现有的顾客群中寻找潜在的目标顾客
注重竞争对手	全面了解竞争对手的情况，分析对手的优势和劣势
自我检查	通过自我检查并与竞争对手进行比较，从中发现问题并找到解决的办法

图6-1　餐饮企业自我分析的内容

081　明确促销活动的目标

餐饮企业促销活动的目标是通过制订活动计划来实现的。

1. 餐饮企业促销的目标

餐饮企业开展促销活动可以让消费者了解餐饮企业及该企业的产品，其具体目标如图6-2所示。

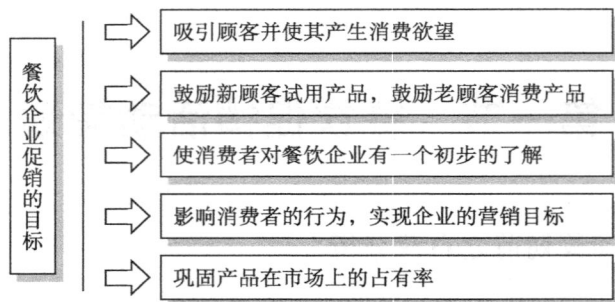

图6-2　餐饮企业促销的目标

2．制定目标

（1）明确活动目标

针对不同的目标，采用不同的方法。如果餐饮企业的目标是增加人气，那么也要制订一个维持回头客的计划；如果餐饮企业的目标是提高利润，那么也要注意产品的质量，否则会适得其反。

（2）制订活动计划

对于餐饮企业的每一个目标，都应有一个活动计划，并且要详细列出实施这个计划的步骤，让员工可以有章可循。

082　餐饮企业促销方法选择——服务促销法

服务促销法就是在餐饮服务之外提供额外服务的促销方法，主要可以分为以下几类，如图6-3所示。

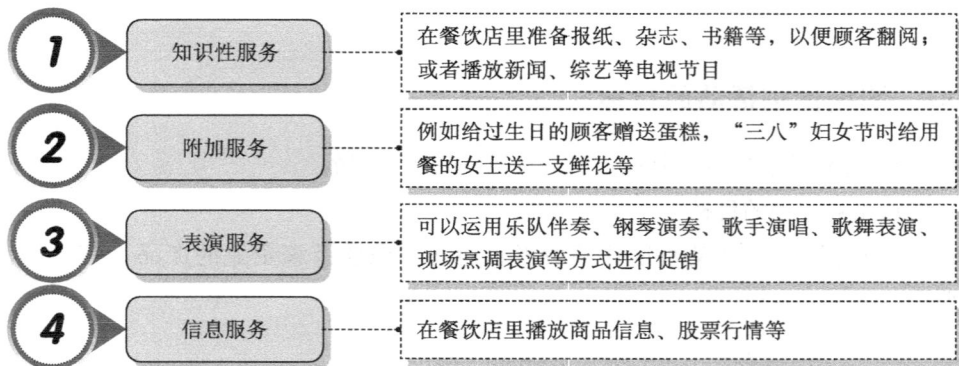

图6-3　服务促销法的分类

083　餐饮企业促销方法选择——优惠促销法

优惠促销法是餐饮店采取一系列折扣吸引顾客反复消费的方法。餐饮店的优惠促销活动主要有以下几种形式，如图6-4所示。

赠券 ⇒	赠券的优惠促销活动在餐饮行业很普遍，尤其在营业淡季。赠券通常是以较低的价格向消费者销售产品
试吃样品 ⇒	餐饮店开发出新的餐饮产品和服务时，可将样品送给顾客品尝，以了解他们是否喜欢。当新产品和服务得到顾客的认可后，再将其列入菜单
套餐折扣 ⇒	当经过精心设计将若干菜品组合成一个套餐时，餐饮店可以按较低价格进行出售，即以一定的折扣价格吸引新顾客。有宴会场地和可以承办婚礼的餐饮店通常可以采用此方法
赠品 ⇒	餐饮店在以正常价格向顾客提供菜品和饮料时，可向其赠送一些小礼品
折扣 ⇒	折扣是优惠促销的一种常见形式。餐饮店可以根据顾客消费额的多少确定折扣的高低，还可以在营业淡季和非营业高峰期间实行半价优惠和买一送一等优惠促销活动
积分奖励 ⇒	积分奖励是一种用于奖励餐饮店老顾客，提高顾客忠诚度的优惠促销方法，即餐饮店按照顾客的消费额计算分数，顾客每次消费获得的分数可以累加形成总积分，餐饮店根据顾客的积分制订和实施不同档次的奖励计划，如给予较高的折扣优惠或免费消费等
联合促销 ⇒	联合促销是指两家及以上的餐饮店或其他企业基于相互利益的考虑，同时进行促销和产品推广的方法。例如，餐饮店与葡萄酒生产商合作，举办"葡萄酒节"

图6-4　餐饮企业的优惠促销形式

084　餐饮企业促销方法选择——节假日促销法

促销就是要抓住各种机会甚至创造机会吸引顾客消费。各种节假日是促销的最佳时机，餐饮企业每年都要做一个促销计划，尤其是节假日的促销活动应当富有新意。节假日促销法主要有图6-5所示几种促销时机。

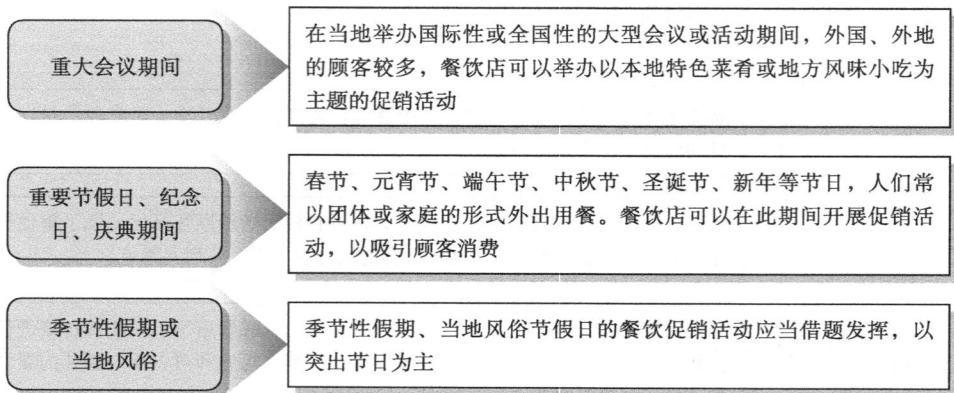

重大会议期间	在当地举办国际性或全国性的大型会议或活动期间，外国、外地的顾客较多，餐饮店可以举办以本地特色菜肴或地方风味小吃为主题的促销活动
重要节假日、纪念日、庆典期间	春节、元宵节、端午节、中秋节、圣诞节、新年等节日，人们常以团体或家庭的形式外出用餐。餐饮店可以在此期间开展促销活动，以吸引顾客消费
季节性假期或当地风俗	季节性假期、当地风俗节假日的餐饮促销活动应当借题发挥，以突出节日为主

图6-5 餐饮企业节假日促销的时机

085 餐饮企业促销方法选择——环境促销法

餐饮店通过照片、文字、实物等营造的就餐环境、气氛和情调是一种无形的推广资源，也是吸引顾客就餐的重要因素之一。

就餐环境直接影响顾客的就餐满意度，为此，餐饮店可以在电梯内或大堂等地方设置餐饮告示牌或橱窗，张贴诸如菜品特选、特价套餐、节日菜单和新增菜品等信息。

展示厨房是现代的餐饮店经常使用的环境促销方法。有的餐饮店用玻璃墙将就餐区和厨房隔离开来，顾客可以看着厨师烹调菜肴；还有的在就餐区设置大屏幕显示器，进餐的顾客可以在电视屏幕上观看配菜加工和烹饪制作等过程。

086 餐饮企业促销方法选择——对象促销法

对象促销法就是选择某类顾客作为促销对象，并且据此策划餐饮促销活动的方法。对象的选择一般为餐饮店的重要顾客以及对餐饮店的销售利润具有重要的影响的人群，比如针对儿童、女性顾客的促销活动。

087 餐饮企业庆典活动促销策划的步骤

餐饮企业在策划庆典活动时大致可分为以下几个步骤。

1．明确庆典活动的目的

庆典是庆祝活动的一种方式，庆典活动的目的是展示餐饮企业的文化、实力和远景，扩大餐饮企业在社会各界的知名度。

2．拟定并确定客人名单及发放请柬

来宾组成：当地知名人士、新闻记者、公众代表等。总之，来宾要具有一定的代表性；发放请柬的要求：请柬提前7～10天发放。重要来宾的请柬发放后，组织者应当天打电话确认，庆典前一天再打电话确认。

3．拟定庆典程序

庆典的一般程序如图6-6所示：

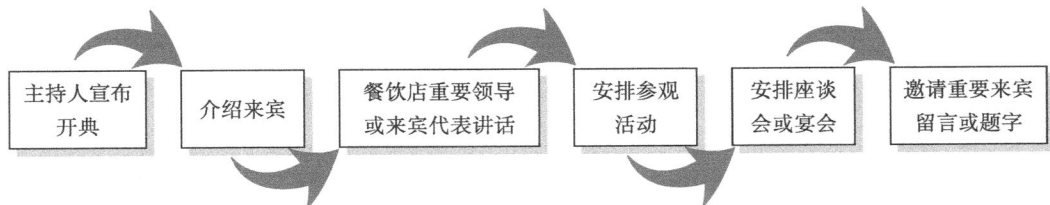

图6-6 庆典程序

4．事先确定致贺词、答词的人员名单

致辞人和剪彩人分己方和客方，己方为餐饮店最高负责人，客方为德高望重、社会地位较高的知名人士。选择致辞人和剪彩人应征得本人同意，并提前拟好贺词、答词。

5．安排各项接待事宜

事先确定签到、接待、剪彩、摄影、音响等有关的服务礼仪人员，组织好来宾的招待工作。

6．形成策划方案

庆典活动的策划最终要形成策划方案。

088 开业庆典促销活动的策划

开业庆典也是餐饮企业开展促销活动的一个好时机。对于餐饮店的开业促销活动，餐饮经理需要做好充分的准备。以下提供一个餐饮店开业促销方案的范本以供参考。

【经典范本 02】××餐饮企业开业促销方案

××餐饮企业开业促销方案

××餐饮企业旗下又一主力品牌——××店将于近期隆重开业，为配合餐饮店开业及更好地在开业之初做好品牌的宣传和推广，现特制订如下开业推广计划。

一、媒体宣传

在餐饮店开业（具体日期）前3天在××电视台、××广播电台进行媒体密集宣传、推广。

二、网站宣传

自开业之日起，利用与我公司合作时间较长、知名度较高的网站进行合作宣传、推广。重点介绍、宣传我公司××店的盛大开业信息。

三、××餐饮企业旗下××家分店全面宣传

制作"热烈祝贺××餐饮企业××店盛大开业"的横幅，悬挂在各分店的醒目位置以进行宣传。

四、餐饮店开业促销支持

1. 团购支持

在与我公司长期合作的知名团购网站进行一次团购套餐促销活动，这能在短期内显著提高餐饮店的知名度及顾客的人数（客流量）。

2. 餐饮店开业大酬宾活动

在餐饮店开业的前3个月内：

（1）凡进店消费的顾客可享受全单7折优惠（海鲜、酒水、主食除外）；

（2）宣传单，凭宣传单进店消费均可免费获赠我店招牌菜品一份（5选1）；

（3）套餐，餐饮店精选4种优惠套餐进行开业酬宾；

（4）幸运大转盘活动，凡进店消费的顾客可在就餐结束后，参加我店的幸运大转盘活动，中奖率为100%，奖品为我店特色菜品一份，在顾客下次来店就餐时享用。

五、其他支持

1. 在开业前对员工进行各项技能培训（前厅服务、厨房操作），提升餐饮店的服务质量及品质，务必确保每一位进店的顾客都能获得满意的就餐体验，以增加其再次来店消费的可能性。

2. 开业之初，在各岗位人员配置上，以最大的人员配置为准，以确保餐饮店顺畅和高效运行。

以上为我店开业促销、宣传的相关思路和方案，敬请领导审阅，不足之处，望予以指正！

××店

××××年×月×日

089 周年庆促销活动策划

周年庆典是餐饮企业成立周岁的庆典，一般是逢五、逢十进行。餐饮企业在进行周年庆促销策划时可以从以下几个方面来考虑。

1．确定庆典活动的对象

一般而言，周年庆活动的对象可分为几类，如图6-7所示。

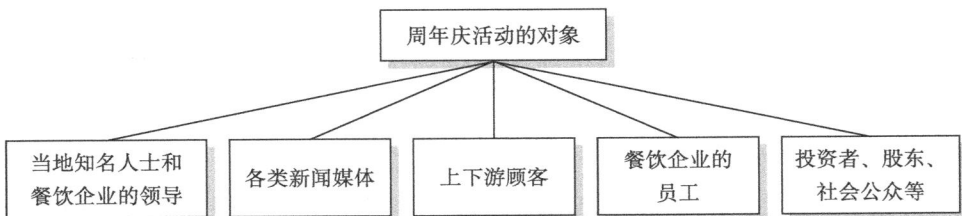

图6-7 餐饮店周年庆活动的对象

2．周年庆活动要围绕餐饮企业的文化进行

餐饮企业周年庆必须以传播餐饮企业文化理念、弘扬餐饮企业精神为主旨。

3．周年庆活动要把握"三个关键环节"

周年庆活动要把握的"三个关键环节"如图6-8所示。

图6-8 餐饮企业周年庆活动的"三个关键环节"

4．制定行之有效的周年庆策划方案

制定一个行之有效的周年庆策划方案，是餐饮企业策划庆典活动中必不可少的一环，对整个周年庆活动起着至关重要的作用。

第二节　常用的传统广告促销

090　户外广告

一般把设置在户外的广告叫作户外广告。常见的户外广告有路边广告牌、高立柱广告牌、灯箱和霓虹灯广告牌、LED看板等。户外广告的种类有两大类。

1．自设性户外广告

以标牌、灯箱、霓虹灯等为载体，利用自有或租赁的建筑物、构筑物等场地设置的广告（含标志等）。

2．经营性户外广告

在城市道路、公路、铁路两侧以及城市轨道交通线路的地面部分、广场、建筑物、构筑物和交通工具上，以灯箱、霓虹灯、电子显示装置、展示牌等为载体设置的商业广告。

091　公交车车身广告促销

公交车身广告的发布形式主要包括以下三种，如图6-9所示。

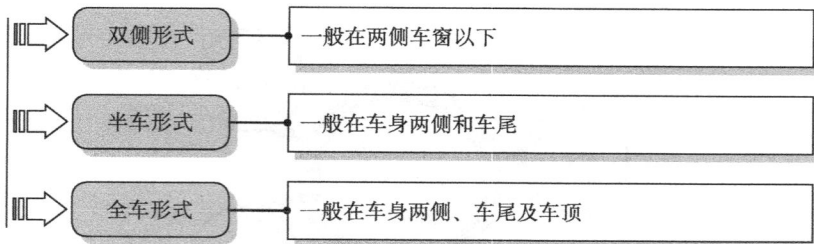

图6-9　公交车身广告的发布形式

092 地铁广告促销

随着地铁的迅速发展，地铁媒体在受众数量、受众质量以及媒体传播环境等衡量媒体价值的重要指标方面得到有力提升，成为企业向公众传达信息的有效媒介渠道。

1．地铁静态广告的发布位置

地铁静态广告的主要发布位置如表6-1所示。

表6-1　地铁静态广告的主要发布位置

发布位置	说明
车厢内海报	在车厢内形成独特的广告环境，乘客在行程内全程接受广告信息
月台灯箱	位于地铁候车站台内，以视觉效果展示信息，最适合发布新产品或树立品牌形象
通道海报	位于地铁站通道内，是乘客必经之路，与目标受众直接接触，适合短期促销
通道灯箱	位于地铁站通道内，除具备海报的优势外，其超薄的灯箱外形、高品位的媒体形象有助于提升品牌的知名度，提高过往乘客的消费欲望
通道灯箱长廊	分布在乘客最为集中的通道内，与目标顾客有长时间的接触机会
月台灯箱长廊	创造独家展示的强烈氛围
扶梯侧墙海报	位于电梯侧墙，直接面对出入口上下楼梯的乘客，整条扶梯可以展示一系列产品，或者以一式多样的广告画面营造强烈的视觉效果
大型墙贴	位于地铁的主要站点，展示面积大，适合知名企业维护与提升品牌形象，也是新品上市促销的最佳选择
特殊位	位于地铁站出入口或售票点上方，位置独特、醒目，适合展示品牌形象

2．地铁视频广告

地铁视频广告不仅包括各种静态宣传画，还包括动态视频广告。地铁的站台与车厢内都装有收视终端，可以形成一个庞大的视频广告播出的平台。

093 电梯广告促销

现代的城市高楼林立，有高楼就有电梯，从众多的楼房中选择某些电梯作为推广场所也是促销的一种方式（见图6-10）。

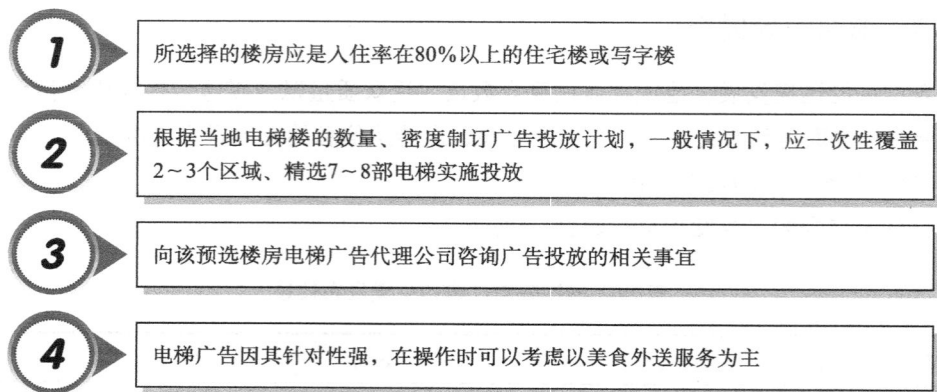

图6-10　餐饮企业选择电梯进行促销的原则

094　路牌广告保销

路牌广告是指在公路或交通要道两侧，利用喷绘或灯箱发布的广告，是户外广告的一种重要形式。

1．路牌广告的特点

路牌广告可以根据不同地区的特点选择适合的广告形式，可以对经常在附近活动的固定消费者进行反复宣传，以加深其印象。

2．路牌广告的分类

路牌广告可分为平面广告和立体广告两大类。平面路牌广告包括张贴广告、海报、条幅等。立体广告则包括霓虹灯、广告柱、广告塔灯及灯箱广告等。

095　店内宣传品广告促销

1．节目单

餐饮企业可以将本店在本周、本月的各种促销活动、文娱活动等信息印刷成节目单放在餐饮店门口、电梯口或总台。

2．餐巾纸

餐饮企业一般都会在顾客用餐过程中向其提供餐巾纸，餐饮企业可以在餐巾纸上印上企业的名称、地址、标记、电话等信息，以达到促销和宣传的效果。

3．小礼品

餐饮企业可以在节假日和促销活动期间，或者在日常经营期间送一些小礼品给用餐的顾客。小礼品要精心设计，如果能根据不同的场合和对象有针对性地分别赠送，效果会更好。常见的小礼品有生肖卡、印有餐饮企业广告语和菜单的折扇、小盒茶叶、巧克力、鲜花、精制筷子等。

096　店外告示牌广告促销

餐饮企业可以在店面门口张贴诸如菜品特选、特价套餐、节日菜单和新服务项目等告示牌，告示牌的规格和制作工艺要和餐饮店的风格一致。

第三节　菜单促销

097　菜单的种类

菜单是餐饮企业向顾客介绍所经营商品的名单，同时又是指挥、安排和组织餐饮生产与餐饮店服务的计划任务书。菜单主要包括零点菜单和宴席菜单两种。

1．零点菜单

顾客从菜单上选择菜品，服务人员在记账单上书写菜名并传至后厨作为配菜、烹调的手续。零点菜单也是顾客结账的凭据。

2．宴席菜单

宴席菜单是指全套菜品、酒水（有时不写）、果品的完整名单。它主要是指各种宴会菜单，如婚宴、寿宴、满月宴等。

098　菜单的设计

既然菜单是餐饮企业进行宣传和促销的一种方式，那么其设计一定要符合餐饮企业的形象和风格：外形要能突出餐饮店的主题，颜色和字体要与餐饮店的装潢和风格相宜。

完成菜品筛选、定价等步骤后，餐饮企业就必须对菜单进行规划和整体设计，包括外形、尺寸、质感、颜色、字体、印刷方式等。设计菜单时须注意以下事项（见图6-11）。

1	有效运用菜单的空间，但也不要太拥挤，一般以50%的留白为最佳
2	菜单的封面要设计得有吸引力，并且能与餐厅的室内装潢互相呼映
3	根据上菜顺序、配置时间等确定菜单的整体顺序
4	菜名需清楚易懂
5	可适时加入文字或插页（以促销特定的菜品及饮料）
6	一定要在菜单的醒目位置写明餐饮店的地址、联系电话及营业时间，以加深顾客对餐饮企业的印象
7	不可把菜名或旧价格涂掉，然后贴上其他菜品或价格，应重新印制新菜单，以免引起顾客的误会或不满

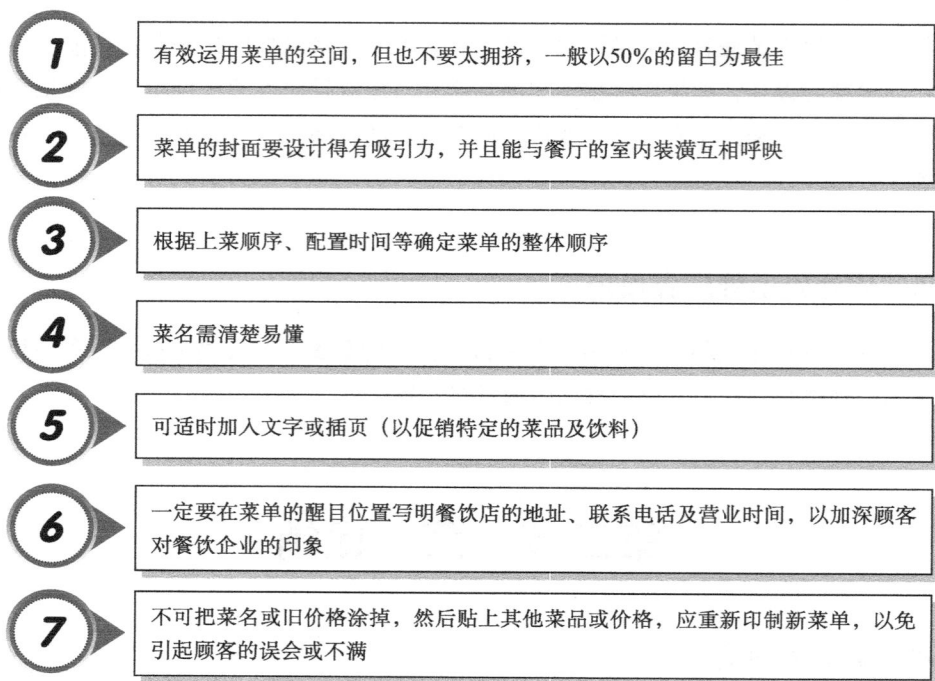

图6-11 设计菜单时的注意事项

099 菜单的评估和修正

餐饮店使用新菜单时应随时留意顾客的反应，根据顾客的意见和建议适时对菜单进行调整。

1．定期做口味调查

餐饮企业可以利用问卷调查的方式获知顾客的口味及饮食喜好，以便及时对菜单上的菜品进行调整。问卷内容主要包括口味、分量、热度、香味、装饰、价格等几项，其中的注意事项如表6-2所示。

表6-2 口味调查注意事项表

事项名称	说明
经常与竞争对手的口味进行比较	为了使比较的结果更具有参考性，进行口味比较时必须把握"模拟"的原则。例如，一家中型的粤菜餐厅，就应和其他中型粤菜餐厅进行比较。口味比较可先从同地区做起，然后再逐渐扩展到其他区域

（续表）

事项名称	说明
简化菜单，淘汰不受欢迎的菜品	在调整菜单时，应将冷门菜品剔除掉。这样不仅可以减少浪费，也可避免第一次就餐的顾客点到这些菜品，从而对餐饮店留下不好的印象
合理运用套餐	套餐是指将餐饮店最受欢迎的菜组合成套，为消费者点菜提供便利
多推出应季菜品	大多数海鲜、蔬果类的食材都有一定的季节性，应季时这些食材不但数量多、品质佳，价格也比较便宜；而反季时，这些食材的数量少、品质差，价格也较贵

2．分析每日销售情形

餐饮企业应使用"每日菜单销售情形表"记录菜品的销售量，其示例如表6-3所示。

表6-3　每日菜单销售情形表

类别	菜品名称
受欢迎且获利高	
不受欢迎但获利高	
受欢迎但获利低	
不受欢迎且获利低	

如此一来，在每月或每周评估时，就知道什么菜品该保留、什么菜品该淘汰。在淘汰一些菜品的同时，也要注意菜单的完整性。

100　菜单的定价

最受欢迎的菜单定价法有两种，即成本倍数法和利润定价法。

1．成本倍数法

餐饮企业在确定菜品的售价时，首先会考虑到成本，而成本主要是由食材、人事费用及其他费用三项构成的。利用成本倍数法计算定价的步骤如下。

假设某道菜的食材成本为20元，人事费用为5元，则其主要成本额为20+5=25元。

设定主要成本率为60%，则其定价=25÷60%≈41.7元

此方法的优点是简单易算、清楚易懂。但是菜品除了主要成本（食材及人事费用）外，还有其他的开销，如果误差较大将会影响最后的利润，因此并非最理想的定价方式。

2．利润定价法

此法是以预期利润和食材成本合并来计算定价，其计算步骤如下。

假设月预算如下：

预估销售额=30000元

操作费用（不含食材成本）=15000元

预期利润为5000元

则预估食材成本=30000-（15000＋5000）=10000元

定价的倍数=30000÷10000=3

以此为依据，计算出每道菜的售价：

如牛排的成本为50元，售价=食材成本×倍数，则牛排的售价=50×3=150元

该方法的重点是为了确保利润而将其估算为所花费成本的一部分。

101　手机电子菜单

餐饮经理可以将餐饮企业的文化、菜品介绍等信息按照指示录入手机电子菜单。用户通过扫码获得该手机网站的跳转链接并获取餐饮企业的相关信息。

手机电子菜单可以给餐饮店带来的好处包括以下几个方面，如图6-12所示。

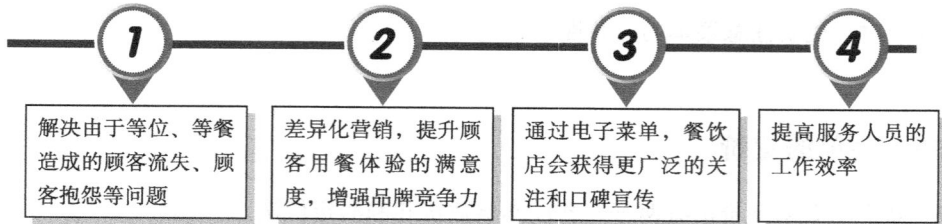

1	2	3	4
解决由于等位、等餐造成的顾客流失、顾客抱怨等问题	差异化营销，提升顾客用餐体验的满意度，增强品牌竞争力	通过电子菜单，餐饮店会获得更广泛的关注和口碑宣传	提高服务人员的工作效率

图6-12　手机电子菜单对餐饮店的好处

手机电子菜单给顾客带来的好处包括以下几个方面，如图6-13所示。

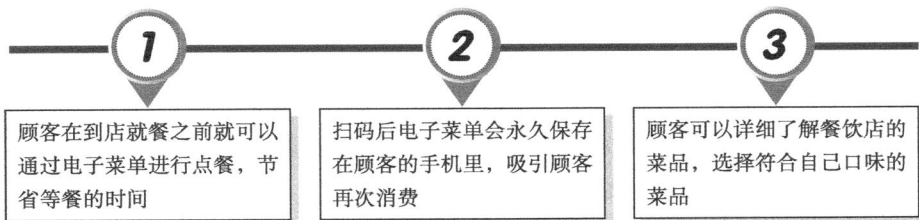

图6-13　手机电子菜单对顾客的好处

第四节　服务促销

102　知识性服务促销

餐饮企业可以在餐饮店里放一些报纸、杂志、书籍等供顾客翻阅，或者播放新闻、体育比赛等电视节目。

【实用案例】

××茶餐厅的老报纸

在一家不足300平方米的茶餐厅里，墙上贴满了3000多张老报纸。顺着楼梯走到茶餐厅的二楼，人们仿佛走进了时光机器。3000多张老报纸由宏观到微观、从政治经济到民情民生，全方位、多角度地展示了新中国的巨变，每个读者都能从中感受到国家的发展和壮大。

这些报纸带来的文化气息和古香古色的茶餐厅内部装潢风格相得益彰，使前来消费的顾客都能深刻体会到该茶餐厅的高雅与品位。

103 附加服务促销

如在午茶服务时，赠送给顾客一份小蛋糕；晚餐结束后，给到店就餐的女士送一支鲜花等；有顾客感冒了要及时告诉厨房，为顾客熬上一碗姜汤……

在顾客用餐过程中适当进行讲解，也是一种有效的附加服务促销。如在给顾客倒茶时，可以一边倒茶水一边说"您的茶水来了，请慢用，祝您用餐愉快"；在顾客点菊花茶的时候，可以告诉顾客"菊花能清热降火，冰糖能温胃止咳"。

【实用案例】

海底捞的附加服务

在海底捞等待就餐时，餐厅为顾客免费提供水果、饮料、擦皮鞋等服务，有些人甚至为了享受免费美甲服务而去海底捞就餐。

海底捞的附加服务贯穿于顾客从进门、等待、就餐到离开的整个过程。待顾客坐定点餐时，服务人员会细心地为披散长发的女士递上皮筋和发夹，为戴眼镜的顾客送上眼镜布；如果有顾客带小孩就餐，服务人员还会喂孩子吃饭、陪他们做游戏；用餐结束后，服务人员会立马送上口香糖，并且所有服务员都会向离开的顾客微笑道别；如果顾客特别喜欢店内的免费食物，服务人员会单独打包一份让其带走。

104 娱乐表演服务促销

娱乐表演服务是商家为吸引消费者而提供的一项免费服务，如民族风情表演、民俗表演、变脸表演、舞蹈表演等。

105 菜品制作表演促销

现场烹制表演是一种有效的促销方式，还能起到渲染氛围的作用。顾客对菜品制作过程可以一目了然，从而产生消费冲动。但现场演示促销要求餐饮店有宽敞的空间和良好的排气装置，以免油烟污染餐饮店的环境或影响顾客就餐。

106　借力促销

餐饮店服务人员向顾客介绍促销的菜品时，可以借助餐饮店的名气、节假日的促销活动、金牌获奖菜品的美名以及名人效应，这样会达到事半功倍的效果。

第五节　重大节假日促销

107　春节促销服务型经营方式

餐饮店要把握好以下春节服务型经营方式。

1．主妇型

即餐饮店为家庭配送成套的年夜饭半成品或净菜，只收取一定的加工费。

2．包办型

即餐饮店为顾客预订到店就餐的年夜饭或节日家宴。餐饮店要本着勤俭节约、物美价廉、面向市民、为大众服务的原则，可推出"敬老宴""爱心宴""关心宴""合家团圆"等众多套餐，以扩大目标市场。

3．系列型

为适应现代人的消费需求，餐饮店应推出面向家庭的除夕宴席快送、"出租厨师"等。同时，餐饮经理还应在文化品位上做文章，可以在店内推出书画摄影展览、读书弹唱、名曲欣赏、民俗、杂技、魔术表演、名厨教授顾客招牌菜活动等，让顾客集食、饮、赏、览、听于一体。

108　春节促销

1．提前准备，营造气氛

餐饮店应提前一个月将店内环境布置完毕，突出浓重的春节气氛。

前期的预热活动可以是向顾客赠送优惠券。不管开展什么样的促销活动，一定要给顾客实质性的利益，否则就没有吸引力。

2．高潮年夜饭

餐饮店应提前一个月制作好年夜饭的菜单，让顾客有选择的余地。除夕当天，为营造热烈的气氛，餐饮店可以进行如下安排。

（1）安排领班、服务人员在门口迎宾，突出隆重的感觉。

（2）大厅里播放喜庆的音乐，让顾客一进来就感受到其乐融融、家和万事兴的气氛。当晚还可聘请艺人表演民乐、评书、相声等传统节目。

（3）把桌布全部换成红色的。

（4）为了突出春节气氛，可安排一些地方特色菜品。

（5）赠送合适的小礼物。

109　情人节促销

情人节（2月14日）一般在在春节期间或之后，把情人节的促销活动纳入春节促销策划中，两个活动相互配合，效果会更好。

某酒店在情人节当天设计了两个活动：

（1）点特色招牌菜品，有机会抽奖，一等奖奖品是钻戒一枚。特色招牌菜一定是餐饮店的畅销菜之一，利润相对较高。为了降低成本，餐饮店可以联合珠宝企业，让其免费提供钻戒一枚，餐饮店在店内为其做免费宣传。

（2）点情侣套餐，送一张贵宾卡。得到贵宾卡的顾客，在接下来的一年中，订婚宴十桌送一桌。活动期间，每桌送一支玫瑰花，还安排了以小提琴、钢琴为主的演出，营造温馨、浪漫的气氛。

110　元宵节促销

过完正月十五，大部分人开始上班，商务宴请也渐渐开始了。餐饮店可以策划一下元宵节的促销活动，一是聚集人气，二是答谢新老顾客。

某餐饮店在元宵节策划了"表表心意"的活动。元宵节到店就餐的所有顾客，都有机会抽奖，奖品是合作企业提供的价值4000多元的一款瑞士名表。同时，给每位就餐的赠送顾客一碗元宵。

111　"五一"劳动节促销

在"五一"劳动节期间，很多婚宴、寿宴、家庭宴等都会在这一时间段举办。在"五一"

劳动节期间，餐饮店展开促销活动一般可以采用以下方式。

（1）向老顾客发送关怀短信：利用节假日或老顾客生日提供价格优惠，吸引其到店消费。

（2）短信打折券。

（3）广告宣传：利用群发广告的方式进行广告宣传，发布优惠信息。

（4）现场抽奖：顾客发送短信有机会获得价格优惠或赠送特色菜，既吸引顾客到店消费，又可获得大量顾客的手机号码，这些人可成为餐饮店未来宣传的对象。

112　端午节促销

端午节被定为法定节假日，这也为餐饮企业提供了一个很好的促销机会。餐饮店在进行端午节促销时，也要遵循节日营销的一般原则。

（1）要捕捉人们的节日消费心理，寓动于乐，寓乐于销，制造热点，最终实现节日促销。

（2）方案的主题应成为人们口口相传的话题，具备口碑效应。

（3）要充分嫁接节日文化氛围，开展有针对性的文化营销。

113　母亲节促销线下版

1．1元康乃馨

母亲节前一天可以在各处张贴宣传海报，在微信、微博上同步宣传促销活动。根据餐饮店的情况，然后制定消费满多少元加价送花活动（如消费100元＋1元即可获赠一支康乃馨）。

2．亲情卡

在母亲节当日，餐饮店不妨推出系列卡，名字自拟，如孝心卡、懂事卡、亲情卡、成长卡、呵护卡等。顾客在留言板上写下一句想对母亲说的话，就能办卡。周一和周三凭此卡在店内消费可享八折的优惠等。

3．小礼物

对于一些大型餐饮企业来说，免费送礼物是给顾客留下深刻印象最直接的方式。餐饮店送顾客一道菜、一些折扣、一杯饮品，顾客很快就会忘记，而小礼物则可以让顾客记住餐饮店。

114　母亲节促销线上版

1．晒通话时间

晒出与妈妈的通话时间活动：在近一周内，只要与妈妈的通话时长超过10分钟就可通过微信公众号、微博发送给餐饮店，然后餐饮店设立一等奖：某某化妆品小样；二等奖：新菜品试吃；三等奖：八折优惠券（限2人）；特等奖：一束康乃馨。

2．微信平台互动

餐饮店可以在微信公众号上举办"你为妈妈做的菜"等活动，以表示对妈妈的感谢。当然，在活动之前饮店要设置相应的奖励，如优惠券、会员充值卡等。

115　父亲节促销

父亲节是每年6月的第三个星期日。餐饮企业可以借此开展促销活动，以下提供一些父亲节的促销活动以供参考。

1．推出父亲节老爸专属套餐

不仅可以通过促销价格等吸引顾客，还能提前解决备货问题，提高当天的上菜速度。

2．菜名主题呼应

为了增加节日气氛，可调整一至两道店内的菜名，如"老爸疙瘩汤"。

3．父亲节专属饮品

在父亲节当天，餐饮店可提供几款爸爸们平时喜欢饮用的饮品，如醒酒的乌龙茶、降血脂的苦丁和普洱茶等。

4．背景音乐

为了营造就餐气氛，餐饮店背景音乐的选择也是一个关键点，可怀旧可温情可新潮，但要注意与用餐氛围相符。

116　中秋节促销

农历八月十五是我国传统的节日中秋节，也是仅次于春节的第二大传统节日。餐饮店可结合店面的实际情况和我国传统习俗，开展一些促销活动。

1．定价策略

（1）菜品基本上可以保持原来的定价，但要考虑和中秋节相关的一些菜品的价格，可采取打折或直接降价的方法。

（2）针对价格高的菜品，建议采用减量和减价相结合的方法。

（3）套餐的价格不宜偏高。

（4）酒水价格和其他服务的价格可根据餐饮店的实际情况灵活变动，在中秋节前后达到最低价（但要依据餐饮店的纯利润来制定）。

2．营销策略

（1）制定专门针对中秋节的套餐，可以制定两人餐、三人餐、四人餐、五人餐等套餐类型，主题要体现全家团圆，还可向顾客赠送月饼。

（2）如果当日就餐者中有一个人的生日是八月十五，可凭借有效的证件（户口本和身份证）享受八折的优惠。

（3）在饭后向顾客赠送一些和中秋节相关的小礼物（上面要印上餐厅的名称、电话、地址、网址）。

3．推广策略

（1）在餐饮店附近放置户外广告（户外广告采用喷绘为主，条幅相结合的形式）。

（2）电视、横幅和报纸广告相结合。

（3）手机短信、微信、APP群发广告，群发的重点是餐饮店的老顾客，注意要使用恰当的语言，介绍餐饮店的最新优惠活动。

117　重阳节促销

农历的九月初九为重阳节，重阳节也叫"老人节"。庆祝重阳节的活动一般包括出游赏景、登高眺远、观赏菊花、插茱萸、吃重阳糕、饮菊花酒等。九九重阳，因为与"久久"同音，有长久长寿之意。

在重阳节当日，餐饮店的促销活动可有以下几种。

（1）推出适合老年人口味的菜品。

（2）重阳节当天向60岁以上用餐的老人赠送养生滋补汤一份。

（3）重阳节当天过生日的顾客凭生日蛋糕或本人有效证件可获赠长寿面一份。

（4）举办"百叟宴"。凡年满60岁以上（凭有效证件）的老年人可享受每位99元的"九九重阳优惠套餐"（仅限100人）。

（5）重阳节特价酬宾：保健酒类、保健食品类、其他老年用品等。

118　国庆节促销

国庆节是我国的法定节假日，也是旅游黄金周。大部分企业都会放假，这也为餐饮企业提供了一个很好的促销机会，促销的方法有以下几种。

（1）菜式：推出相应的套餐和菜品，以供顾客选择。

（2）制作：让顾客参与到菜品的整个制作过程中，满足顾客的成就感与体验的欲望。

（3）观赏：在顾客面前进行菜品的制作，吸引顾客的注意力。

（4）价格：通过优惠的价格来吸引顾客。

（5）赠品：提供一些与节日相关的赠品，如提前预订可以得到赠品、消费满多少元可以得到赠品等，赠品要与餐饮店的风格相宜。

119　圣诞节促销

圣诞节是西方的一个传统节日，是每年的12月25日。在这一天，人们互赠礼品，尽情享受节日美食。在餐饮店里，一般可以布置圣诞树和圣诞老人，也可推出圣诞特选菜品，组织各种庆祝活动，唱圣诞歌，举办化妆舞会、抽奖活动等。

第六节　跨界促销

120　与银行合作促销

现在，许多餐饮企业都会选择与银行合作，成为银行的优惠商户，持卡人到优惠餐饮商户消费即可享受相应的折扣或优惠。

1．选择合适的银行进行合作

既然成为银行的特惠商户有利于餐饮企业的发展，那么如何选择适合本餐饮店的银行呢？餐饮企业可以对自己的消费群体进行划分并找出主要的消费群体，然后查找银行的主要客户，从中找到与餐饮店顾客群体大致相同的银行开展合作。

【实用案例】

美食特惠活动

中国建设银行美食特惠活动是建设银行信用卡的传统品牌活动，因优惠的折扣和每年近万名持卡人有幸得到年夜饭奖励而受到客户的青睐。

××××年，中国建设银行在全国精心甄选了3000家餐饮名店及知名连锁餐饮店，以规模最大、美食最全、回馈最多的特点，让客户体验"刷龙卡信用卡，尽享天下美食"的乐趣。××××年6月起至12月底，持建设银行信用卡至全国3000家特约知名连锁或精选餐饮店刷卡消费，可享受一定的折扣优惠和双倍积分，当天生日的顾客还可获赠蛋糕、红酒等好礼。××××年10月到12月单笔消费满888元有机会成为"美食之星"并获赠年夜饭，与家人共享新春欢乐。

2．银行对特惠商户的要求

当然，并不是所有企业都能成为其特惠商户，银行对特惠商户有一定的要求。如某银行对特惠商户的要求是"以排名靠前及特色商户为主，以点带面，全面发展"。

餐饮企业要想成为银行的特惠商户就必须与银行签订合作协议，以此保护双方的合法权益。

121　与商场（超市）合作促销

餐饮企业可与商场（超市）联合开展促销，如将餐饮企业的免费优惠券放在收银台处由顾客自行拿取，或者在商场（超市）消费满一定金额即送餐饮企业代金券等。

122　与电影院合作促销

吃饭、看电影是人们休闲娱乐的常见方式，吃完饭到电影院看电影是很多人的习惯。因此，餐饮企业可以选择与附近的电影院合作，如消费满一定金额即送电影票一张等。

123　与饮料企业合作促销

消费者在超市购买饮料，去指定餐饮店就餐可享受一定的优惠，这种促销方式对于消费者而言具有一定的吸引力。

【实用案例】

××餐饮企业与可口可乐的联合促销

可口可乐联合××餐饮企业开展促销活动，在超市购买一瓶可口可乐饮料，就可获赠一张消费券，凭此券到指定餐饮店消费，可享受指定菜品七折的优惠价。

对于可口可乐和××餐饮企业来说，这次活动起到了互惠互利的作用。该餐饮企业是可口可乐的长期客户，双方长期合作，餐饮企业可以借助可口可乐的促销渠道提高其市场知名度。

124　与互动游戏企业合作促销

以年轻人为消费群体的餐饮企业可以选择与互动游戏企业开展合作促销，以推广品牌、实现共赢。

【实用案例】

小尾羊与麒麟游戏合作促销

××××年，小尾羊餐饮连锁股份有限公司与互动游戏企业麒麟游戏在××市达成战略性合作协议，宣告中国实体餐饮与虚拟网游首次展开异业合作，双方将在麒麟游戏全新网游大作《××××》中展开系列合作，预计于××××年下半年启动。

小尾羊携手麒麟公司率先在双方终端开启异业合作，不仅可以增加小尾羊的市场竞争力，也为其提供了广阔的发展空间。麒麟游戏拥有庞大的年轻用户群体，通过此次合作将扩大小尾羊的受众群体与消费者数量，而双方品牌的叠加效应会创造出更多的经济和社会效益。

对于餐饮企业而言，与互动游戏企业合作是一种新的跨界促销方式，这无疑是一个很好的尝试。当然，餐饮企业需要找到与其消费群体大致相同的互动游戏企业进行合作。

125　与电器卖场合作促销

目前，很多人习惯逛完商场直接进店就餐，体验集购物、餐饮、休闲于一体的一站式服务，所以，餐饮企业可以与电器卖场合作开展促销。

【实用案例】

百胜与苏宁合作促销

××××年，美国餐饮业巨头百胜与中国3C家电连锁零售业巨头苏宁宣布缔结战略联盟，联手打造"购物——餐饮生活圈"的新型商业模式。

根据协议，百胜将在苏宁遍布中国的商业物业内开设肯德基、必胜客、必胜客宅急送、东方既白和小肥羊等品牌餐厅，并制定了未来5年内开设150家的战略目标。

百胜旗下品牌入驻苏宁商业物业，使消费者在购物之余，足不出"卖场"便能享受便利的餐饮服务，提升购物体验。对于百胜而言，苏宁最大的吸引力在于其数量庞大的卖场和消费者数量。

一个是中国3C家电连锁零售业巨头，一个是国际餐饮业巨头，两个看似关联性不大的企业之间通过此番跨界合作形成了一条互惠互利的利益纽带。

第七节　餐饮促销活动评估

126　检查法评估促销效果

检查法即对餐饮企业在促销前、促销中和促销后的各项工作进行检查，具体如图6-14所示。

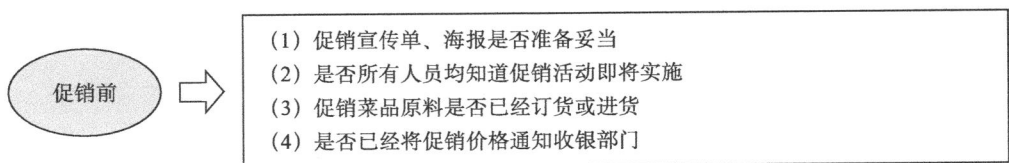

促销前 ⇒
(1) 促销宣传单、海报是否准备妥当
(2) 是否所有人员均知道促销活动即将实施
(3) 促销菜品原料是否已经订货或进货
(4) 是否已经将促销价格通知收银部门

（1）促销菜品种类是否齐全、数量是否足够
（2）促销菜品的价格是否改变
促销中 ⇒ （3）促销菜品是否张贴了购买点广告
（4）促销菜品的品质是否良好
（5）是否所有人员均了解促销期限和具体内容
（6）气氛是否更加活跃

促销后 ⇒ （1）过期海报、购买点广告、宣传单是否均已撤下
（2）菜品是否已恢复原价

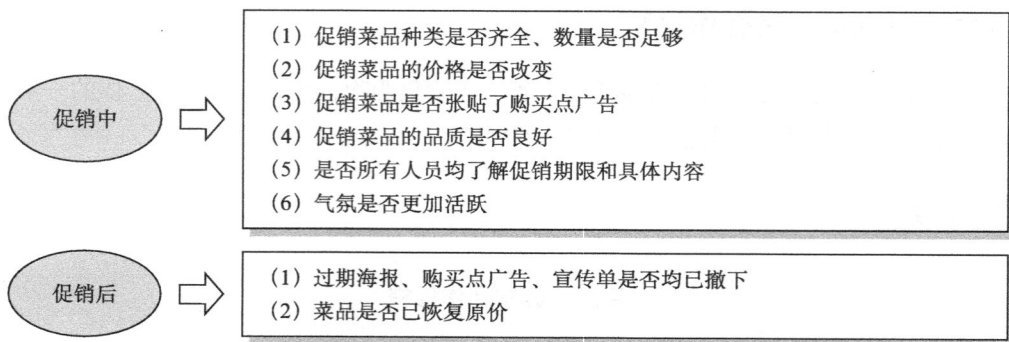

图6-14　促销活动检查事项

127　前后比较法评估促销效果

前后比较法是对餐饮企业在开展促销前、促销中与促销后的销售额进行比较，一般会出现十分成功、得不偿失、适得其反三种情况。

1．十分成功

餐饮企业促销活动"十分成功"的直观反映如图6-15所示。

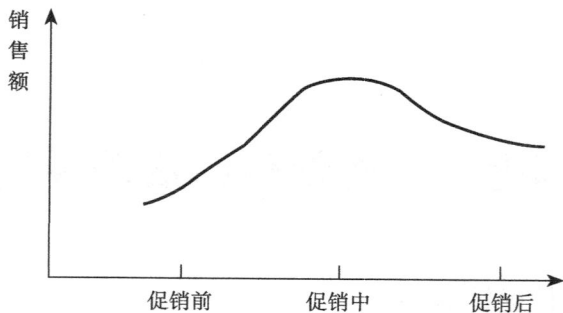

图6-15　餐饮企业促销活动"十分成功"的示例图

2．得不偿失

餐饮企业促销活动"得不偿失"的直观反映如图6-16和图6-17所示。

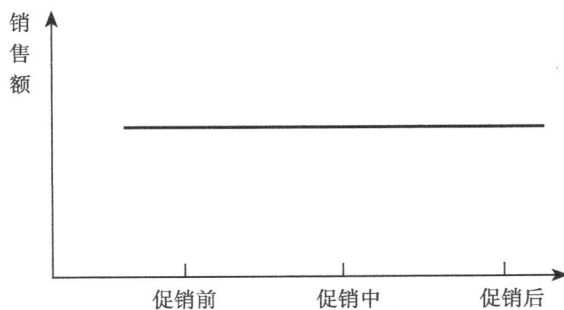

图6-16 餐饮企业促销活动"得不偿失"的示例图1

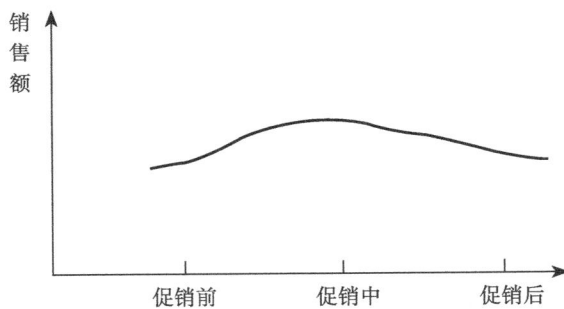

图6-17 餐饮企业促销活动"得不偿失"的示例图2

3．适得其反

餐饮企业促销活动"适得其反"的直观反映如图6-18所示。

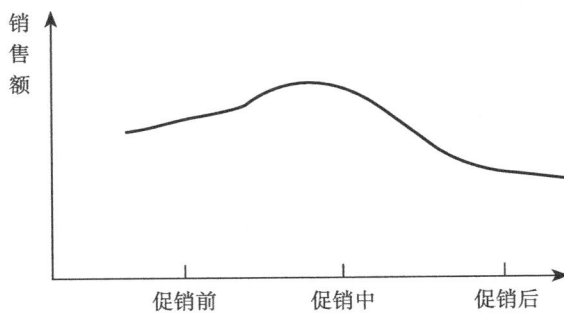

图6-18 餐饮企业促销活动"适得其反"的示例图

128 顾客调查法评估促销效果

顾客调查法就是抽取一定数量的顾客作为样本进行调查，以了解促销活动的效果。例如，在促销活动期间可以通过发放调查问卷，了解有多少顾客是因餐饮企业的促销活动而前来消费的、其对促销活动有何评价、是否从中得到了实惠、此次活动对其今后选择就餐场所是否会有影响等，从而评估餐饮企业促销活动的效果。

餐饮企业在开展促销活动之前，可以做一个关于促销策略的调查问卷，以了解顾客对促销活动的看法。以下提供一份促销策略调查问卷以供参考。

【经典范本 03】××餐饮企业促销策略调查问卷

××餐饮企业促销策略调查问卷

1. 您的性别是？

    □男　　□女

2. 您的年龄是？

    □18岁以下　　□18～24岁　　□25～30岁　　□31～35岁

    □36～40岁　　□40岁以上

3. 您的收入是？

    □1000元以下　　□1000～1999元　　□2000～2999元

    □3000～4999元　　□5000～10000元　　□10000元以上

4. 您的职位是？

    □普通职员　　□中层管理人员　　□高层管理人员

5. 您经常在外就餐吗？

    □经常　　□有时　　□偶尔

6. 您是通过什么途径知道××餐饮店的？

    □网熟人或朋友介绍　　□网络　　□户外广告　　□报纸杂志

7. 您认为您再次光顾××餐饮店的最重要原因是什么？

    □菜品味道　　□环境　　□服务　　□地理位置　　□价格

8. 您觉得××餐饮店令您最满意的是哪个方面？

    □菜品味道　　□环境　　□服务　　□地理位置　　□价格

9. 一般在什么情况下您会选择××餐饮店？

　　□情侣约会　　□朋友聚会　　□同学或同事聚餐　　□家人聚餐

10. 您是否愿意收到××餐饮店的宣传册？

　　□非常愿意　　□愿意　　□不是很愿意　　□拒绝接受

11. 如果××餐饮店要进行网络促销，您认为效果将会如何？

　　□非常好，而且网上订餐很方便

　　□如果服务不打折扣，可以接受　　□不看好

12. 以后您是否愿意收到××餐饮店的网络订餐信息？

　　□非常愿意　　□愿意　　□无所谓　　□不愿意

13. 您觉得××餐饮店的价格是否合理？

　　□非常合理　　□较合理　　□一般　　□不合理　　□很不合理

14. 您认为××餐饮店通过何种渠道宣传最为有效？（多选）

　　□口碑宣传　　□平面媒体宣传　　□网络宣传

15. 您比较喜欢哪种优惠活动？（多选）

　　□买套餐赠送优惠券　　　　□网上打印优惠券

　　□会员享有优惠　　　　□消费满一定金额赠送果盘或其他菜品

　　□生日当天享受优惠　　　　□凭学生证享受优惠

　　□在淡季或非高峰期享受优惠

16. 优惠活动对您的吸引程度？

　　□很大　　□一般

　　□没影响，想吃的话还是会去的

17. 如果××餐饮店每隔一段时间推出一些新菜品，您是否愿意经常光顾尝试？

　　□非常愿意，喜欢尝试不同的口味　　□愿意，偶尔换换口味也不错

　　□随便，无所谓　　□不愿意，经典口味让人比较放心

18. 如果××餐饮店参加团购，您认为如何？

　　□愿意参加，会节省一部分钱

　　□有时间的话会参加　　□无所谓

　　□不喜欢，担心团购的菜品的质量和服务质量会有所下降

129　观察法评估促销效果

观察法即通过观察顾客对餐饮企业促销活动的反应，如顾客的踊跃程度、优惠券的使用情况、参加抽奖的人数以及赠品的赠送情况等，对促销效果进行评估。餐饮企业可以利用促销活动总结表和促销活动成果汇总表对促销效果进行评估。如表6-4和表6-5所示。

表6-4　促销活动总结表

活动名称	
目的	
形式	
吸引顾客数量	
顾客的反应	
现场活动状况	
销售额（元）	
利润（元）	
效果评估	
问题分析	
改进建议	

表6-5　促销活动成果汇总表

部门名称			本年度促销次数		
促销名称		编号	协助供应商		促销时间
促销产品		预估数量	实际销量		预算费用占比

（续表）

促销费用		预算 费用		实际 费用		实际 费用占比	
赠品 领取记录							
差异说明及 活动检讨							
改进建议							

130　促销效果评估

餐饮企业的促销效果主要从促销主题、促销创意、促销菜品三个方面进行评估，如图6-19所示：

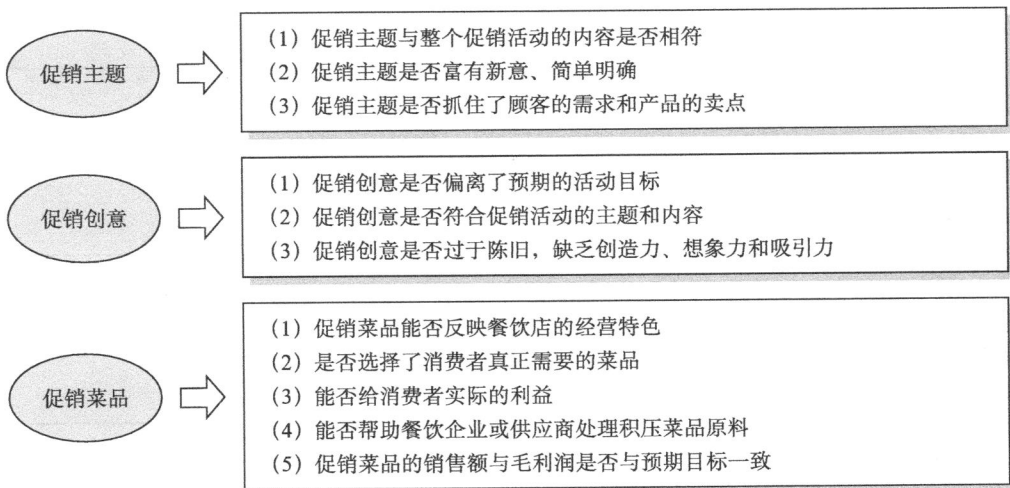

图6-19　餐饮企业促销效果评估的三个方面

餐饮企业在对促销效果进行评估时，需要运用到相关表单，如成本分析表、活动总结表、效果评估表等。如表6-6、表6-7和表6-8所示。

表6-6　促销成本分析表

分析人：　　　　　　　　　　　　　　　　　　　　　　　审核人：

方式	
说明	
促销时间	
估计费用	
实际费用	
成本收益分析	
批示	

表6-7　促销活动总结表

填表人：　　　　　　　　　　　　　　　　　　　　　　　日期：

促销地点		促销时间	
促销主题			
预计算用		实际费用	
差额		原因	
促销内容及方式			
促销成果分析			
存在的问题及原因			
改善措施与经验总结			
意见	餐饮经理		
	总经理		
备注	填写本表的意义在于监控促销活动的过程与结果，同时也是核准下次促销活动的重要依据		

表6-8　促销效果评估表

日期：

促销日期	选择媒体	投放力度	重点对象	销售情况	备注

131　促销活动总结

1．促销人员评估

促销人员评估可以督促员工在日常工作中严格遵守规范、保持工作热情，具体如表6-9所示。

表6-9　促销人员评估表

促销商品：　　　　　　　　　　　评估者：　　　　　日期：

活动地点	促销人员姓名	考核项目										违反重要规定	评分	现场状况说明
		标准性						工作态度						
		动作	音量	仪表仪态	亲和力	专业知识	促销方案执行度	配合度	工作积极性	纪律遵守情况	服务态度			

（续表）

备注	违反重要规定包括以下几项 ·逃班 ·迟到或早退（15分钟之内） ·未执行分内工作 ·未按规定着装 ·用餐超时 ·报表不实

2．促销活动总结报告

当促销活动结束后，餐饮企业需要对本次活动进行分析和总结，撰写促销活动总结报告。

第七章　餐饮采购管理

导读 >>>

对餐饮企业而言采购管理非常重要，采购管理的目的是保障餐饮企业的经营活动正常持续进行，加速资金周转，降低采购成本等。

Q先生：A经理，食材采购对餐饮企业来说最为重要，关乎菜品的质量和餐饮企业的成本。

A经理：是的，很重要，不过，餐饮企业的采购包括经营所需的各种材料、设备、办公用品及劳保用品等，以及需通过协作厂商完成的各种成品、半成品、食材的加工，当然最重要的还是食材采购。

Q先生：嗯，所有要采购的东西都在管理之列。

A经理：餐饮采购有很多方式，餐饮企业可以选用一种或几种方式相结合。餐饮经理应对食材采购的标准、验收和储存的方式进行规范管理。

第一节　餐饮采购的方式

132　统一采购

目前，许多知名餐饮企业都采取统一采购的方式。这种采购方式可以极大地提高规模效益，减少中间环节，降低采购成本。

133　集团统一采购与各区域分散采购相结合

很多大型餐饮企业都采取统一采购与分散采购相结合的采购模式。餐饮企业可以对价值高、重要的货品实行统一计划、统一采购，以降低采购成本；对批量小的低价值、易耗品以及需要每日采购的果蔬、肉蛋、调料等货品，实行区域分散采购。

134　本地采购与外地采购相结合

在餐饮企业的日常经营中，大量的原材料都在本地就近购买，以便能够及时满足餐饮店的使用需求。但由于市场经济的作用，不同地方的产品价格会有所不同，并且由于进货途径不同，各地的价格差异也较大。这就需要餐饮企业采购部门深入开展市场调查和研究，掌握本地和外地各类产品的价格行情，从而有计划地去外地采购同等质量但价格低的原材料。

135　餐饮企业联合招标采购

餐饮企业可以在本地区内联合几家企业进行联合招标采购，扩大采购规模，形成规模优势，以降低采购成本和价格。

招标采购是指企业提出品种规格等要求，由卖方报价和投标并择期公开开标，通过公开比价以确保最低价者得标的一种买卖契约行为。招标采购提倡公平竞争，可以使购买者以合理的价格购得理想的货品，但是手续较烦琐、费时，不适用于紧急采购与特殊规格货品的采购。

136　供应商长期合作采购

餐饮企业可以与供应商签订长期采购合作协议，实行成本定价，以此达到降低成本的目的。

137　同一菜系餐饮企业集中采购

同一菜系的餐饮企业所用食材和原料大多相同，如川菜中用到的花椒和麻椒、湘菜中用到的辣椒、粤菜中用到的蚝油等。因此，同一菜系餐饮企业可以联合起来进行集中采购，建立统一的采购平台。

138　向农户直接采购

餐饮企业直接与食材生产源头进行对接，可缩减中间环节，确保产品源头可追溯，质量更有保障，价格也相对稳定。

139　自建原材料基地

最近几年，餐饮企业所使用的各种原材料价格不太稳定，部分出现大幅上涨。餐饮企业可以自己建立主要原材料生产基地，以确保在原材料供应和采购价格上的自主权。

餐饮企业可以在农村直接建立自己的原材料生产基地，减少中间销售环节，确保原材料价格波动不超出企业承受范围。当然，餐饮企业要与农户签订收购协议，这样不但可以保证原材料的数量和质量，也可以保证价格相对稳定，避免受到市场经销商、运输等其他因素的干扰。

140　食材集采

集采就是集体购买相同品牌或是去同一个地方选购，又叫团购。集采的方式有两种。

1．网络集采

通过互联网平台，由专业团购集采机构将具有相同购买意向的零散餐饮企业集合起来，向厂商进行大批量购买的行为。也可由餐饮企业在团购网站上发布产品团购信息，自行发起并组织团购。

2．现场集采

首先通过网络平台了解各种活动详情，并集合对这个品牌有意向的餐饮企业，一起报名参加活动。到达指定的集合现场，现场再推举出一名有能力的砍价师，代表大家向商家砍价，争取优惠的价格。

第二节 餐饮企业网络采购

141 选择最优的食材集采平台

餐饮企业可以从图7-1所示的渠道进行食材集采。

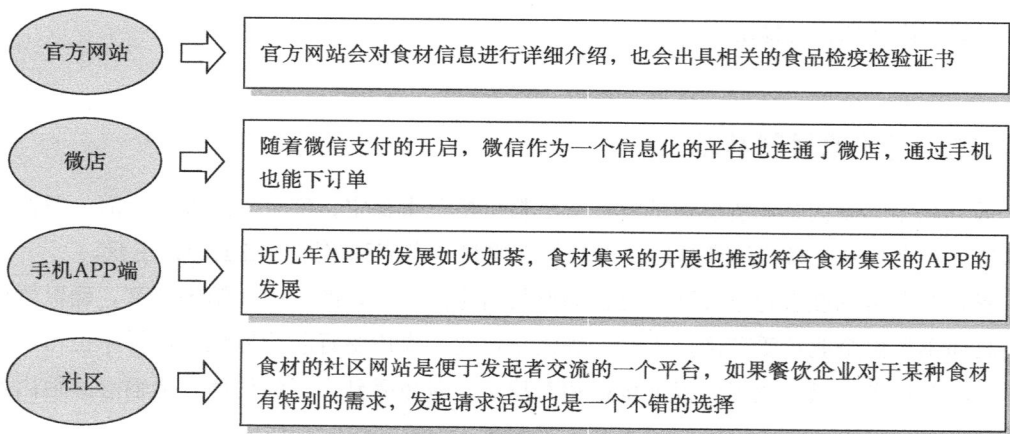

图7-1 食材集采的渠道

142 餐饮B2B采购买方模式

买方模式是指采购方在互联网上发布其所需采购的产品信息，由供应商登录采购方的网站投标，供采购方进行评估，通过进一步的信息沟通和确认，从而完成采购业务的全过程。买方模式也称为买方一对多模式，其模型如图7-2所示。

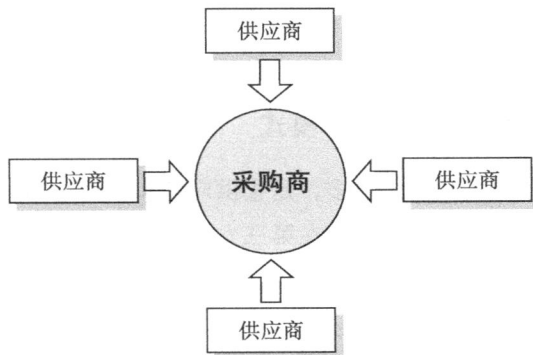

图7-2　买方模式模型图

　　在买方模式中，网站的开发与维护、产品资料的上传和更新等工作由采购方单方面承担，供应商只需登录该平台投标即可。这种方式虽然加大了采购方的资金投入，但采购方可以更加及时和紧密地监控整个信息流和采购流程，有选择性的进行采购。

143　餐饮B2B采购卖方模式

　　卖方模式是指供应商在互联网上发布其产品的目录，采购方则通过浏览获取其所需的产品信息，然后做出采购决策。卖方模式也称卖方一对多模式，其模型如图7-3所示。

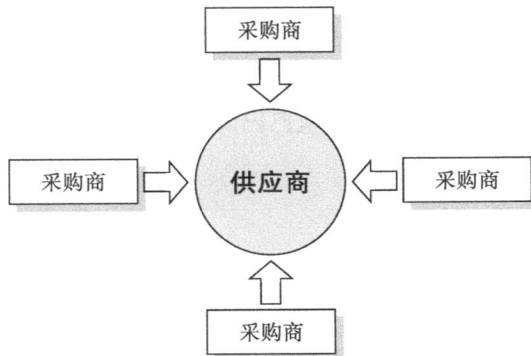

图7-3　卖方模式模型图

　　在卖方模式中，采购方通过浏览供应商的网站能够获得自己所需采购的产品信息，但由于产品的多样性以及供应商众多，采购商必须进行比较，以便于选择性价比最高的合作伙伴以完成采购。

144 餐饮B2B采购第三方平台模式

第三方交易平台以门户网站形式居多，是指供应商和采购方通过第三方设立的专业采购网站进行采购。多个采购商和供应商能够在第三方交易平台相遇并进行各种商业交易，其模型如图7-4所示。

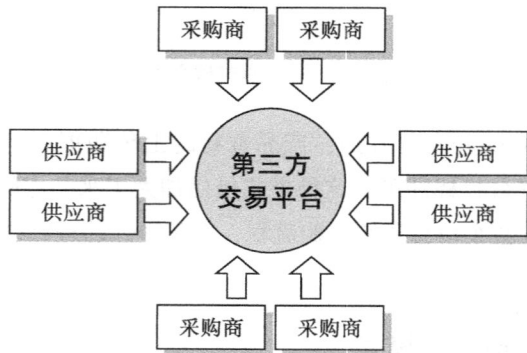

图7-4　第三方交易平台模型图

在这个模型中，无论是供应商还是采购方都必须注册和登录第三方交易平台，并在第三方网站上发布求购信息或提供产品信息，第三方交易平台负责对这些上传的信息进行整合，然后及时在网站上发布和更新维护，以便于用户使用，促成交易，使供应商和采购商从中获益。

目前比较流行的第三方交易平台如阿里巴巴供求平台、慧聪网站、易趣等都是专门为供应商和采购商提供服务的网络采购平台。

145 主要B2B餐饮采购平台

1．餐饮采购网

餐饮采购网是一个为用户提供全方位餐饮采购服务的专业B2B采购平台。该采购平台包含全套餐饮系列产品，包括餐饮原材料系列、半成品系列、餐饮设备、餐饮用具、餐饮耗材等。餐饮采购网致力于整合餐饮行业资源，紧密结合客户采购需求，为客户提供专业化的采购方案。

2．鲜易网

鲜易网生鲜超市是河南鲜易网络科技有限公司打造的生鲜食材电商平台，致力于为生鲜食品企业和餐饮企业用户提供商机发布、品牌传播、网络营销、担保交易、金融服务、仓储物流等多方位、全流程的电商服务。鲜易网经营的产品包括：肉类食品、进口食品、方便食品、生鲜食品等。

3．众美联商城

众美联商城包含综合用品、厨房用具、粮油调料、食材、酒水饮料、专业设备、办公用品、家具、信息化系统、基建装潢十大品类。

众美联商城具有三大物流体系，具体如图7-5所示。

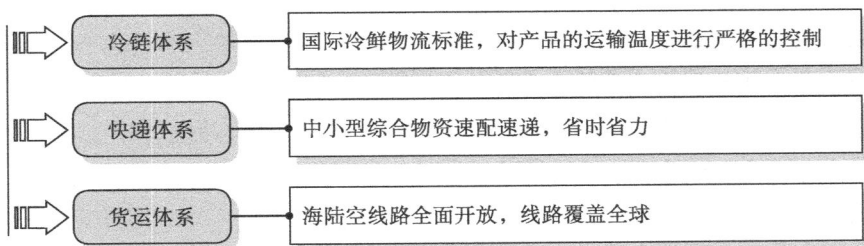

图7-5　众美联商城物流体系

4．优配良品

优配良品是一家致力于为中小微餐饮企业提供一站式食材配送服务的B2B平台。该平台90%以上的食材都采取与上游供应商直采的方式，去除中间的流通环节；同时将食材的质量问题溯源到上游供应商，优配良品的合作供应商在进行食材供应时提供相关检测报告和资质证明，从而使菜品的品质得到保证。

146　餐饮O2O采购

O2O模式的核心就是把线上的消费者带到现实的商店中去——在线支付购买线下的商品和服务，再到线下享受服务。餐饮O2O采购平台主要有以下几个。

1．大厨网

大厨网通过优化餐饮企业采购流程，提高农产品的流通效率，降低餐饮企业采购成本。大厨网的服务具有以下特色：

（1）一站式云采购；

（2）免费配送，快速直达；

（3）保证品质，价格更低；

（4）严选供应商，保证食品安全。

大厨网是一个对接中小餐饮企业传统食材贸易商的中间平台。对中小型餐饮企业而言，大厨网平台可以让餐饮经理在每日清算完库存后确定第二天的采购需求，然后在大厨网微信公众号上选择相应的食材直接下单，最后只要等待食材在次日餐饮店营业前送上门即可。这种方式可以降低传统的预订方式带来的时间损耗，或者是自己外出采购的人力成本。

2．小农女

小农女是一个生鲜电商O2O平台，餐饮店配送是小农女2014年启动的全新O2O生鲜电商供应链模式。小农女的服务对象是有做饭需求的年轻白领、小区居民等，其服务种类如下。

（1）蔬菜类：各地蔬菜，次日送达，品种丰富。

（2）鲜肉类：正规屠宰，证件齐全，放心采购。

（3）冻品：自建冻品库，品种丰富。

（4）粮油干货：日常粮油，各种菜式所需调料。

（5）水果：进口和国产水果，批发价格，少量配送。

（6）河鲜海鲜：新鲜宰杀加冰配送，活鲜加水配送。

3．美菜网

美菜是一个主打农产品、蔬菜和水果的电子商务网站。美菜网前期以中小型餐饮企业为切入点，面向全国近1000万家中小餐饮企业，为客户提供省钱、放心的农产品。

美菜网的具体操作模式为用户在网上下单，平台集中采购并提供配送服务。

4．通赢天下网

通赢天下网是一家只做餐饮食材交易的垂直型电子商务平台，其经营范围限定在一日三餐所需的食材。

147 餐饮APP采购

在采购APP平台，餐饮企业将需要采购的各种食材在平台上下单，平台接到订单后负责统一配送上门，这为餐饮企业节省很多时间成本和物流成本。

目前，适合大多数餐饮企业采购使用的APP主要有以下几个。

1．链农APP

链农APP是餐饮企业全品类原材料的供应商，也是餐饮企业的集中采购平台，其致力于运用互联网的优势，将新鲜的蔬菜以更高效、更优质、更低价从田间送到餐饮店。

（1）中小餐饮企业经理或采购人员可通过链农APP在每天晚上9点到12点下单，工作人员在12点半前汇总订单。

（2）收到订单的供应商根据链农平台的需求将货物送到链农仓库，链农的工作人员则在12点半到凌晨4点完成采购及分拣，然后由货运车辆分别送到各个中小餐饮企业。

2．天平派APP

在天平派APP中，用户在线上下单后，配送人员在次日根据餐饮店的规定时间送货上门。天平派APP具有如下特点：

（1）为用户提供丰富、优质的食材；

（2）天平派商城所包含的品类有蔬菜、肉类、冻品类、熟食、调料、米面粮油、餐厨用品、一次性用品、酒水等；

（3）餐饮企业可以在天平派APP上下单，建议在当天晚上12点之前下单，第二天配送人员根据餐饮企业的规定时间配送上门。

3．美菜商场APP

美菜商城APP主要为广大餐饮企业提供新鲜蔬菜、肉类、鱼类等生鲜食材，还有粮油、调料等，选购方便，送货速度快，食材新鲜。

美菜商城APP专注于打通从地头到餐桌的农产品供应链，全流程精细化管控菜品从田间到餐桌的每一处细节。

4．餐饮采购APP

餐饮采购APP是一款详细介绍餐饮采购情况的平台，本地资讯、身边人、身边事，第一时间掌握，阅读起来方便，信息丰富。

5．优厨网APP

优厨网APP是一个电商厨具服务平台，手机用户可以在线一键搜索自己想要的商品信息，交易实名认证，先行赔付安全交易有保障。

优厨网立足餐厨供应链，对接源头供应商，服务全国千万餐饮企业，为餐饮店、酒店、食堂的后厨采购提供轻松便捷、安全实惠的采购渠道。

6．餐馆无忧APP

餐馆无忧APP是一个专门为餐饮企业打造的食材服务软件，为餐饮企业提供方便、快捷、安全的食材配送。

（1）餐馆无忧是国内最大的调味品B2B配送平台，拥有多达5000个品种的调味品；

（2）餐馆无忧平台大大减少了商品从厂家到餐饮企业的流通环节，不仅避免了假货的流入，更让餐饮企业能以低于市场价 20% 的折扣获取正品食材；

（3）餐饮企业可以在餐馆无忧的 APP 和微信注册下单，注册完成后平台会立刻配备专属客服，解决用户一切关于食材采购的问题；

（4）用户当天下单，第二天准时送达。

第三节　制定食材的采购标准

148　大米的采购标准

大米的采购标准如下：

（1）米粒均匀饱满、完整、坚实；

（2）光洁明亮，无发霉现象，无石粉、砂粒、虫等异物；

（3）越精白者维生素 B 越少，故宜选用胚牙米。

149　面粉的采购标准

面粉的采购标准具体如下：

（1）粉质干松、细柔且无异味；

（2）根据蛋白质含量的不同，可将面粉分为三种，具体如表 7-1 所示。

表7-1　面粉种类

类别	采购标准
低筋	蛋白质含量低，其色洁白，紧握后较易成团，适用于制作西点及蛋糕
中筋	蛋白质介于高、低筋面粉之间，适用于制作面条
高筋	蛋白质含量最高，其色微黄，紧握不易成团，适用于制作面包

150　乳类的采购标准

乳类的采购标准如表7-2所示。

表7-2　乳类的采购标准

类别	采购标准
奶粉类	奶粉宜选择乳白色或粉末状的，以罐装或不透明袋包装
罐头类	（1）包装精美完整，罐头盖平整不向外凸出 （2）标志说明清楚，包括容量、厂家和厂址及生产日期等
鲜奶类	（1）味鲜美且有乳香，色白而密黄 （2）乳水油腻而不结块 （3）注意生产日期、供应商销售期间的存放方式与储藏温度控制情形等 （4）须经卫生检验机构检验合格

151　肉类的采购标准

肉类在餐饮店的日常食材消耗中占据了很大的份额，因此，餐饮经理应要求采购人员严格按照相关采购标准开展肉类的采购工作，并且充分掌握鉴别肉类的方法。肉类的采购标准如表7-3所示。

表7-3　肉类的采购标准

类别	采购标准
家畜肉类	（1）品质好的猪肉其瘦肉部分为粉红色，肥肉部分为白色，硬度适中，无不良颗粒，肉质结实，肉层分明，指压有弹性且表面无出水现象 （2）品质好的牛肉其瘦肉部分为桃红色，肥肉部分呈白色，牛筋为浅黄色 （3）病畜肉常有不良颗粒，瘦肉颜色苍白；死畜肉呈暗黑色或有瘀血；肉皮上未盖检验章者为私宰家畜，品质及安全无保障
家禽肉类	（1）活家禽类：头冠鲜红挺立，羽毛光洁明亮，眼睛灵活有神，腹部肉质丰厚而结实，肛门洁净、无污物及黏液 （2）已杀家禽类：表皮完整光滑，整体肥圆者为佳
内脏	（1）肝应为灰红色、筋少、有弹性、无斑点 （2）猪肚应肥厚、色白、表面光亮、无积水

152　海产类的采购标准

海产类的采购标准如表7-4所示。

表7-4 海产类的采购标准

类别	采购标准
鱼类	(1) 鳞片整齐且完整 (2) 眼睛明亮且呈水晶状 (3) 鱼鳃鲜红,鱼肚坚挺,鱼身结实且富有弹性 (4) 有正常的鱼腥味而无腐臭味
虾类	(1) 鲜虾种类繁多,依其种类各有其应有的色泽 (2) 虾身硬挺、光滑、明亮且饱满 (3) 虾身完整,头壳不易脱落 (4) 有自然的虾腥味而无腐臭味
蟹类	(1) 蟹身应肥圆丰满 (2) 蟹眼明亮、腿坚挺、胸背甲壳结实且坚硬 (3) 腹白且壳内有蟹黄
蛤蚌螺类	(1) 外壳滑亮干净 (2) 互敲外壳时声音清脆,无腐臭味
海参类	(1) 肉身坚挺且富有弹性 (2) 干净,无杂质和腐臭味
牡蛎类	(1) 肉质应肥圆丰满 (2) 上部洁白且坚挺 (3) 无腐臭味
墨鱼	肉身洁白、明亮、坚挺且富有弹性

153 蛋类的采购标准

蛋类的采购标准如表7-5所示。

表7-5 蛋类的采购标准

标准	内容
鲜蛋类	(1) 新鲜蛋外壳粗糙、无光泽,清洁、无破损 (2) 以灯光照射,其内应透明,无混浊或黑色 (3) 用手摇之无震荡感 (4) 放入盐水中会下沉 (5) 打开蛋后,蛋黄丰圆,蛋白透明且包围于蛋黄四周而不流散
皮蛋类	外壳干净无黑点,手拿两端轻敲时有弹性和震动感

154　蔬菜的采购标准

蔬菜的采购标准如表7-6所示。

表7-6　蔬菜的采购标准

蔬菜	采购标准
胡萝卜	粗细均匀，色红且坚脆，外皮完整，水分充足
白萝卜	粗细均匀，色白且表皮完整，用手弹打具有结实感
马铃薯	表皮完整，色微黄，水分充足，无芽眼
小黄瓜	粗细均匀，表皮瓜刺直挺、坚实、碧绿，瓜肉肥厚
大黄瓜	粗细均匀，表皮瓜刺直挺，瓜肉肥厚、水分充足
青椒	表皮滑亮，色绿且坚挺
茄子	表皮光滑呈深紫色，茄身粗细均匀、坚挺，蒂小者为佳
笋	笋身粗短，笋肉肥厚，笋质细嫩
茭白笋	色白、光滑、肥嫩，切开后没有黑点
洋菇	蒂与基部紧锁且未全开放，呈自然白色
洋葱	表皮有土黄色薄膜，质地结实者为佳
芋头	表皮完整、丰厚肥嫩，头部以小刀切开呈白色粉质物者为佳
香菇	茎小而肥厚者为佳，菇背有白线纹为上品菇
甘蓝菜	叶片呈暗绿色、肥厚、嫩滑且无虫害，茎部肥嫩者为佳
菠菜	叶片呈深绿色、茎部粗大硬挺，基部肥满且呈红色
丝瓜	表皮光滑，瓜身粗细均匀、硬挺且重量重者为佳
包心菜	外层翠绿，里层纯白，叶片明亮且硬挺
茼蒿	叶片肥厚、硬挺、完整且无虫害
空心菜	茎部短，叶片肥厚、完整且无虫害
芹菜	茎部肥厚且色白者为佳
苋菜	茎部肥厚且色白者为佳
葱	茎部肥厚且长者为佳
豇豆	粗细均匀且肥嫩者为佳

(续表)

蔬菜	采购标准
四季豆	粗细均匀且肥嫩者为佳
豌豆	肥嫩、坚挺且完整者为佳
番茄	表皮均匀完整，皮薄、翠绿中带红色者为佳

155 水果的采购标准

水果的采购标准具体如表7-7所示。

表7-7 水果的采购标准

水果	采购标准
苹果	表皮完整，无虫害及斑点，颜色自然，有光泽和香味，质重且清脆
橘子	皮薄、质重且具有橘味者为佳
柠檬	皮薄，质重多汁为佳
香蕉	以肥满且有香味者为佳
凤梨	表皮凤眼越大越好，以手弹之有结实感，质重，有香味，表皮无汁液流出
西瓜	表皮翠绿、纹路均匀、皮薄、质重、多汁，以手敲之有清脆声者为佳
木瓜	表皮均匀且无斑点，肉质肥厚者为佳
香瓜	皮薄且具有光泽，轻压时稍软，摇动时无声响，有香味
番石榴	表皮有光泽，果肉肥厚，颜色浅者为佳
葡萄	果蒂新鲜硬挺、色浓且多汁者为佳
梨	皮细、质重、光滑、多汁者为佳
桃子	表皮完整且有绒毛，果肉肥厚且颜色浅者为者佳
李子	表皮有光泽，大且多汁者为佳，红李则色泽越深越好
杨桃	果肉肥厚、光亮、色浅者为佳
柚子	皮细且薄、质重且头部宽广者为佳
枇杷	表皮呈金黄、有绒毛者为佳

（续表）

水果	采购标准
柳橙	皮薄、光亮、色浅者为佳
龙眼	颗粒大、核小、皮薄、肉甜且肥厚者为佳
荔枝	颗粒大、外皮鳞纹扁平、皮薄、肉厚、核小者为佳

156　调味品的采购标准

调味品的采购标准如表7-8所示。

表7-8　调味品的采购标准

类别	采购标准
食用油类	（1）固体猪油以白色、无杂质具有浓厚香味者为佳 （2）液体油则以清澈、无杂质和无异味者为佳
酱油类	经检验合格、有豆香味、无杂质和无发霉者为佳
食盐	色泽光洁、无杂质、干松者为佳
味精	色泽光洁、无杂质、干松者为佳
食醋	食醋种类繁多，有清纯如水者，也有略为微黄者，采购时以清澈、无杂质者为佳
酒类	调料用酒大多以黄酒、高粱酒、米酒居多，宜选用清澈、无杂质者
糖类	干松且无杂质者为佳

157　干货类食材的采购标准

干货类食材的采购标准如表7-9所示。

表7-9　干货类食材的采购标准

类别	采购标准
黑木耳	黑木耳的质量一般以条形大且完整，耳瓣舒展少卷曲，内厚黑，富有光泽，体干不霉，无杂质者为佳

（续表）

类别	采购标准
干香菇	属山珍类干货，干爽、不霉烂、朵小柄短、大小均匀、无虫蛀、无杂质、保持相应的色泽
粉丝	粉条细长、晶莹透明，均匀、整齐、干燥，手不易折断，无斑点、黑迹，无霉变
紫菜	散片状、卷筒形、柔嫩微脆、叶薄、色紫、清香鲜美者为佳
花椒	颜色红艳，果实开口而不含或少含籽粒，无枝干及杂质、不破碎者为佳
大料	色泽棕红，朵大均匀，呈八角形，骨朵饱满干裂、香气浓郁，破碎和脱壳不超过10%者为佳

第四节　食材验收管理

158　明确食材验收的类别

食材验收的种类大体上可分为四类，具体内容如表7-10所示。

表7-10　食材验收的种类

种类	具体内容
以权责来区分	（1）自行检验。由买方自行负责检验的工作，大部分餐饮企业均采用此方式 （2）委托检验。由于距离太远或欠缺某项专业知识而委托公证行或某专门检验机构代替进行，国外采购或特殊规格采购适用此种检验方法 （3）工厂检验合格证明，由制造方出具检验合格证书
以时间来区分	（1）报价时的样品检验 （2）生产过程中的抽样检验 （3）正式交货时的进货检验
以地区来区分	（1）产地检验。在食材生产或制作场地就地检验 （2）交货地检验。交货地点有买方使用地点与指定卖方交货地点两种，应根据合约而定
以数量来区分	（1）全部检验。一般特殊且贵重的物品均以此法进行，又称百分之百检验法 （2）抽样检验。即在每批货品中挑选具有代表性的少数货品作为样品进行检验

159　选择合适的验收方法

常见的验收方法如图7-6所示。

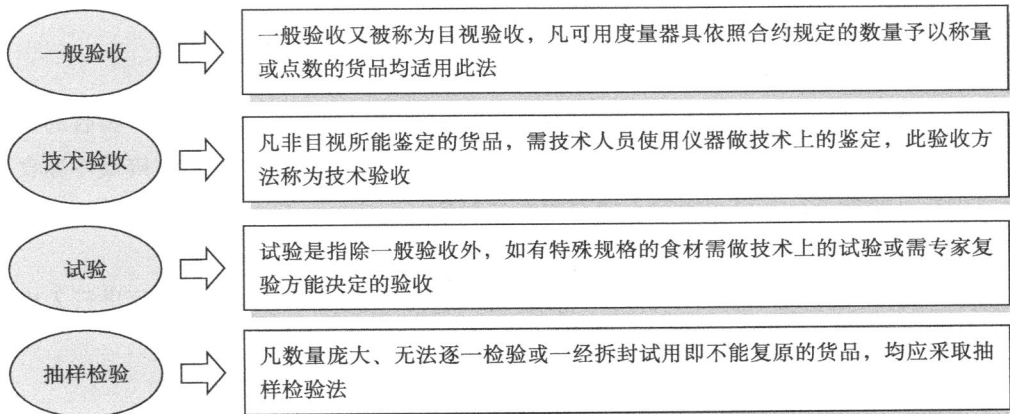

一般验收	一般验收又被称为目视验收，凡可用度量器具依照合约规定的数量予以称量或点数的货品均适用此法
技术验收	凡非目视所能鉴定的货品，需技术人员使用仪器做技术上的鉴定，此验收方法称为技术验收
试验	试验是指除一般验收外，如有特殊规格的食材需做技术上的试验或需专家复验方能决定的验收
抽样检验	凡数量庞大、无法逐一检验或一经拆封试用即不能复原的货品，均应采取抽样检验法

图7-6　常见的验收方法

160　明确验收的要求

验收的基本要求如表7-11所示。

表7-11　验收的基本要求

类别	基本要求
包装	包装的完整性，如有无破损、挤压或开封
气味	新鲜的食材都会有其特定的气味，验收时可从气味上判定其品质有无异样
色泽	观察色泽也是判定货品品质的一种方式
温度	有些食材对温度的要求比较严格，低温配送与储存对于保持此类食材的品质非常重要
外观	通过外观确认货品的品质
口感	对于某些特定的可食性食材，试吃可能是最有效的方式
生产标示	产品必须出自规模大、信誉高、品牌好的供应商
有效期限	有效期限的确认必须和订货数量的预估使用期限相匹配

161 认真做好验收

1．验收前的准备

验收人员在收货之前须先了解收货品项的采购规格、交货数量与到货时间，同时准备合格的验收工具点收交货的数量并检验货品的品质。

2．检查品质规格

供应商送货时，验收人员依订货单确认到货的品质规格确为所需的货品。验收的检查方式可分全数检查（重要的食材）或抽样检查（一般食材），需要注意的是生鲜或冷冻食材的检查须小心且快速进行，以免因检查费时而发生损耗。

3．检查数量

货品的品质规格确定后，依订货数量加以点收，如无误，填写单据后即可进行入库或交予使用部门。

162 填写验收报告表

验收完毕后，应立即填写验收报告表（见表7-12），验收报告一般一式四份。一份交给会计作为付款的依据，另一份交给使用部门作为了解进货与库存情形的依据，采购部、仓库也各留一份作为作业的依据。

表7-12 验收报告表

编号：　　　　　　　　　　　　　　　　　　　　　　　　　　　　日期：

来源	编号	订货日期	收货日期	货品名称	订货数量	实收数量	规格	单位	价格	备注	验收员

制表人：　　　　　　　　　　　　　审核人：

163　验收异常状况处理

1．验收数量不符

若到货数量过多，则应拒收多出的数量，请送货人员载回并在单据上填写实际收货数量；如果到货数量不足，则应即刻通知订货、采购、仓管及使用部门等相关人员做必要的处理。

2．验收品质不符

经验收发现货品品质不符时，对非食品类食材可采取退货的方式处理；若品质不符的货品为不适合久储的，可与送货人员确认后请其带回。因为食材品质不符退回原供应商而产生的数量不足，可请订货或采购人员重新补订货。

164　坏品及退货

1．坏品处理

由于品质不良、储存不当、生产问题或其他因素造成货品腐败、过期、损毁等，应由验收人员依事实填报货品耗损报告表。

2．退货处理

在餐饮行业，由于采购及验收的程序严格，在验收过程中，一旦发现坏品即予以拒收，所以退货的情形很常见。

餐饮企业应对退货的对策，最好是防患于未然，强化采购、验收、储存及损耗管理，杜绝坏品的出现。

第五节　食材储存管理

165　淀粉类食材的储存方法

淀粉类食材的储存方法如下所示。

（1）放在密闭、干燥的容器内，并置于阴凉处。

（2）勿存放太久或存放在潮湿的地方，以防发生虫害及发霉。

（3）生薯类食材经处理后用纸袋或多孔塑胶袋套好并放在阴凉处。

166 油脂类食材的储存方法

油脂类食材的储存方法如下所示。

（1）闭光，勿放在火炉边，不用时应盖好并置于阴凉处，不要储存太久，最忌高温与氧化。

（2）用过的油须过滤，不可倒入新油中；变色、质地黏稠、混浊不清且有气泡的油不可再用。

167 蔬菜类食材的储存方法

蔬菜类食材的储存方法如下所示。

（1）除去败叶、尘土及污物，保持干净，用纸袋或多孔的塑胶袋套好并放在阴凉处，趁新鲜食用，储存越久营养流失越多。

（2）冷冻蔬菜可按包装上的说明使用，不用时保存在冷冻库，已解冻的食材不宜再冷冻。

（3）未清洗过的蔬菜在冷藏室中可放 5～7 天，经清洗沥干后可放 3～5 天。

168 腌制食品与水果的储存方法

1．腌制类食品的储存方法

（1）开封后，如发现变色、变味或组织改变，应立即停止使用。

（2）先购入的置于上层，以便于取用。

（3）放在干燥、阴凉、通风处或冰箱内，但不要储存太久，要尽快使用。

2．水果的储存方法

（1）先除去尘土及外皮污物，保持干净，用纸袋或多孔的塑胶袋套好并放在阴凉处，趁新鲜食用，储存越久营养流失越多。

（2）去除果皮或切开后应立即食用。

（3）用水果榨汁时，维生素容易被氧化，应尽快饮用。

169 鱼、肉类食材的储存方法

鱼、肉类食材的储存如表7-13所示。

表7-13　鱼、肉类食材的储存方法

类别	储存方法
鱼	(1) 除去鳞、鳃、内脏，冲洗干净 (2) 沥干水分，用清洁的塑胶袋套好 (3) 放入冷藏库内
肉	(1) 清洗肉和内脏，沥干水分，用清洁的塑胶袋套好，放入冷冻室内 (2) 如果需要碎肉，应将整块肉清洗、沥干后再绞，并视需要分装于清洁的塑胶袋内，然后放入冷冻室内 (3) 如果置于冷藏室，时间最好不要超过24小时 (4) 解冻过的肉，不宜再冷冻储存

170　肉类的储存时间要求

储存在冷冻室与冷藏室的肉类的储存时间如表7-14所示。

表7-14　肉类的储存时间

种类	时间期限
牛肉类	(1)冷藏室:新鲜牛肉可储存1日,绞肉可储存1~2日,肉排可储存2~3日,大块肉可储存2~4日 (2) 冷冻室:内脏可储存1~2个月，绞肉可储存2~3个月，肉排可储存6~9个月，大块肉可储存6~12个月
猪肉类	(1) 冷藏室：新鲜猪肉可储存2~3日，绞肉可储存1~2日，大块肉可储存2~4日 (2) 冷冻室：绞肉可储存1~2个月，肉排可储存2~3个月，大块肉可储存3~6个月
鸡鸭禽类	(1) 冷藏室：鸡、鸭肉可储存2~3日 (2) 冷冻室：鸡、鸭肉可储存12个月 (3) 鸡、鸭肝可冷藏1~2日，可冷冻3个月

171　豆类、乳类、蛋类的储存方法

豆类、乳类、蛋类的储存方法如表7-15所示。

表7-15　豆类、乳品类、蛋类的储存方法

类别	储存方法
豆类	（1）干豆类应略为清理后再储存；青豆类应漂洗后沥干，然后放在清洁、干燥的容器内 （2）豆腐、豆干类食材用凉开水清洗后沥干，然后放入冷藏室
乳类	（1）未开瓶的鲜奶若不立即饮用，应放在冷藏室内5℃以下储存 （2）未用完的罐装奶，应自罐中倒入有盖的玻璃杯内，再放入冷藏室，并尽快用完 （3）乳粉以干净的勺子取用，用后盖好 （4）奶油可冷藏1~2周，可冷冻2个月
蛋类	（1）擦拭外壳污物，置于冷藏室蛋架上 （2）新鲜蛋可冷藏4~5周，煮过的蛋可冷藏1周，不可放入冷冻室

172　各类饮料的储存方法

各类饮料（包括汽水、可乐、果汁、咖啡、茶等）的储存方法如下所示。

（1）储存在阴凉、干燥处或冷藏室内，避光。

（2）不要储存太多、太久，应按照保存期限尽快用完。

（3）打开后的饮料应尽快饮用完，若发现变质，应立即停止饮用。

173　酒类的储存方法

1．酒类的一般储存要领

储存酒类的注意事项如下。

（1）储存位置：应设置各种不同的酒架，常用的酒（如啤酒）置于外侧。

（2）储存温度：所有酒均应存放在室温为15℃的凉爽、干燥处。

（3）储存光线：以微弱的能见度为宜。

（4）不可与有特殊气味的物品并存，以免破坏酒的味道。

（5）避免震荡。

2．各种酒类的储存方法

（1）啤酒是唯一一种越新鲜越好的酒类，购入后不可久藏，在室内可储存3个月。储存最佳温度为6℃～10℃。

（2）葡萄酒应放在下层橱架，平放或瓶口向下成15度斜角。葡萄酒瓶均使用软木塞，软木塞被酒浸润不断膨胀，以免空气进入瓶内。葡萄酒的最佳储存温度为10℃。

酒类的储存期限长短差异较大，有的是越陈越香越珍贵，有的却不能久放。一般保存期限从出厂之日算起，生啤酒7天、啤酒6个月、水果酒类无期限，其他酒类1年为宜。

174　了解常用食材的储存期限

餐饮企业常用食材的储存期限如表7-16所示。

表7-16　餐饮店常用食材的储存期限

食品名称	保存条件	最长保存期限	备注
冷藏肉片	5℃以下	2~6天	塑胶袋装妥
冷藏鲜鱼	5℃以下	2~5天	塑胶袋装妥
冷冻食品	−18℃	2个月至1年	塑胶袋装妥
冷藏蔬菜	5℃~7℃	7天	塑胶袋装妥
火腿（冷藏）	5℃以下	4~6周	—
熏肉（冷藏）	5℃以下	1~6周	—
乳酪（冷藏）	5℃以下	6个月	—
香肠	冷藏或冷冻	冷藏2个月	—
鲜乳	5℃以下	7~9天	—
保久乳	室温	6个月	—
奶粉	室温	1~2年	完全密封
罐头	室温	1~3年	完全密封
酱油	室温	1年	完全密封
色拉油	室温	1年	完全密封
味精	室温	1~2年	完全密封
皮蛋	室温	6个月	完全密封
果酱	室温	6个月至1年	完全密封
面包	室温	2~3天	不可用手触摸
干面条	室温	6个月至1年	—
饼干	室温	6个月至1年	完全密封
糖果	室温	1年	完全密封

（续表）

食品名称	保存条件	最长保存期限	备注
饮料	室温	1～3年	完全密封
茶叶	室温	1年	完全密封
巧克力	25℃以下	6个月至1年	完全密封

175 定期对仓库进行清洁

将食材储存在干净的仓库中，可有效防止各种污染。如果空气里有霉菌，即使发霉的食材被取走后还会污染其他食材；放置在货架上的腐烂食材会污染其他食材和货架。因此，应随时清洁货架，定期对整个仓库区域进行常规性的清洁，具体的清洁措施如下。

（1）每天对仓库进行整理，冷藏库每周清洗一次。

（2）放置于货架上的带汁食品应用盘盛放。

（3）发现腐烂、变质的食材应立即取走，并清洗被污染的存放地点。

（4）每天清扫地面，用消毒液拖地，定期清洗墙壁、货架等设备。

（5）指定专人负责杀虫灭鼠。

（6）当储存的食材数量降到最低时，及时安排人员清扫、除霜。

（7）经常对仓库进行卫生检查并制定卫生标准。

176 加强食材储存安全控制

1.配备专用锁系统

餐饮企业应对储存食材的区域配备专用锁，在规定的开放时间内才可打开，其他时间应当上锁。食材储存区域仓库管理员应注意以下事项。

（1）价格昂贵的食材应锁于小间或仓库的分隔间内，钥匙由专人负责，不得随便放置或请人代劳开启。

（2）工作结束后食材储存间应上锁，钥匙应交由安全部或有关部门保管，拿取和存放钥匙应进行登记。

（3）在紧急情况下，只有获得授权的人才能领取食材储存间的钥匙。

（4）应备有一套食材储存间的备用钥匙存放在保险柜中，以备特殊情况时使用。

（5）食材储存间的钥匙丢失应立即报告，不得随便配制钥匙。

2．限制食材储存间的进出人员

除仓储人员外，仅允许有关负责人进入，其他人员未经许可均不得进入。

3．定期盘点

通过定期盘点和核对账目，可清楚掌握库存食材的实际情况。

4．剩余食材应及时回收入库

在餐饮企业日常的经营过程中，每天都会有剩余的半成品和成品，工作结束后应该把这些食材收入储存间（或箱）中妥善保存。

5．加强监控

在有闭路电视监控系统的餐饮店中，可采用这种系统监控储存区域的员工的活动情况。此外，还可人工巡视进行检查。

177　严格控制食材的发放

1．定时发放

（1）领料时间固定，如上午 8：00～10：00，下午 2：00～4：00。

（2）领料部门应提前一天送交领料单。

2．食材领用单使用制度

为了记录每一次发放的食材数量及其价值，以计算成本，食材的发放必须坚持凭领用单（见表7-17）发放的原则。

表7-17　食材领用单

领用部门：　　　　　　　　　　　日期：　　　　　　　　　　编号：

品名	规格	单位	请领数	实发数	金额	备注
合计						

领料人：　　　　　　　　厨师长/部门主管：　　　　　　　　仓库管理人员：

领用单应由领料人员填写，由厨师长核准签字，然后送食材储存仓库领料。仓库管理人员凭单发料后应在领用单上签字。食材领用单须一式三份，一份随食材交回领料部门，一份转交财务部，一份由仓库留存。

3．正确计价

食材发放完毕后，食材储存仓库管理人员必须逐一为食材领用单计价。在进货时，食材的价格都已标明在包装上。

4．内部食材调拨的处理

为了使各部门的成本核算准确清楚，餐饮企业内部原料及食材的调拨应坚持使用调拨单，以记录所有的食材的调拨往来。调拨单应一式四份，除食材调出、调入部门各需留存一份外，一份应及时送交财务部门，另一份由仓库管理人员留作记账的依据。

第六节　采购工作稽核

178　原始凭证核查

一般来说，采购原始凭证包括采购发票、结算凭证、提货单据、验收记录、收货单和运杂费收据等，是食材入库的主要依据，也是核查采购食材实际成本的原始资料。核查方法如下。

（1）餐饮经理应查明采购发票、运杂费用收据、结算凭证、采购明细、食材成本差异明细等单据是否符合规定手续，有无涂改或伪造单据、虚报和不合理费用开支等现象。

（2）对没及时办理托运、中途照管不善、食材到达仓库后没及时验收入库，以及提运时损坏、遗失和被盗等造成的损失和罚金，分别按照规定处理，不得列入采购成本。

179　采购费用核查

采购费用除食材费用外，还包括运输费、装卸费、保险费、途中合理损耗、入库前的加工整理和挑选费用、缴纳的税金，以及采购人员的差旅费和在外地的采购机构经费。

上述费用凡能按食材分清的，直接计入各批食材的实际成本；无法分清的，可按期（次）采用重量或价值比例进行分配，计入各有关食材的实际成本。

180　食材途中损耗核查

对于食材运输途中的损耗，应根据不同情况分别进行处理。

（1）定额内的损耗，按验收实际数入库，调整食材的单价，列作食材的实际成本。

（2）超过定额的损耗，如属于运输途中因不可抗拒因素造成的损失，经批准后计入实际成本。

（3）保险范围内的损失，应向保险公司索取赔偿，赔偿不足的部分，计入食材实际成本。

（4）应向供应商、运输机构等索要相应的赔偿款。

（5）因遭受自然灾害而发生的损失和尚待查明原因的途中损耗，先记入"待处理财产损益"项目，待查明原因后再进行处理。

181　购进食材入库、入账数量核查

购入食材的数量是决定食材单位成本的因素之一，必须进行核实。当发现进料凭证数量多而实际验收入库数量少，或者进料凭证数量少而验收入库数量多时，应通过对食材的核查和核对购料凭证，查明记错品种的数量。

182　估价入账食材核查

所购食材先到，采购凭证后到的外购食材，一般先按合同规定价格或估价入账。核查此类食材时必须注意，由于未办理估价入账，当食材入库并已被领用但出现账面赤字或虚亏的现象时，如果以盘盈的其他食材进行弥补，就会影响餐饮企业的利润。

第八章　楼面作业管理

导读 >>>

　　楼面是餐饮企业向顾客提供餐饮服务的主要场所，对楼面作业进行管理是餐饮经理日常工作的主要内容。餐饮经理要带领员工做好楼面的管理和销售工作，向顾客提供最好的服务，同时要处理好各类常规事件和突发事件。

　　Q先生：A经理，在楼面的日常管理中，我该做好哪些方面的工作呢？

　　A经理：你要做好楼面销售工作，如菜品的销售、酒水的销售等。此外，你要督促楼面员工为顾客提供优质、周到的服务。

　　Q先生：我经常在楼面巡查，有时候下班后也会在楼面转一转，您觉得这样好吗？

　　A经理：你这样做是对的。在检查中进行管理是一种很好的工作方法。你可以分时段对楼面进行巡查，如上午营业前、中午工作收尾时等。你还可以通过顾客意见调查来提升餐饮店的服务水平，同时要处理好楼面可能发生的各种常规事件和突发事件。

第一节 提供优质的服务

183 保证餐饮服务质量

1. 制定餐饮服务的标准规程

在制定服务规程时，首先要确定服务环节，然后确定每个环节统一的动作、语言、时间、用具，包括对意外事件、顾客临时要求的处理方法等。

餐饮经理的任务是执行和控制规程，尤其要抓好各规程之间的薄弱环节；用服务规程来统一各项服务工作，从而使服务质量标准化、服务岗位规范化和服务工作程序化。

2. 抓好员工的培训工作

餐饮企业服务质量的竞争主要是员工素质的竞争，只有接受过良好培训的员工才有可能为顾客提供高质量的服务。

3. 收集反馈信息

餐饮经理应了解餐饮服务的效果如何，即顾客是否满意，从而采取改进措施。应尽量避免因以下情况引起顾客的不满。

（1）顾客到达时，餐饮店晚开门或提前关门（以正常营业时间为准）；顾客进店后发现有空位置但没有服务人员带领入座。

（2）当顾客进入餐饮店，服务人员没有微笑迎接或与顾客打招呼。

（3）顾客就座时发现桌布和椅子上有灰尘或污渍，餐具上有污点，玻璃器皿破碎、有缺口或裂痕。

（4）顾客入座 3 分钟后没有服务人员为其点菜，服务人员将顾客所点的菜弄错了。

（5）器皿或服务工具准备不充足，地毯或地板上的杂物没有及时清理，当顾客的餐具掉到地上时服务人员没有提供干净的餐具等。

（6）菜品不新鲜；顾客点了价格高的菜品或饮料，而所得到的只是普通的替代品；顾客在吃自助餐时长时间等候需补充的菜。

（7）顾客长时间等候结账或结账方式有限。顾客要离开时，没有服务人员帮忙取外套，或者服务人员没有向顾客道别。

184 楼面工作人员仪容要求

餐饮企业楼面工作人员的仪容不仅体现了个人的素质，还反映了餐饮店的精神风貌，所以餐饮工作人员必须具备良好的仪容。对楼面工作人员的仪容、仪表的要求如图8-1所示。

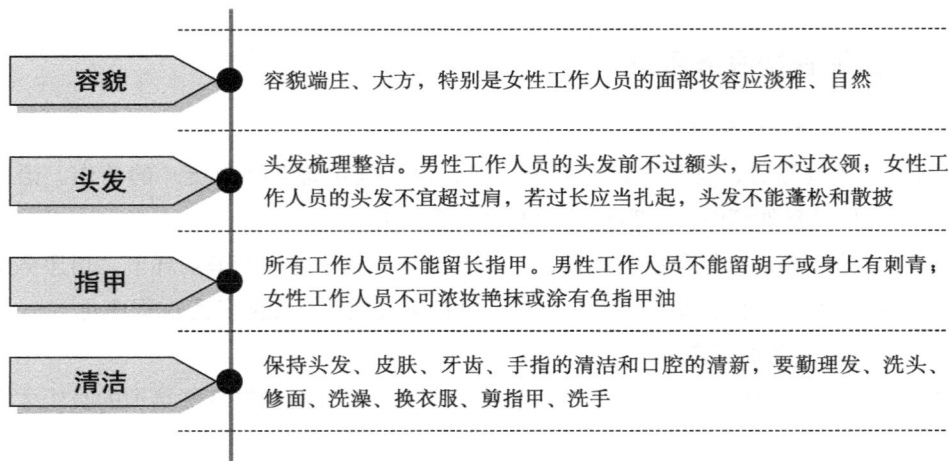

容貌	容貌端庄、大方，特别是女性工作人员的面部妆容应淡雅、自然
头发	头发梳理整洁。男性工作人员的头发前不过额头，后不过衣领；女性工作人员的头发不宜超过肩，若过长应当扎起，头发不能蓬松和散披
指甲	所有工作人员不能留长指甲。男性工作人员不能留胡子或身上有刺青；女性工作人员不可浓妆艳抹或涂有色指甲油
清洁	保持头发、皮肤、牙齿、手指的清洁和口腔的清新，要勤理发、洗头、修面、洗澡、换衣服、剪指甲、洗手

图8-1 楼面工作人员仪容、仪表要求

185 楼面工作人员着装要求

规范、整洁、得体的着装是楼面工作人员仪表的重要内容，也是衡量餐饮店等级和服务水平的重要依据，对楼面工作人员着装的具体要求如图8-2所示。

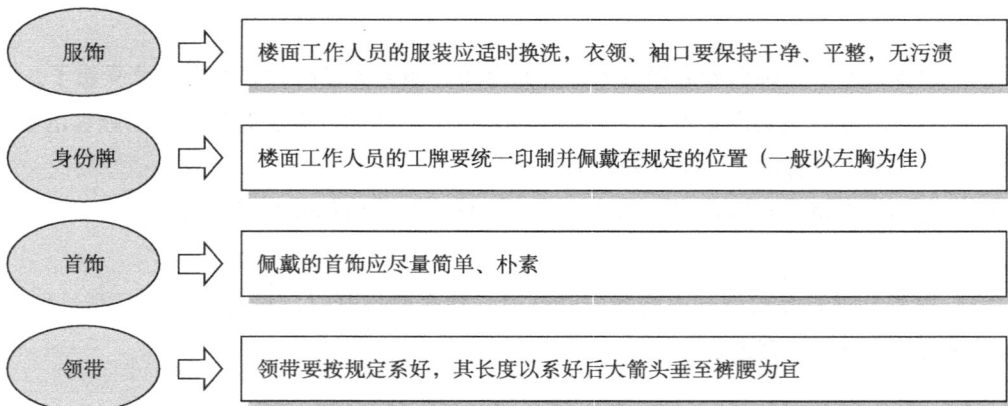

服饰	楼面工作人员的服装应适时换洗，衣领、袖口要保持干净、平整，无污渍
身份牌	楼面工作人员的工牌要统一印制并佩戴在规定的位置（一般以左胸为佳）
首饰	佩戴的首饰应尽量简单、朴素
领带	领带要按规定系好，其长度以系好后大箭头垂至裤腰为宜

领结	⇨	楼面服务人员要系用餐饮店统一规定的领结
鞋	⇨	男性工作人员应穿素雅、端庄、体面、大方的黑色布鞋或皮鞋，并且要保持清洁。女性工作人员要穿平稳的黑色皮鞋，不能穿太细的高跟皮鞋
袜	⇨	袜子具有衔接裤子和鞋的作用，其颜色一般应与裤子、鞋相同或相近，袜子要勤换洗，不可有异味

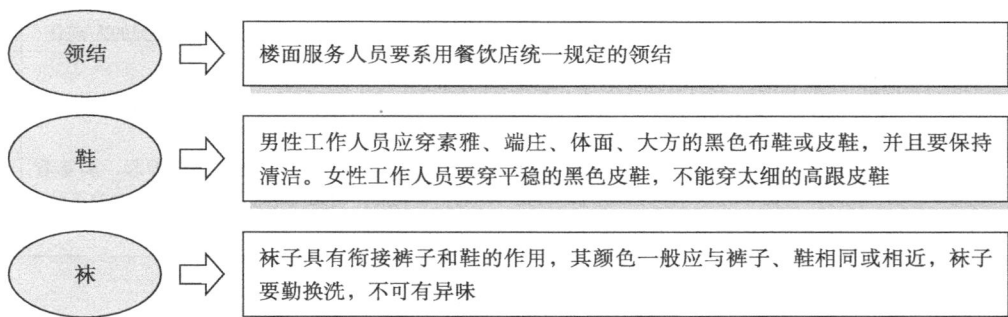

图8-2　楼面工作人员着装要求

186　服务姿态大方优雅

1. 站姿

楼面工作人员在站立时，应神态自然、面带微笑、身体保持挺直。

（1）双腿并拢立直，两脚跟相靠，两脚尖分开成"V"形。

（2）胸要微挺，腹部自然收缩，髋部上提，身体挺直。

（3）双肩舒展、齐平，双臂自然下垂（在背后交叉或体前交叉也可），虎口向前，手指自然弯曲，中指贴裤缝。

（4）头正，颈直，双眼平视前方，嘴微闭，面带微笑。

2. 走姿

楼面工作人员在行走时要大方得体，控制身体重心，行走速度适中，步幅不能过大，靠右侧行走。

3. 蹲姿

楼面工作人员有时要捡起掉在地上的东西或取放在低处的物品，如果不注意蹲姿，可能会显得非常不雅观，也是对他人不礼貌。

楼面工作人员在下蹲时，要掌握好身体重心，避免在顾客面前滑倒，具体做法如图8-3所示。

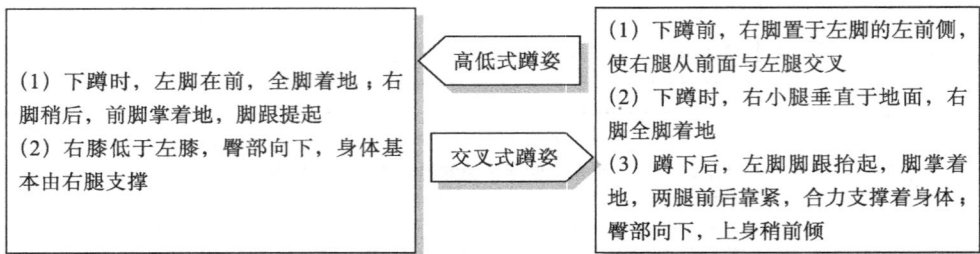

（1）下蹲时，左脚在前，全脚着地；右脚稍后，前脚掌着地，脚跟提起 （2）右膝低于左膝，臀部向下，身体基本由右腿支撑	高低式蹲姿
	交叉式蹲姿

（1）下蹲前，右脚置于左脚的左前侧，使右腿从前面与左腿交叉
（2）下蹲时，右小腿垂直于地面，右脚全脚着地
（3）蹲下后，左脚脚跟抬起，脚掌着地，两腿前后靠紧，合力支撑着身体；臀部向下，上身稍前倾

图8-3　蹲姿

187　日常手势规范得体

在为顾客服务时，楼面工作人员的手势要规范得体。在为顾客指示方向时，将手臂自然前伸，上身稍前倾，五指并拢，掌心向上。与顾客谈话时，手势不宜过多，幅度不要太大，不要用手指或笔杆指点。

1．引导手势

引导是指为顾客指示行进方向，即指路。在引导顾客时，应首先轻声对顾客说"您请"，然后采取"直臂式"的手势指路。具体做法是：将左手或右手提至齐胸高度，手指并拢，掌心向上，以肘关节为轴，上臂带动前臂，手臂自上而下从身前抬起，朝欲指示的方向伸出前臂，手和前臂成一条直线，整个手臂略弯曲，肘关节基本伸直。

2．"请"的手势

"请"的手势是楼面工作人员在为顾客服务过程中经常用到的手势。"请"的手势根据场景的不同，有着不同的含义，如"请进""这边请""里边请""请跟我来""请坐"等。

在表示"请"时常用"横摆式"手势，其规范动作是：五指伸直并拢，掌心斜向上方，手掌与地面呈45度；腕关节伸直，手与前臂成直线，整个手臂略弯曲，弯曲弧度以140度为宜；做动作时，应以肘关节为轴，上臂带动前臂，由体侧自下而上将手臂抬起，到腰部与身体正面呈45度时停止。

当面对较多的来宾表示"请"时，可采用"双臂横摆式"手势；如果是站在来宾的侧面，可将一只手臂向一侧摆动。

3．介绍的手势

介绍的手势有介绍他人和介绍自己两种手势之分。

（1）介绍他人的手势为：掌心向上，手背向下，拇指张开，其余四指伸直并拢，手腕与前臂成一条直线，以肘关节为轴，整个手臂略弯曲，手掌与肩平齐并指向被介绍的一方；面带微笑，目视被介绍的一方，同时兼顾顾客。

（2）介绍自己的手势为：右手五指伸直并拢，用手掌轻按自己的左胸。介绍时，应目视对方，表情要亲切、自然。

4．握手的手势

握手表示友好、欢迎、愿意交往、祝贺、感谢、慰问、鼓励及告别等含义。握手有单手握和双手握之分。

（1）单手握的手势为：施礼者应距受礼者约一步的距离，两脚立正或两脚展开成八字步站立，上身微前倾，目视对方，伸出右手，拇指张开，其余四指并拢，手掌与地面垂直；肘关节微屈抬至腰部，与对方右手相握，并上下抖动。

（2）双手握的手势为：同时伸出双手，握住对方右手，其他与单手握相同。

5．鼓掌的手势

鼓掌有欢迎、赞许、祝贺、感谢、鼓励等含义。鼓掌时应用右手手掌拍击左手手掌心，但不要过分用力，也不可时间过长，不可用右手指尖轻拍左手掌心。

188　建立统一的服务标准

餐饮经理应与楼面主管一起，针对餐饮店工作人员的服务动作和谈吐设定统一的标准，即从等候、迎接和引导、点菜、上菜、欢送等环节中，明确工作人员的动作和谈吐规范，具体标准如表8-1所示。

表8-1　楼面工作人员的服务标准

项目	言语	动作	重点
等候	在规定位置待命，不可与同事聊天	注视玄关方向，采用舒适、自然的姿势，不得坐在椅子上或偏倚柜台、柱子	（1）只要有顾客光临，就表现出欢迎的姿势 （2）要记住空桌的号码
迎接和引导	（1）微笑着说："欢迎光临。" （2）"您有几位？"确认人数 （3）"请走这边。"面带微笑，以表欢迎之意	（1）轻轻点头（15度）行礼，两手自然下垂，手指并拢 （2）走在顾客前面，慢步引领顾客致席位 （3）轻拉椅子，帮助顾客就座	（1）表达对顾客的欢迎 （2）引导顾客至合适的席位

（续表）

项目	言语	动作	重点
点菜	(1) 再一次说："欢迎光临。" (2) 郑重地说："请您点菜。" (3) 重复一遍："您点的菜是×××，×份；×××，×份。" (4) 以感谢的语气说："麻烦您稍等一会儿。"	(1) 轻轻点头 (2) 提供毛巾、开水或茶水（从顾客看菜单到点完菜为止，都要在旁等待） (3) 在点菜单上记录顾客所点菜品 (4) 注视顾客的眼睛，等候回答 (5) 将点菜单送到厨房	(1) 要判断顾客中谁有点菜的决定权 (2) 必须确认所点的菜品及数量 (3) 请示上饮料的时间，尤其是咖啡或果汁 (4) 牛排等要几分熟 (5) 记菜名的速度要快，不可让顾客等太久
上菜	(1) "打搅您了。" (2) "让您久等了，这是××。" (3) "可以撤下吗？"	(1) 以正确的姿势将菜端上桌，不可扭转身子或做出夸张的动作 (2) 为顾客续开水或茶水（顾客呼叫时） (3) 将空餐具撤下	(1) 不可弄错点菜的人和所点的菜品 (2) 上菜的速度要快 (3) 上菜前检查菜的装盛情况 (4) 开水、茶水要在顾客要求前斟好 (5) 空杯或空盘在得到顾客应允后方可撤下 (6) 上菜时，原则上要从顾客的左侧上菜
送客	(1) 愉快地说："多谢您光顾。" (2) "恭候您的再次光临。"	(1) 走到靠近玄关之处 (2) 以感谢的心行礼（直到顾客完全走出玄关为止，采取欢送的姿势）	(1) 检查席位，查看顾客是否遗留下个人物品 (2) 以充满感谢的心欢送顾客

189 细心照顾残疾顾客

残疾人最怕别人用异样的眼光看待他们，所以餐饮店的服务人员绝不能用怪异的眼光盯着残疾顾客，而是要用平等、礼貌、热情、专业的态度为他们服务，尽量将他们安排在不受打扰的位置，具体做法如图8-4所示。

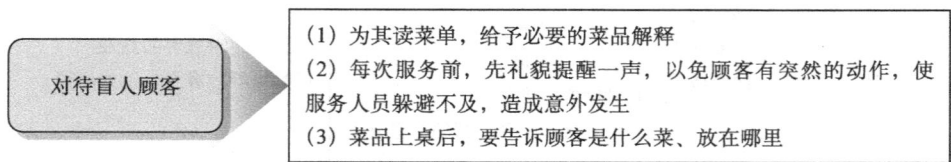

对待盲人顾客 → (1) 为其读菜单，给予必要的菜品解释
(2) 每次服务前，先礼貌提醒一声，以免顾客有突然的动作，使服务人员躲避不及，造成意外发生
(3) 菜品上桌后，要告诉顾客是什么菜、放在哪里

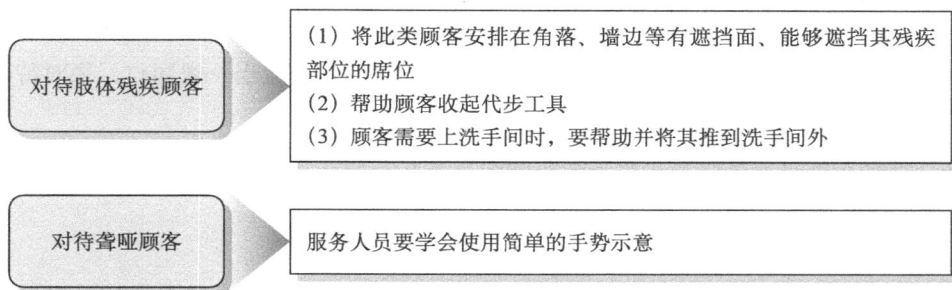

图8-4　照顾残疾顾客

190　耐心对待带小孩的顾客

带小孩的顾客来餐饮店用餐时，服务人员要给予其更多的关注和照顾，以得到顾客的认可与赞赏。

（1）为年幼的小顾客准备儿童专用座椅。

（2）在儿童的座位面前，不要摆放刀、叉及易碎的物品，以免发生意外。

（3）如果有儿童菜单，请家长先为儿童点菜，儿童的菜品要注意软、烂、易消化。

（4）儿童使用的餐具要安全、耐摔。

（5）尽可能地为年幼的孩子提供围兜儿和一些小礼品。

（6）如果儿童在餐饮店过道里玩耍，打扰了其他顾客的正常用餐，要提醒他们的父母以免发生意外。

（7）当儿童用餐完毕后，服务人员可以给他们提供一些玩具供其玩耍，或是帮助家长照看一下他们，让家长安心用餐。

（8）服务人员最好不要抱顾客所带的小孩或抚摸小孩的头，因为有些父母不喜欢这样。如果没有征得父母的同意，服务人员不要随意给小孩吃东西。

191　尊重老年顾客

如果就餐的顾客是老年人，也需要服务人员给予特殊的照顾。如果是老年顾客独自到店用餐，服务人员应主动扶他们到比较安静的席位，并且帮助他们放好手杖等随身物品。在顾客离开前，主动将手杖递到顾客的手中。

192　平等对待熟人或亲友顾客

在服务人员工作的过程中，如果遇到熟人或亲友来用餐，应当一视同仁，像对待其他顾客一样，热情而礼貌地为其服务，不能离岗与熟人或亲友闲谈。

（1）服务人员与亲友或熟人寒暄的时间不宜太长，动作也不能太亲近，以免引起其他顾客的不满，给餐饮店造成不良的影响。

（2）服务人员不能与家人或亲友入席同饮同吃。

（3）在熟人或亲友点菜和结账时最好请其他同事代劳，以免引起不必要的误会。

193　顾客意见调查

最简单的调查方法是利用账单的背面作为"顾客意见卡"，或是设计一个意见卡并放在餐桌上，以方便顾客填写。其内容除了对餐饮店的评价之外，还应包括顾客的姓名、地址等其他个人信息。

【经典范本 04】顾客意见卡

顾客意见卡

尊敬的贵宾：

承蒙光临，本餐饮店为向顾客提供优质的服务，请您惠赐宝贵的意见，作为本餐饮店提高餐饮及服务水平的参考。另本餐饮店每3个月抽出50张顾客意见卡，并向被抽中的顾客赠送一份精美的小礼物，谢谢您的协助及合作。

姓名：　　　年龄：　　　职业：　　　电话：　　　地址：

类别	内容	非常满意	满意	普通	不满意	很不满意
场所	舒适度					
	清洁方面					
	设备方面					
服务	服务速度					
	服务礼仪					
	服务效率					
	出纳态度					

（续表）

类别	内容	非常满意	满意	普通	不满意	很不满意
饮料	饮料品质					
	饮料味道					
	饮料分量					

您的建议：

第二节　楼面销售工作

194　保证菜品质量

菜品质量包括菜品特色、菜品味道、菜品盛器、菜品色泽以及菜品搭配五个方面。只有拥有优质的菜品质量，才能吸引更多的回头客。提高菜品质量的方法具体如表8-2所示。

表8-2　提高菜品质量的方法

类别	具体要点
菜品特色	(1) 厨师要会做两三道特色菜品，要敢于创新、善于创新和不断创新，要有敬业精神 (2) 餐饮经理应把好原材料来源关，确保菜品的质量 (3) 调料、酱汁对制作特色菜品也是不可或缺的 (4) 激发所有员工的创新精神，引领、启发他们开拓新思路，不断开发新菜品，创制新口味 (5) 特色菜品要注意市场数量的控制
菜品味道	(1) 餐饮经理应把好原材料的质量关 (2) 聘请热爱本职工作、乐于进取且又有一定技能和创新能力的厨师 (3) 制定本店统一的味道标准 (4) 重视顾客的反馈意见
菜品盛器	(1) 美观大方，新颖别致 (2) 应与餐饮店的风格一致 (3) 在选择材质时需考虑顾客的意见

类别	具体要点
菜品色泽	（1）多了解其他餐饮店的菜品 （2）懂得菜品颜色搭配的相关知识
菜品搭配	（1）色彩搭配协调 （2）味道均匀 （3）形状搭配合理 （4）荤素搭配有度 （5）中西搭配均衡

195 增加酒水销售收入

1．酒水销售的方式

餐饮店中的酒水销售一般采用整瓶的方式销售，偶尔也会采用零杯或配制的方式销售。例如，有的餐饮店有特制的酸梅汁、扎啤等，采用零杯或装瓶的方式销售，既能突出餐饮店的特色，又能满足顾客的不同需求，同时增加了餐饮店酒水的销售收入。

2．酒水销售的要求

餐饮店的酒水销售需要遵循的基本要求具体如表8-3所示。

表8-3 酒水销售的基本要求

原则类别	具体内容	备注
价格既符合竞争原则又相对稳定	参考其他餐饮店的酒水销售价格，采用相同的或相差极少的价格来保持竞争力，同时在制定完价格后不可轻易改动	同一地区，档次、类型相近的餐饮店的竞争一般比较激烈，而且酒水销售的种类相差不大
零折扣	协议折扣、会员卡折扣等一般只适用于菜肴、海鲜等，在酒水消费上，一般餐饮店都有酒水消费不打折的规定	—

3．采用合适的酒水销售策略

（1）降价。一般来说，通过降低价格来增加销量和利润的策略较受顾客欢迎。减价的幅度要适宜，可以参考短期价格控制法，即折扣后的销量达到折前的倍数＝折扣前每份产品的毛利额÷折扣后每份产品的毛利额。一般来说，只有倍数大于等于3时，降价才有效果。

（2）提价。一般情况下，提价策略用得不多，因为其违背了酒水销售价格的竞争原则和相对稳定的原则。但是，在旅游旺季，特别是当餐饮店就餐人数极度饱和的情况下，适度地提高酒水的销售价格可以弥补因接待量不足造成的损失。但是餐饮经理在提价时必须充分考虑顾客的承受能力。

（3）对店内服务人员进行培训。对服务人员进行培训，提高服务人员的酒水推销技能。服务人员的主动招呼对招徕顾客具有很大作用。在顾客就餐时，服务人员要注意观察顾客有什么需要，要主动上前为其服务。例如，有的顾客喝完一杯红酒后想再来一杯，而环顾四周却没有服务人员主动上前，顾客因怕麻烦可能就不再要了。

（4）营造良好的就餐环境。餐饮店应努力为顾客营造一个干净、舒适的就餐环境，以此提升顾客的就餐体验。

196　增加服务费收入

由于餐饮行业竞争激烈，餐饮店基本都会向顾客收取一定的服务费，如允许顾客自带酒水，但收取相关服务费等，具体内容如下。

（1）在餐饮店的明显处设置谢绝自带酒水的提示牌，公开表明餐饮店的相关规定。

（2）当迎宾员发现顾客自带酒水时，在带领顾客入座后应立即通知餐饮经理，顾客已自带酒水进店，服务人员应在第一时间告知自带酒水的顾客本店谢绝顾客自带酒水，礼貌地请顾客予以配合（轻声耳语或请其离开座位另找地方谈）；如顾客执意要用自带的酒水，服务人员可在开瓶前告诉顾客收取酒水服务费的标准。

（3）对于顾客提出的为何要收取酒水服务费的问题，回答要统一。

（4）餐饮店为了招揽回头客，规定如人均消费超过××元，则可免去酒水服务费，不再提醒顾客收取服务费用一事。

除以上几种情况外，如果顾客还是拒交酒水服务费，应立即通知相关人员前来处理，根据情况可适当减免酒水服务费。

197　增加包间收入

餐饮店的包间收费形式主要有以下三种，具体如图8-5所示。

规定最低消费标准	根据包间大小的不同，最低消费额度也不等。例如，某餐饮店规定8人的包间的最低消费为400元，而最大的包间的最低消费则是800元。如果顾客的消费金额没有达到最低消费标准，则应提醒顾客另外点菜以达到最低消费标准
按人数实行最低消费	部分餐饮店是按照人数收取相关费用。如某餐饮店规定，包间内每人的最低消费须达到85元
直接收取包间费	有些大型餐饮企业规定，凡是晚上在包间就餐的顾客，每人收取30元的包间费 在许多高档餐饮店，规定最低消费标准和收取包间费很常见，但服务人员应及时告知顾客收费标准

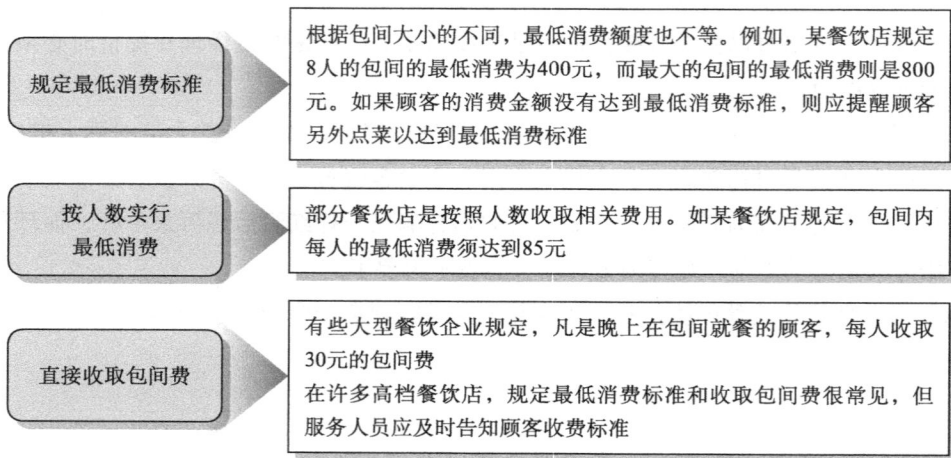

图8-5　增加包间收入

198　收取酒水商进场费

在餐饮店的日常经营中，许多酒水是由酒水商委托餐饮店进行代卖，包括收取手续费和视同买断两种方式。

1．收取手续费

收取手续费是指餐饮店根据代销酒水的数量向委托方收取手续费的一种方式。餐饮店应按收取的手续费确认收入。

2．视同买断

视同买断是指由餐饮店和委托方签订协议，委托方按合同注明的价格收取所代卖酒水的货款，酒水的实际销售价格由餐饮店自己决定，实际销售价格与合同价格之间的差额归餐饮店所有的方式。

在视同买断方式下，委托方并没有把酒水交付给餐饮店，因此有关所有权的风险和报酬没有转移给餐饮店，餐饮店不能作为购进商品处理。餐饮店在将酒水销售出去之后，按实际销售价格确认收入。

越来越多的餐饮店开始设立酒水超市，其销售价格和平价超市一致。其中可供顾客选择的酒水品种很多，几乎包括市场上所有的大众酒水品牌。设立酒水超市可以方便顾客，让顾客从中得到实惠，使自带酒水现象大幅度减少。

第三节　智能自助点餐

自助点餐，顾名思义就是顾客通过自助点餐终端自助点餐下单，就座后将打印的小票给服务人员，从而减少点餐人员数量的新型点餐方式。

199　自助点餐的好处

对于餐饮店来说，实行自助点餐可以解决如图8-6所示的问题。

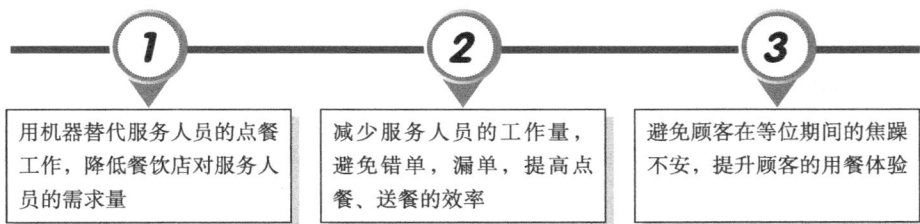

图8-6　自助点餐的好处

200　自助点餐的方式

自助点餐必须具备操作便捷、易上手、速度快等特点。目前，市面上的自助点餐方式主要包括如图8-7所示的四种。

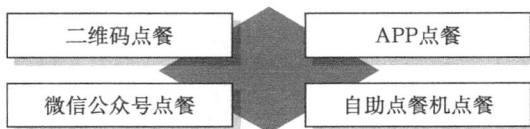

图8-7　自助点餐的方式

201 自助点餐的选择

自助点餐是通过将传统的服务人员点餐环节，改为由顾客自己完成的方式，缓解了用餐高峰服务人员的点餐压力，将其时间解放出来，用在为顾客上菜等服务方面，从而提高店内现有服务人员的工作效率。

但需要说明的是，对于快餐店来说，如果其不是标准化餐品且出餐速度较慢，则不适宜用自助点餐的方式，否则点餐时间大大缩短，后厨的餐品制作压力会迅速增加，顾客由等候点餐改为等候取餐，用餐高峰期等候的时间将会更长，反而降低了顾客的用餐体验，容易导致退款、退单现象。

因此，餐饮店是否适合用自助点餐、适用哪种自助点餐，还需要餐饮经理根据餐饮店的具体情况进行分析，最终选择适合本餐饮店的互联网点餐产品及服务商，达到提高餐饮店经营效率、提升顾客用餐体验的目的。

202 二维码点餐

二维码点餐最大的特点是操作便捷，速度快，餐饮店需要付出的成本也较低，只需要将点餐的二维码打印出来贴在餐桌上即可，具体如图8-8所示。

图8-8 二维码点餐

203　微信公众号点餐

餐饮企业通过公众号点餐系统，把餐饮店搬进微信，顾客通过关注餐饮店的微信公众号，即可完成点餐、下单并在线支付。

1．微信公众号点餐的特点

这种点餐方式需要顾客关注餐饮店的微信公众号，虽然比二维码点餐多了一个步骤，但餐饮店也多了一个留存顾客资料的方式，通过微信公众号可以向顾客推送餐饮店的图文消息，还可以开通微信外卖、微信预订、微信会员卡等功能，对之后的营销大有帮助。

2．微信公众号点餐平台的搭建

微信公众号的在线点餐功能是通过第三方开放平台来实现的，微信公众号本身没有这个功能，也就是说餐饮店需要把自己的微信公众号绑定在可以提供在线点餐功能的系统上，然后就拥有了自己的微信公众号网上餐饮店，顾客可以通过这个点餐系统来点餐、下单和付款。但是，搭建微信公众号在线点餐平台必须具备以下两个前提条件。

（1）到微信公众号平台官网申请注册公众号并通过认证。公众号分为服务号和订阅号，餐饮类公众号建议注册为服务号，可实现更多高级功能。

（2）开通微信支付接口。

3．微信公众号点餐的实现

顾客关注餐饮店的微信公众号后，点击微信公众号下方的"我要点餐"键，进入餐饮店的点餐界面，完成点餐及支付过程，然后在座位上等候上菜。

204　APP点餐

顾客通过下载一个APP，从APP中进入要就餐的餐饮店并进行点餐、下单、支付等操作。这种点餐方式的环节与前两种没有太大区别，由于是在APP中完成点餐操作，速度会比较快，界面功能也更多，但最大的问题是需要顾客下载APP，这对于餐饮店的无线网络环境、顾客的手机信号及流量使用情况都有要求。

相较于仅需扫描二维码和关注微信公众号即可点餐的方式，APP点餐模式推广起来难度会比较大。

205　自助点餐机

自主点餐机不同于以上三种在顾客手机中点餐的方式，而是在机器上完成点餐操作，顾客就像在ATM机上自助存取款一样，在自助点餐机上完成点餐、支付等操作。这种方式非常适合凭票取餐的快餐店，顾客的接受程度也较高，等于店里多了一个收银台和一个收银员。

自助点餐机有大有小，有像ATM机一样大的落地机器（见图8-9），也有像平板电脑一样的小机器，餐饮店应根据实际情况，选择适合的设备。

图8-9　顾客在自助点餐机上点餐

206　小程序点餐

小程序是微信继订阅号、服务号后推出的又一款战略级产品，是一种无须下载安装即可使用的应用，用户只需用微信扫一扫即可打开。

微信小程序点餐系统通过在点餐、排队等方面借助小程序的功能，让餐饮店实现高效运营。小程序点餐系统具有以下功能：

1. 扫码下单，节省点餐时间

在用餐高峰期，顾客可在排队期间用手机扫描餐饮店里的二维码进入点餐小程序，率先查看菜单，进行预先点餐。

2. 分享和邀请好友

小程序点餐系统会自动生成独立的邀请码，顾客可将小程序和邀请码分享给朋友。这样，即使朋友还没到有达餐饮店，也可以通过邀请码一起在线上点餐，并且微信小程序会将所有的餐饮数据自动合并，统一到同一订单里。

3．完善的功能，精美的菜品展现

顾客可以在小程序内直接查看精美的电子菜单，而且还可以查看餐饮店的信息、购物车及个人信息等，除此之外还可以直接在点餐小程序进行催菜、下单和结账等操作。体验更快、更智能化的点餐服务。

4．人性化的交互设计

点餐小程序在设计上充分考虑用户的使用习惯，增加了菜品分类目录元素。顾客除了直接滚动屏幕查看菜品，还可以直接在菜单列表中快速查找。对于那些第一次到店用餐的顾客，点餐小程序还有"销量排行榜"的展示，为新顾客点餐提供一个参考。

5．智能支付优惠券自动核销

点餐小程序支持微信支付、现金支付两种支付方式，而且在支付时自动关联会员系统，进行优惠券的核销。

第四节　楼面工作检查

207　上午营业前及营业中例行检查

餐饮经理上午营业前及营业中例行检查的工作内容如下。

（1）是否有餐前集合？

（2）员工的工作区域是否分配妥当？

（3）员工用餐的桌面是否有指定人员整理？

（4）各区域人员是否就位并进入状态？

（5）勤务工作未完成事项是否已指派其他人员完成？

（6）出菜是否正常（含太快、太慢及吧台附餐和单点饮料）？

（7）顾客用餐状况及反应如何？

（8）食材是否充足？

（9）服务人员的服务是否到位？

（10）各区域人员的工作量是否均衡？有无调动支援的必要？

（11）空调是否正常运转（是否太冷或太热）？

（12）音乐的音量是否适中（声音是否太大、太小或中断）？

（13）洗手间是否随时保持清洁？

（14）上午营业前是否将灯光调至合适的亮度？

（15）地毯是否随时保持清洁？

（16）餐桌桌面是否随时保持清洁（含空杯、调味罐、废纸巾等）？

（17）是否随时掌握员工及顾客的状况？

（18）上午收尾工作是否于 13:30 前分派妥当？

（19）员工工作是否分派妥当？

（20）员工执行状况如何？是否有遗漏？时间掌握是否准确？

（21）是否已分派人员执行特殊工作？

（22）备餐区人员是否将备品回收厨房？

（23）员工是否擦拭餐具并放在指定的位置？

（24）是否分派人员全场买单？是否彻底执行？

（25）收尾工作是否完成？是否需指派人员补充完成？

208　中午收尾工作检查

餐饮经理中午的收尾工作检查一般在13:55左右进行，检查内容如下。

（1）员工是否准时完成工作并汇报？

（2）各服务台的备品是否收存妥当并擦拭台面？

（3）灯光、空调是否调好？

（4）备餐区是否清洁？

（5）吧台是否整理完毕？

（6）餐具是否清洗、擦拭并放回原位？

（7）桌面摆设是否正常？

（8）出纳结账是否完成？

（9）吧台餐具是否清洗、擦拭并放回原位？

（10）员工未完成的工作是否已指派其他员工完成？

（11）水电、煤气开关是否关闭？

（12）空班留守员工是否安排妥当？是否有交代事项并交办完成？

209 下午例行工作检查

餐饮经理下午的例行工作检查一般在17:00左右进行，检查内容如下。

（1）是否有餐前集合？

（2）员工的工作是否分派妥当？

（3）员工用餐的桌面是否有指定人员清洁？

（4）各区域人员是否就位并进入状态？

（5）勤务工作未完成事项是否已指派其他人员完成？

（6）出菜是否正常（含太快、太慢及吧台附餐和单点饮料）？

（7）顾客用餐状况及反应如何？

（8）食材是否充足？

（9）服务人员的服务是否到位？

（10）各区域人员的工作量及服务量是否均衡？有无调动支援的必要？

（11）空调是否正常运转（是否太冷或太热）？

（12）音乐的音量是否适中（声音是否太大、太小或中断）？

（13）洗手间是否随时保持清洁？

（14）晚上营业前是否将灯光调至合适的亮度？

（15）地毯是否随时保持清洁？

（16）餐桌桌面是否随时保持清洁（含空杯子、调味罐、废纸巾等）？

（17）是否随时掌握员工及顾客的状况？

（18）下午收尾工作是否分派妥当？

（19）是否开始安排营业后收尾工作？

（20）是否指示部门主管开始分派人员执行例行工作？

（21）员工执行状况如何？

（22）是否已分派人员执行特殊工作？

（23）备餐区人员是否将备品回收厨房？

（24）员工是否擦拭餐具并放回原位？

（25）是否分派人员全场买单？是否彻底执行？

（26）是否需要对收尾工作进行最后检查？

210 晚上收尾工作检查

餐饮经理晚上的收尾工作检查一般是在21：50以前进行，具体检查内容如下。

（1）下班前先确认次日休息与应到岗的工作人员名单，检查煤气总开关是否关闭。

（2）未用完的食材是否妥善收藏？冰箱门是否关好？

（3）台面的煤气开关是否关闭？

（4）烤箱是否关闭？冰箱是否正常运转？

（5）火种是否全部熄灭？

（6）后门是否关闭？

（7）灯光是否全关闭？

（8）库房门是否关闭？

（9）空调是否关闭？

（10）踏垫等物品是否收回店内？

（11）机房及更衣室的灯是否关闭？

（12）保安系统连线是否正常？

（13）离开前在店面外围再巡视一遍。

211 处理检查结果

对于在例行检查过程中发现的问题，餐饮经理要立即予以处理；若是同一区域同一责任人员多次出现问题，应给予其相应的处罚，并在员工绩效考评中作为一个考评要素。

第五节 常规问题处理

212 顾客醉酒的处理

在餐饮店的日常经营过程中，经常有一些顾客喝醉酒，面对这种情况，服务人员应该做到以下几点。

（1）提醒已经喝醉及在座的其他顾客，让其注意过量饮酒的坏处。

（2）给醉酒顾客端来糖水、茶水以解酒。餐饮店也可备一些解酒药，供顾客使用。

（3）醉酒顾客弄脏餐饮店的桌、椅或地面时，服务人员不能表现出厌恶的动作和表情，而是要及时清理。

（4）建议呕吐的醉酒顾客吃一些面条、粥等容易消化的软食。

（5）如果顾客发酒疯，应请与其同行的顾客进行劝阻，使其安静下来。

（6）如果顾客因醉酒打碎了餐具，应进行清点并让顾客照价赔偿。

（7）发现醉酒者出现呼吸困难等紧急状况，应立刻拨打120或将其送往医院。

213　顾客要求提供AA制服务的处理

一般的AA制都是餐后先由一人结账，然后人均平摊费用，这种AA制通常由顾客私下自己解决，对餐饮店的服务工作并无特别的要求。但对于各点各的餐、各结各的账的顾客，则需要服务人员做到以下几点。

（1）首先从主宾或女宾开始按顺时针方向逐位服务。在写菜单时，应注意记录顾客的姓氏、性别、特征、座位标志等。

（2）将菜单交给负责上菜的楼面服务人员、厨房、收银台、传菜部。

（3）顾客需要添加食物或酒水时，在其账单上做好相应的记录。

（4）最好由负责点菜的服务人员负责结账，以减少出错的概率。

214　顾客就餐赶时间的处理

处理这类问题的关键是要问清楚顾客能在餐饮店待多长时间，还要了解顾客的口味、预计用餐的价格等。顾客下单后，服务人员要注意菜品的上桌速度。对于赶时间的顾客，在下单时应进行标注，提醒厨房优先出菜。

215　顾客结账时的处理

将账单用专用夹夹好送到顾客面前，如果有多位顾客，应轻声问："请问由哪位付账呢？"然后将账单拿到付账人身边展开，用右手食指指着结账单上的金额告诉顾客："多谢惠顾，您只需付这个数目就好了。"不直接将金额说出来是因为有些顾客并不愿意让其他顾客知道实际的花费。

216 顾客有要事谈的处理

如果服务人员发现顾客来餐饮店的目的是有要事谈，就不要过多地打扰他们。

（1）遇到要求坐在餐饮店偏僻座位、角落座位和包间的顾客，大多是想要一个安静的就餐环境，便于说话和谈事。

（2）在服务顾客时，也应安静地进行。如需提醒顾客点菜或有事要向顾客说明，应在顾客讲完话后再礼貌地插话："对不起，先生，打扰一下好吗？你们先点菜吗？"

217 就餐的小朋友吵闹的处理

小朋友天生好动，对新事物充满好奇，而且很容易与其他就餐的小朋友玩到一起。在对待小朋友时，服务人员应该耐心、细致。具体的处理方法如下。

（1）对待小朋友要用友好的话语。

（2）对待小朋友的父母，用提醒的语气请他们协助将孩子带回座位上，并请家长看管好孩子，不要让他们乱跑。

218 顾客要求服务人员陪酒的处理

对于要求服务人员陪酒的顾客，服务人员要注意自己的言行举止，以免顾客把服务人员当成倾诉或发泄不满情绪的对象，既影响服务人员正常的工作，又妨碍了对其他顾客应有的服务。

服务人员应委婉地告诉顾客，餐饮店规定服务人员不能与顾客一起喝酒，请顾客谅解。

219 顾客要求取消上菜的处理

顾客催菜是很常见的情况。遇到这种情况，服务人员首先要向顾客道歉，再查看点菜单和桌上摆放的菜品，确认无误后，马上通知传菜员或自己到厨房查对、催菜。

若顾客要求退掉某道菜品，服务人员应赶紧去厨房查问这道菜是否已做，如果正在做，要回去跟顾客解释，告诉他们菜很快就会上，请他们稍等，并为此再进行道歉；如果菜还没做，则应向主管报告是否同意顾客的退菜请求。

220　餐饮店客满的处理

餐饮店客满的时候，楼面服务人员应根据情况做出相应的处理，具体内容如下。

（1）如果座位已满，应礼貌地告诉顾客："小姐／先生对不起，现在已经没有空座位了。请您在休息处稍等一会儿好吗？一有顾客结账离开，我会马上告诉您。"

（2）候餐的人较多时，要给等候的顾客排等位号并做好登记。不要让先来的顾客后得到座位，而后来的顾客却先得到座位，否则会引起顾客的不满，同时也让顾客觉得餐饮店管理很混乱。

（3）为等位的顾客送上茶水、报纸、杂志，以转移顾客的注意力。

（4）有空座位时，不要急于将顾客引入座位，应等服务人员将桌子收拾好，摆好台后，再请顾客入座。如果顾客看到狼藉的杯盘，还要站在一旁等候服务人员收拾、换桌布、重新摆台，可能会影响其用餐体验。

（5）如果顾客没有时间等待，应向顾客介绍厨房做好的快速食品，请顾客将食品打包回家再吃。

（6）给顾客送上餐饮店的订座名片，请顾客下次提前预订。

（7）将顾客送到餐饮店门口，并礼貌道别："请慢走，欢迎您下次光临。"

221　顾客点了菜单上没有的菜品的处理

如果顾客点的是菜单中没有的菜品，应请顾客稍候，向厨房询问是否能做，然后再向顾客做出解释，请顾客自己决定或向顾客作相应的推介。

222　菜、汤汁溅到顾客身上的处理

由于服务人员操作失误导致菜汁、汤汁、酒水溅到顾客身上，在处理这种事件时应做到以下几点。

首先要诚恳地向顾客道歉，然后用干净的湿毛巾为顾客擦拭衣物上的污渍；如果是女顾客，应由女服务人员为其擦拭然后将餐饮店备用的干净衣服给顾客换上，把顾客的衣服留下按下列方式进行处理。

（1）油渍。针对可手洗的衣物，用清洁剂和热水将弄脏的衣物浸泡半个小时后，再搓洗干净。

（2）茶渍、咖啡渍。针对可手洗的衣物，尽快将衣物浸泡在冷水里，可用一般的方法清洗。

（3）红酒渍。针对可手洗的衣物，衣物入水前，将白酒或酒精倒在红酒渍上，再将衣物放入温热的清水中清洗。

除以上方法外，针对不可水洗的衣物可将衣物送到洗衣店进行清洗。衣服洗净、熨平后，由楼面主管亲自给顾客打电话确认送衣地点，然后带上由餐饮经理签名的致歉函，将衣物送到顾客手中。

223   发现未付账的顾客离开的处理

故意不付账的顾客比较少，如果发现顾客未付账就要离开时应做到以下几点。

（1）服务人员应马上追上前，有礼貌地小声说明情况，请顾客补付餐费。

（2）如果顾客与朋友一起，应请顾客到一边，再讲明情况。

在整个过程中要注意态度要礼貌，如果粗声粗气地质问顾客，有可能会使顾客反感，给工作带来不便。

224   顾客发现饭菜中有异物的处理

在餐饮服务中，有时的确会发生这种情况。比如，菜中有草根、米饭中有黑点等。

在遇到此类情况时，服务人员应首先向顾客表示歉意，然后将有异物的饭菜立即撤下。经过分辨，认定是异物时，要立即为顾客重新做一份，或者是征求顾客的意见再处理。同时，再次向顾客表示诚挚的歉意。

有时可能要因此免收顾客的部分餐费，餐饮经理或楼面主管还要亲自向顾客赔礼道歉，以示重视。餐饮经理要对异物产生的原因进行分析，确认是食材清洗方面的原因，还是不安全操作的原因，或者是厨房卫生方面的原因，以后尽量避免再出现此类情况。

225   回答不了顾客提问的处理

顾客在餐饮店用餐时，有时会问服务人员一些问题，比如本餐饮店菜品的品种，或者当地有哪些风景名胜，或者某公共场所的地址等。此时，服务人员应注意以下事项。

（1）对顾客提出的问题，服务人员一时答不出来时，应求助他人，给顾客一个满意的答案。

（2）有时顾客也会问一些关于菜品的做法或原材料等问题。如果服务人员知道，就直接告诉顾客；若不太清楚，就要表示歉意。不要不懂装懂，乱作解释。

226　顾客要求减账时的处理

顾客点完菜后，却迟迟不见上菜，而服务人员也没有注意到这种情况，因此没有及时与厨房联系，这是餐饮店方面的失误。出现这种情况时，顾客要求退菜、减账也是正常现象。此时，服务人员应注意以下事项。

（1）在处理这种情况时，服务人员可先与顾客商量一下，是否可以马上制作这道菜。但是，决定权在顾客手里，服务人员不能强求。

（2）如果顾客仍然不同意，执意要求退菜、减账，服务人员应照办，并且要向顾客道歉，以取得顾客的谅解与理解。

（3）服务人员还应检查一下自己的原因，并在以后的工作中改正。

227　顾客反映价格不对时的处理

顾客在结账时，认为价格不对的情况也时有发生，可能是由以下几种原因造成的。

（1）服务人员在为顾客点菜时，对有些菜品的价格解释得不够清楚。比如海鲜类的价格，大多是时价或每 500 克的价格，但顾客误以为是该菜品的价格，服务人员又没有进行解释，以至于产生了误会。

（2）顾客在点菜时不看菜单，餐后结账时又认为与自己预计的价格有出入，此时要求看账单核对。

（3）由于服务人员工作失误导致该上的菜品漏掉了，顾客当时没讲，结账时才提出来。

（4）服务人员在顾客结账前没有认真核对账单，而收银员在开账单时出现了差错或失误。

（5）顾客自己的计算出现了差错。

针对上述情况，餐饮店要有不同的处理方法。

如果是第（1）和第（2）种情况，服务人员应该把菜单拿出来，再次向顾客认真解释，以取得顾客的谅解。

如果是第（3）种情况，则完全是服务人员的责任。服务人员应减去没上的菜品的价格，向顾客道歉后再重新结账。

如果是第（4）种情况，服务人员要立即收回账单，重新核对各项内容，若确实是收银员的过错，则要向顾客道歉并讲明出错的原因，以取得顾客的谅解，然后重新结账。

如果是第（5）种情况，服务人员不应该有任何不耐烦的表现。此时，服务人员应耐心向顾客解释，如果有必要，还可以拿出账单和顾客一起核对，不要流露出任何的不满情绪。

在解决上述几种出现错账的情况，时都要慎重，服务人员应当注意自己的态度和措辞。在适当的时候，餐饮经理应出面协调并解决问题。

228　顾客反映菜品味道不对的处理

1．原因

顾客反映菜品的味道不对的原因可能是多方面的：有时是菜品味道过咸或过淡，有时是菜品原材料的质量有问题，有时也可能是菜品的烹调方法与顾客认为的不一致。

2．应对办法

（1）如果是由于咸淡不合适而造成了顾客的不满，服务人员应将菜品从餐桌上撤下，送回厨房重新制作并要向顾客表示歉意。

（2）如果是由于烹调方法造成了顾客的不满，服务人员应向顾客表示歉意，然后向顾客介绍一下本餐饮店此种菜品的制作方法，以取得顾客的谅解。

（3）如果是原材料的质量出了问题，服务人员应立即撤下菜品并向顾客道歉，然后请顾客重新选一款菜品。

229　顾客进餐时损坏了餐具的处理

顾客进餐时损坏了餐具的处理措施具体如表8-4所示。

表8-4　顾客进餐时损坏了餐具的处理措施

措施	具体内容
对无意中损坏餐具的处理	服务人员首先应安慰顾客并将损坏的餐具及时撤离餐桌，然后向顾客讲清楚赔偿的原则，争取顾客主动给予赔偿
对有意损坏餐具的处理	要及时与店内安全部门取得联系，让顾客照价赔偿，但要注意态度及方法

230 顾客想给服务人员敬酒的处理

有些顾客有时会向服务人员敬酒，他们或许是为了感谢服务人员周到的服务，或许出于其他原因。当发生这种情况时，服务人员应婉言谢绝。具体可以采取如下措施。

（1）向顾客说明，餐饮店规定服务人员不能与顾客同吃同喝。

（2）顾客若表明敬酒是为了感谢服务人员的周到服务，服务人员可向其表明这是自己的职责并向顾客表示感谢。

（3）顾客若是出于其他目的敬酒，比如想与服务人员套近乎，或者有其他不合理的要求，服务人员应果断拒绝。

（4）当顾客仍然纠缠不休时，服务人员可以做其他事情来分散顾客的注意力，比如撤餐具、端茶水、拿纸巾等。这样做既不让顾客难堪，又可以分散其注意力，也可以借机为其他顾客服务，达到拒绝顾客的敬酒。

231 顾客自带食材要求加工的处理

有些顾客会自带食材要求餐饮店加工，这也是很正常的事，餐饮店应尽量满足顾客的需求。此时，服务人员应注意以下事项。

（1）服务人员要事先告诉顾客，替顾客加工其自带的食材要收取工本费，这是餐饮店的规定。

（2）还应与顾客当面鉴定一下顾客所带食材的质量，以免加工后顾客提出品质方面的质疑，引起不必要的麻烦。

232 顾客要赠送礼品的处理

有些顾客喜欢赠送礼品以表示对服务人员服务态度的认可。在遇到这种事情时，应注意以下事项。

（1）服务人员要婉言谢绝，向顾客解释不收礼品的原因。

（2）如果实在推脱不了，可以暂时收下并表示谢意。但事后要向餐饮经理讲明原因，做好登记，以便统一处理。

（3）也可以根据餐饮店的有关规定采取相应的办法。

233　顾客偷拿餐具的处理

当服务人员发现顾客偷拿餐饮店的餐具时应做到以下几点。

（1）一定不能大声嚷，应注意方式、方法和分寸，也不能生硬地让顾客当场把餐具交出来。

（2）当发生顾客拿取餐饮店的物品的情况时，服务人员应该正确区分顾客所拿取物品的性质，然后采取相应的对策。餐饮店的物品一般分为三类：一类是餐饮店的免费用品，如茶叶、火柴、牙签、餐巾纸等；另一类是餐饮店的补给品，顾客可以使用但不能拿走，如衣架、餐具、小毛巾等；还有一类是计费品，如酒水、饮料等。

234　预防跑账的处理

在经营餐饮店的过程中，顾客跑账的现象也时有发生，这就要求服务人员特别留意以下几种情况，以便防止跑账、漏账事件的发生。

（1）生客，特别是一个人就餐的顾客，比较容易趁工作繁忙时，借口上厕所、餐饮店里手机信号不好、到门口接人等趁机不结账溜掉。

（2）来了一桌人，但越吃人越少，可能是一部分人先撤走，剩下一两个再借机脱身。

第九章　厨房事务管理

导读 ＞＞＞

厨房是集烹制、加工、调理等功能于一体的场所，餐饮经理必须加强厨房事务的管理工作，否则极易出现纰漏，从而影响餐饮店的正常运营。

Q先生：A经理，厨房就像是餐饮店的"心脏"，也是需要餐饮经理着重管理的地方，那该怎样做好厨房的管理工作呢？

A经理：首先要明确厨房各部门人员的岗位职责。只有明确了岗位职责，每个人才知道自己该做什么、该怎么做，以及要承担什么责任。这对维持厨房正常运转非常重要。

Q先生：菜品质量关系着餐饮店的口碑、收入，菜品质量差，就没有顾客光临，在管控菜品质量方面，您有什么建议吗？

A经理：首先，要明确菜品的生产流程，使菜品生产标准化、规格化并严格管控食材储存和保管的工作。同时，对切配、烹制、打荷等生产过程也要进行质量管控。当然，也不要忽视厨房的日常管理工作和员工的安全管理工作。

第一节　日常厨房事务管理

235　制定检查工作制度

餐饮经理要对厨房各项工作实行分级检查，对厨房进行不定期、不定点、不定项的抽查。

（1）检查内容包括店规、店纪、厨房考勤、着装、员工职责、设备使用和维护、食品储藏、菜品质量、出菜制度及速度、原材料节约及综合利用、安全生产等规章制度的执行和生产运转情况。

（2）各项内容的检查可分别或同时进行。

卫生检查：每日一次，包括食品卫生、日常卫生。

纪律检查：每月一次，包括厨房纪律、考勤考核、店规店纪。

设备安全检查：每月一次，包括设备的使用、维护等安全工作。

生产检查：每周一次，包括食品储藏、菜品质量及出菜速度。

每日例查：每日两次，包括餐前、餐后的工作过程，个人卫生及其他卫生。

（3）对于在检查过程中发现的问题，检查人员应依据情节做出相应的处理，并有权督促当事人立即改正或在规定期内改正。

（4）属于个人工作职责内的差错，追究个人的责任；属于部门、班组的差错，则追究负责人员的责任，同时采取相应的处罚措施。

（5）对于屡犯同类错误或要求在限期内改进而未做到者，应加重处罚力度或直接辞退。

（6）检查人员应做到认真负责，一视同仁，办事公正。参加检查的人员应对检查时间、内容和结果进行书面记录备案，检查结果应与部门和个人绩效挂钩。

236　做好厨房会议管理

厨房应根据需要有计划地召开各类会议，如卫生工作会议等，餐饮经理可视情况参与厨房会议，但不应过多干涉厨房部门的内部管理，而是应提供管理意见和建议。

（1）厨房应根据需要有计划地召开下列会议。

卫生工作会议：每周一次，主要内容包括食品安全、日常卫生。

生产工作会议：每周一次，主要内容有食品储藏、员工职责、菜品质量、菜品创新。

厨房纪律会议：每周一次，主要内容有考勤、考核情况、厨房纪律。

设备会议：每月一次，主要内容有设备检修和维护。

每日例会：主要内容为总结和评价过去一天的厨房生产情况，处理当日突发事件。

安全会议：每半个月一次，主要内容是厨房的安全工作。

协调会议：每周一次，主要内容是相互交流、沟通。

（2）除例会和特殊会议外，各类会议应至少提前一天通知相关人员，并告知开会时间、地点、到会对象及内容。

（3）与会人员都应清楚会议性质及讨论的要点，提前准备材料，会议主持者要做好会议进程的控制工作。

（4）参加会议的所有人员都应准时出席，如因特殊情况不能准时到会者，应事先向厨师长请假。会议应准时开始，与会人员中途不得随意离开会场。

（5）会议非议论期间，与会人员不应私下交谈，如想发言，应等待合适的时间。

（6）所有会议上的发言应简明扼要、直截了当，以节省时间。

（7）与会人员应集中精力开会，不做与会议无关的事宜。

（8）一时不能解决的事宜，应另做处理，由专人跟办，不应费时讨论。

（9）会议未形成决定的方案或未被通过的提议，会后不宜再议论。会上决定的事项，厨房各岗位人员必须自觉贯彻执行。

237　厨房设备管理

餐饮店的厨房都有很多设备，在使用过程中可能会产生损坏，餐饮经理应敦促厨房人员做好相关设备的报修和管理工作。

（1）厨房各种设备，应按作业指导书中的说明每天进行维护和检查，一旦发现问题应及时报修。

（2）由设备使用人员向厨师长报告报修内容和理由，由厨师长填写报修单，签字确认后方可送至检修部。

（3）设备使用人员在使用设备前应经过严格的培训，若在操作时违反操作规程，设备的维修费用由责任人全部承担；如果因此造成严重后果或造成直接经济损失，责任人应承担相应的责任。

（4）如果设备出现故障是因操作者人为因素造成的，其维修费用则由责任人承担；如果设备出现故障属于正常原因（如磨损、老化等），则维修费用由餐饮店承担。

（5）厨师长将报修单的存根放在维修报告存放夹内，每天进行检查，若影响作业的设备1天内未修复，则应上报餐饮经理进行协调。

（6）作业时间内出现直接影响工作的设备故障必须立即报修。

（7）报修单送达后，检修部未给予确切的维修时间且不影响工作的，如果在1天内仍未得到修复，则由餐饮经理催修。

第二节　菜品生产质量控制

238　明确菜品生产流程

厨房菜品生产流程如图9-1所示。

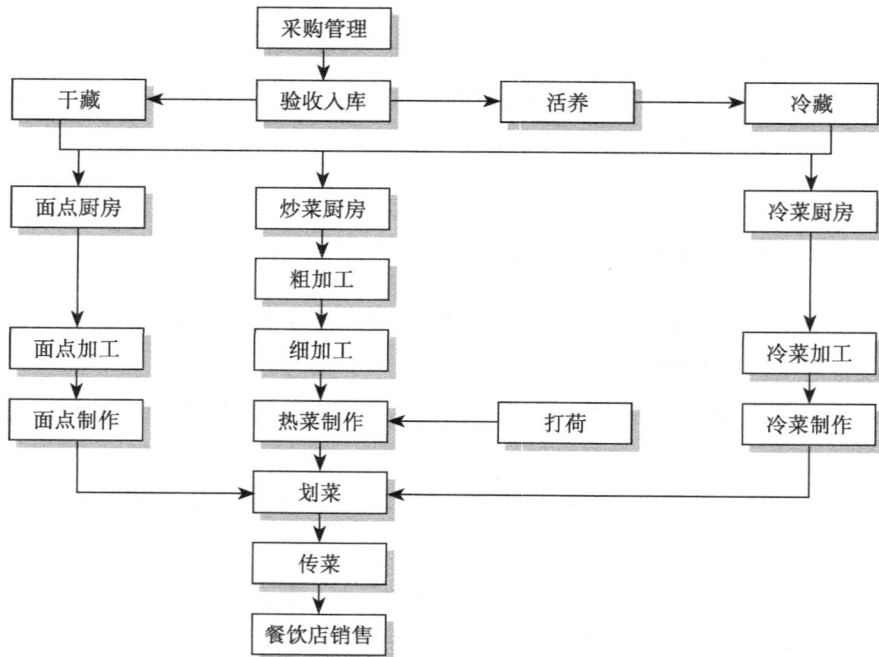

图9-1　厨房菜品生产流程

239　使菜品生产标准化

餐饮经理应制定菜品生产标准，统一生产规格，保证菜品生产的标准化和规格化，同时也可作为餐饮经理和厨师长检查及控制的依据。这种标准通常有以下几种形式。

1．标准菜谱

（1）标准菜谱的内容主要有：菜谱类别、烹调份数、菜品名称、净料成本、毛利率、售价、生产规程、关键工艺、器皿、装盘形式、成品要求、成品彩色照片等，以及主料、辅料、调料名称和数量。

（2）所有新增菜品和创新菜品都必须先安排试做并组织品尝、评价，经过改善后填写正式标准菜谱。

（3）标准菜谱是企业资产和企业机密，应建立档案统一管理，厨房工作人员须按手续领用。

（4）餐饮店需按需求决定烹制菜品的数量。

（5）厨房以标准菜谱为指导烹制菜品，保证菜品质量，实现标准化管理，标准菜谱的样式如表 9-1 所示。

表9-1　标准菜谱

菜品名称：＿＿＿＿＿　菜谱类别：零点＿＿＿＿＿宴会＿＿＿＿＿　菜系：＿＿＿＿＿　编号：＿＿＿＿＿
保证每日可烹调份数：＿＿＿＿＿　单位成本（元）：＿＿＿＿＿　成本（元）：＿＿＿＿＿
单价（元）：＿＿＿＿＿　售价（元）：＿＿＿＿＿　毛利率：＿＿＿＿＿%

配料名称		用量（克）	日期		工艺流程
			进价＿＿元/500克	金额/元	
主料					
辅料					
调料					

（续表）

成品要求： 色泽： 芡汁： 口味： 质感： 器皿： 装盘及造型要求： 装盘： 围边造型：	照片

创作人： 时间： 分管领导： 厨师长：

2．标量菜单

标量菜单是一种简单易行的控制工具，它在菜单的菜名下面分别列出了每种菜品的用料配方，以作为厨房工作人员备料、配份和烹调的依据。

在使用标量菜单时，需另外制定加工规格来控制加工生产过程，以免造成浪费。

3．生产规格

生产规格是指菜品加工、配份、烹调三个流程的制作标准，包括加工规格、配份规格、烹调规格。加工规格主要是对食材的加工规定用料要求、成形规格、质量标准。配份规格主要是对具体菜品的配制环节规定用料品种和数量。烹调规格主要是对加热成菜环节规定调味汁比例、盛器规格和装盘形式。

以上每一种规格就是每个流程的工作标准，可制成表格，张贴在工作处，以便厨房工作人员随时对照执行，使每个参与制作菜品的员工都明白自己的工作标准。

4．其他形式

其他形式的生产控制工具包括制备方法卡、制作程序卡、配份规格、分菜标准配方卡等。

240　食材的领用、保管、质量控制

餐饮经理应督促厨房工人员做好食材的领用、保管和质量控制工作，具体内容如下所示。

（1）严把食材进货质量关，厨师长应每天在进货一览表上签署食材质量检查意见。

（2）在每周的例会上，采购负责人、厨师长、分管领导要就食材问题向餐饮经理述职，及时处理和解决出现的问题。

（3）厨房的食材储备量要合理，以免量多变质。食材从进货到使用原则上不得超过 3 天。

（4）厨房各冰箱的管理工作要由专人负责，食材要分类存放并注明进货日期。

（5）存放时间超过 3 天的食材要及时报告主厨，并填入"当日菜品信息通知单"，通知服务人员推销。

（6）冰箱每周至少彻底清洗一次。

（7）保持环境、用具和个人卫生。

241 食材粗加工质量控制

食材粗加工质量控制内容如下所示。

（1）餐饮店要制定粗加工岗位的质量控制标准，明确分工和职责，厨师长要不定期进行检查，落实管理责任。

（2）按提货单提取当日厨房所需的食材，检查食材的产地、品种、数量、质量等是否符合要求。

（3）按涨发程序进行食材涨发，检查各道工序的涨发率。

（4）做好综合利用工作，减少消耗，已经加工好的食材要及时投入使用，暂时不用的及时放入冷库储存。

（5）蔬菜类食材要去净杂草、枯叶、泥沙、杂物，按照不同的要求去皮、筋、籽，并清洗干净。

（6）水产、畜禽类食材在宰杀时要放血、控净水、去鳞和内脏并冲洗干净。

（7）需要拆卸的肉类食材，按照取料标准和需要，分别采用拆卸、削剔等方法取料。

（8）保证食材的营养成分，尽可能先洗后切，减少存放时间，及时送往厨房各需处。

（9）保证工作环境清洁卫生。

242 切配质量控制

切配质量控制内容如下所示。

（1）切配主管接划菜员传来的点菜单后，分配给切配厨师，并组织、指导、监督其按操作规范切配。

（2）检查食材的质量，不允许使用变质和粗加工不符合标准的食材。

（3）按顾客的点菜或进包间的先后顺序来处理。

（4）按标准菜谱规格切配，使食材数量、品种标准化。

（5）检查点菜单上所注顾客的特殊要求并做出相应的处理。

（6）食材细加工要符合整齐、均匀的要求。

（7）密切配合烹调方法，精细加工，保证刀工处理符合标准。

（8）合理下刀，减少下脚料，避免浪费。

（9）合理搭配，物尽其用，提高食材的利用价值。

（10）把半成品归放整齐，摆放在规定位置。

（11）核查凭单，杜绝重复、遗漏、错配等现象发生。

（12）保持环境、用具和个人卫生。

243　烹调制作质量控制

烹调制作质量控制内容如下所示。

（1）餐饮店要从炒锅厨师的操作规范、制作数量、出菜速度、成菜温度等方面加强烹调制作质量的控制。

（2）按标准菜谱规格制作，明确烹调方法，使菜品制作标准化。所有菜品的切配、预制、烹调等过程一定要严格按工艺要求和操作规程进行（如必须使用高汤的菜品不得用自来水代替等）。

（3）调动厨师的积极主动性。

（4）厨房员工要服从厨师长的指挥、管理，接受有关标准菜谱方面的培训，熟练掌握各式菜品的制作。

（5）拒绝使用变质或加工和配菜不符合要求的食材。

（6）注意顾客的特殊烹饪要求（如忌口等），使菜品符合顾客的要求。

（7）在接到顾客的催菜后，在打荷的安排下，及时、快速烹制出菜。

（8）严格执行操作规范，禁止出现任何违规和影响菜品质量的做法。严格控制每次烹调的数量，做到少量多次、"单菜单炒"，严禁一锅同时烹制多道"单菜"。

（9）坚持尝汤制度，菜品出勺前都要尝味，做到自我把关。

（10）厨师长每餐要坚持抽查菜品质量，确保每道菜品的色、香、味、形俱佳。不合格菜品一律退回厨房，并做好退菜记录，以追查和落实责任。

（11）消除剩菜现象。

（12）保持环境、用具和个人卫生。

244　打荷质量控制

打荷质量控制的内容如下所示。

（1）拒绝使用变质或加工和配菜不符合要求的食材。

（2）了解本灶应出菜品的工艺要求，熟悉菜品的基本烹饪方法。

（3）协助热菜及切配组领取当日厨房所需的食材。

（4）配菜和热菜厨师要搞好配合，掌握菜品的上粉、酿、穿、挤及炸制食品的初步调味方法，使热菜厨师能够随时烹制菜品。

（5）掌握各种零点及宴会菜肴的装盘要求和装饰技巧。

（6）检查每日宴会和零点的配菜食材的品种、数量，检查需提前装饰的餐盘，并将宴会所用的餐具全部准备妥当。如与宴会要求不符，及时通知切配厨师调整。

（7）检查餐饮店每日供应菜品所需餐具的规格和数量，并按要求将餐具分类摆放整齐。

（8）负责准备炉头每日所需的汁、酱、汤等，并添加烹饪调味品。

（9）灵活掌握菜品的出菜顺序，以先到先制、先食先做和催菜优先为原则，接到顾客催菜后要及时分派给热菜厨师进行烹制。

（10）与划菜、传菜员配合好，以便能够将菜品传向正确的地点。

（11）每道菜品装盘时，都要检查菜品内有无异物等。

（12）就餐结束后，负责收拾全部炉头所用的汁、酱、汤等，并将脏餐具、配菜盘等送洗；协助热菜厨师关闭本区域内全部的水、电、气等开关。

（13）保持环境、用具和个人卫生。

245　出菜质量控制

出菜质量控制的内容如下所示。

（1）划菜员分检楼面下达的点菜单；每天餐前检查桌牌号，避免放错位置。

（2）根据冷菜、热菜、面点分开制作的原则，向厨房各处传达加工等信息。

（3）出菜时，划菜员根据菜单核对无误后做好记录，交付传菜员上菜。

（4）掌握上菜的顺序、程序及节奏，保证先点先出、催菜优先的原则。

（5）监督菜品质量，有权将不合格的菜品退回厨房。

（6）及时向厨师长反馈楼面提供的顾客意见。

（7）监督、整理菜品外形和装盘效果。

（8）准确、清晰地将菜品名称、桌号或宴会厅名称报给传菜员，并解答传菜员的不明事项。

（9）准确出菜，不漏菜、上错菜和重复上菜。

（10）保持环境、用具和个人卫生。

246　销售质量控制

餐饮店销售质量控制的内容如下所示。

（1）餐饮店服务人员（传菜员）有权对菜品质量进行监督，有权拒绝上不合格的菜品，把"五不端"（量不足不端、质不符不端、盛器不洁不端、热菜不热凉菜不凉不端、食材变质不端）方法落到实处。

（2）由划菜处统计顾客退菜的情况，厨师长安排填写"菜品质量评议表（厨房）"并找出原因。

（3）顾客催菜时，服务人员应及时告知后厨工作人员。

第三节　菜品创新管理

247　明确菜品创新的条件

菜品创新应具备如下条件。

（1）创新不是模仿，而是有新的突破，要具有新颖性。

（2）无论是工艺方面、技术方面还是产品成型方面都要有创造性。

（3）应该以顾客的需求为前提，得到顾客的认可。

（4）应具有时间的持续性和强盛的生命力，充分体现其价值。

（5）应具有食用性和营养价值，并兼具艺术性，既能让顾客大快朵颐，又能一饱眼福。

（6）能够获得高效益，达到实现创新的目的。

另外，菜品创新既不能单一模仿、品种克隆、复制再造，也不能彻底废掉、完全根除、一味抛弃，而应在继承和发扬传统的基础上采用新的设想、新的举措，取得新的突破、新的成果，达到实质性的创新。

248　创新菜品的申报

所有上报申请为创新菜品的菜肴，都必须经过严格的申报、筛选和试制认定过程。

（1）原则上由菜品上报人试制自己上报的菜品。但在菜品上报者技术水平欠缺的情况下，可由几个人同时试制同一道菜品，以出品质量高者为菜品制作人。

（2）粗加工、切配、打荷均应根据站灶厨师的技术要求进行加工工作，必要时可以由菜品试制者对初加工、切配、打荷厨师进行技术培训。

（3）各站灶厨师推出的创新菜品，每道菜品有三次试制机会。若三次试制仍达不到质量标准，可更换技术更好的试制人员进行试制。若仍不达标，可考虑对菜品的技术指标进行调整或予以淘汰。

（4）对一些特殊的创新菜品，试制的次数可以适当放宽，并在试制中不断对菜品的技术指标进行调整。如果经过多次试制证明制作此菜品的技术不成熟，则可予以淘汰。

249　明确创新菜品的鉴定人员

创新菜品试制的鉴定人员由餐饮经理、主厨、菜品研究人员、打荷厨师、服务人员代表或特邀人员组成。

250　创新菜品的鉴定方法

（1）厨师制作创新菜品时由专家进行全程指导，制作完毕后，由传菜员放于指定位置。

（2）评委进行品尝，并按餐饮店菜品评分标准进行打分。

（3）评委现场进行点评并提出自己的建议，若有争议，由权威专家根据菜品质量做出最后的决定，厨师长做好现场记录工作。

（4）评委点评时，制作人和厨师长要做好记录，并根据提出的合理化建议和意见进行现场整改，直到检验合格为止。

251　创新菜品的技术培训

经过试制验证合格的创新菜品，在每个月月底前，由厨师长组织，配合创新菜品制作人根据创新菜品的选料、加工、烹调、质量等要求对粗加工、切配、打荷等岗位的厨师进行全面、严格的培训，直至其能够熟练操作、制作符合出品质量的新菜品后方可挂牌销售。

第四节　厨房员工安全管理

252　确保工作环境安全

安全的工作环境是员工生命及企业财产安全的保障，餐饮经理在对餐饮店进行规划的初期，应慎重考虑下列安全设施，以避免发生意外。

（1）所有设备都要定期检修和保养。

（2）走道和工作场所的照明要充足。

（3）地板应有防滑设施。

（4）出口处有明确标志。

（5）装潢及布局须以"安全第一"的原则来设计。

（6）灭火器、急救箱等紧急物品需置于方便取用之处。

（7）规划流畅的行动路线，避免碰撞。

253　预防割伤

预防割伤情况发生的措施具体如下所示。

（1）保持刀具的锐利，这样使用时不但施力较小且不易打滑。

（2）用砧板时可在砧板下垫湿毛巾，以避免砧板滑动。

（3）用刀时集中注意力，切勿心不在焉。

（4）不能将刀用作他用，如开瓶盖等。

（5）不能接滑落的刀子。

（6）不要将刀置于水槽或隐秘之处。

（7）清洗刀时刀刃要朝外。

（8）使用完毕后，立即将刀放回刀架上。

（9）易碎的碗、盘、玻璃杯等要远离菜品准备区。

（10）破碎的玻璃器具要扫起，而非用手捡起。

（11）扫起的碎片先用特殊物品包装起来再处理，不能直接丢入垃圾袋。

（12）若在水槽里打破碗、盘，需先将水沥干，然后设法取出碎片。

254　预防烫伤

预防烫伤的措施具体如下所示。

（1）不要徒手握热锅的锅柄。

（2）端热锅时要使用干抹布，不能用湿抹布，因为湿抹布遇到热锅产生的蒸汽可能会烫伤手。

（3）锅内食物不要装得太满，以免溢出。

（4）移动太重的容器时，应找人帮忙。

（5）打开锅盖时，要避开蒸汽（尤其是压力锅）。

（6）先点火，再开煤气。

（7）使用热锅时，应穿长袖及有双层护胸的衣服，以防止被锅内溅出物烫伤，禁止穿凉鞋。

（8）油炸食物时，先将食物的水分沥干，避免热油喷出，应沿锅的边缘将食物轻轻滑下，不可猛然投掷。

255　预防烧伤

预防烧伤的措施具体如下所示。

（1）明确灭火设备的位置并熟悉其功能和使用方法。

（2）必要时可用盐或苏打粉来紧急灭火。

（3）应避免使用油腻的工具。

（4）油在锅内加热时应派人看管。

（5）火警警报响时，若时间充裕，要先关掉煤气及电器。

（6）保持逃生通道畅通。

256　预防机器设备伤害

预防机器设备伤害的措施具体如下所示。

（1）不了解使用方法者不可随意启动机器。

（2）使用前仔细阅读使用手册，使用后立刻放回原位。

（3）机器正在运转时，不要将手伸入。

（4）清理前要先拔掉电源。

（5）手湿时不能碰电器设备。

（6）衣服大小适中，带子要系好，避免卷入机器中。

257　预防跌伤

预防跌伤的措施具体如下所示。

（1）有汁液溢出滴在地板上时，应立刻清理。

（2）地板太滑时，可撒一些盐防滑。

（3）保持走道及楼梯的畅通。

（4）避免徒手拿过重或过大的东西。

（5）不要在店内奔跑。

（6）拿取高处的物品时，应使用安全梯。

258　预防扭伤

预防扭伤的措施具体如下所示。

（1）提东西时要利用胸部肌肉而非背部肌肉。

（2）搬东西时，不要急转或扭动背部，并且留意脚下。

（3）搬运过重的东西时，应找人帮忙或利用工具搬运。

第十章　食品安全管理

导读 >>>

保障餐饮店的食品安全是餐饮经理的职责，餐饮经理必须对此高度重视。餐饮经理要采用各种措施，避免食物过敏和食物中毒等事件发生，同时要做好相应的处理工作。

> Q先生：A经理，我打算加强食品安全方面的管理，您在这方面有着丰富的经验，能给我一些建议吗？
>
> A经理：最近食品安全事件屡屡发生，所以我们在任何时候都不能放松对食品安全的管理工作。你要充分了解国家的最新政策，确保餐饮店的各项规定与之一致。
>
> Q先生：食物过敏和食物中毒一直是食品安全管理的两个重要方面，我该怎样加强这两个方面的管理工作呢？
>
> A经理：这两个方面的工作重在预防。对于食物过敏，你要了解食物过敏的反应和常见的食物致敏原，然后从采购、储存等方面做好预防工作；对于食物中毒，你必须了解食物中毒产生的原因，掌握预防食物中毒的方法，如细菌性食物中毒的预防，同时要做好对食物中毒事件的处理工作。

第一节　预防食物过敏

259　了解食物过敏反应

食物致敏原产生的过敏反应包括呼吸系统、肠胃系统、中枢神经系统、皮肤、肌肉和骨骼等不同形式的临床症状，但人体对食物的过敏反应大多是相对温和的。

（1）当个体摄入了相关的食物时，其中的食物致敏原可能会导致一系列的过敏反应。过敏反应通常会在一个小时内出现且症状明显。例如，呕吐，腹泻，呼吸困难，嘴唇、舌头或咽喉肿胀，血压骤降等。

（2）因吃某种食物产生的过敏或不适反应有可能在几小时或几天后才会出现，又叫作缓慢性过敏反应，主要症状有：湿疹、胃肠不适综合征、偏头痛、麻疹、鼻炎、全身乏力、哮喘、关节炎、疼痛、儿童多动症等。

（3）有一小部分人在过敏后有非常严重的甚至威胁生命的反应，即过敏性休克。过敏性休克是一种血压突然降低的现象，如不迅速治疗可能会致命。

260　了解常见食物致敏原

要做好食物过敏预防工作，一定要熟悉常见的食物致敏原。

1．常见的食物致敏原

常见的食物致敏原主要包括以下几种。

（1）"八大样"：蛋类、牛奶、花生、黄豆、小麦、坚果、鱼类和甲壳类食物。

（2）"八小样"：芝麻、葵花籽、棉籽、罂粟籽、水果、豆类（不包括绿豆）、豌豆和小扁豆。

（3）其他：柠檬黄、亚硫酸盐、胶乳。

2．主要致敏原及相关食品

主要致敏原及相关食品如表10-1所示。

表10-1 主要的致敏原及相关食品

食物致敏原类别	允许使用的原料或食品列表中包括 （但不仅限于）	常含有该原料 的食品举例
芹菜 （块根芹）	根、茎、叶	—
鸡蛋	蛋清蛋白、整卵、蛋黄、蛋清、溶解酵素、水解卵蛋白	蛋黄酱、蛋卷
牛奶	黄油、乳酪、酪蛋白、干酪、松软干酪、凝乳、乳清、乳球蛋白、乳糖、麦乳精、奶油、酪蛋白酸钠、酸奶油、酸乳酪、水解牛奶蛋白	人造黄油、奶油巧克力、冰淇淋、奶油冻、牛轧糖布丁
花生	花生酱、花生块、花生粉、花生蛋白、水解花生蛋白	混合坚果
大豆	大豆衍生植物蛋白或组织化植物蛋白质、味噌、豆腐、水解大豆蛋白	—
亚硫酸盐⁺	亚硫酸氢钠、偏亚硫酸氢钠、二氧化硫	葡萄酒、干果、粗加工土豆、干菜
小麦	麦麸、小麦提取物、糊精、粗麦粉、黑面粉、麦芽、细面粉、胚芽、明胶蛋白、淀粉，包括酶处理、酸处理或化学变性淀粉、粗粒小麦粉、水解麦粉	面包屑、饼干、面包、意大利面条
种子：棉籽、芝麻、葵花籽	本类中的每一种种子都应被看作独立的致敏原	—
海鲜类：甲壳类、软体类、鱼类	本类中的每一种海鲜都应被看作独立的致敏原	—
坚果：杏仁、巴西坚果、腰果、栗子、榛子、澳大利亚坚果、松子、开心果、美洲山核桃、核桃	本类中的每一种坚果都应被看作独立的致敏原	混合坚果、某些巧克力

261 做好食物致敏原预防工作

食物致敏原预防工作主要包括以下三个方面，具体内容如图10-1所示。

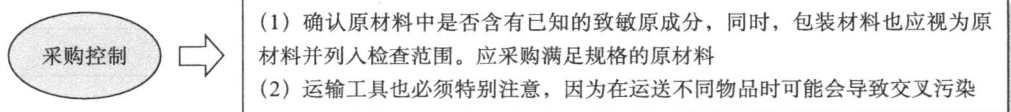

采购控制 ⟹ （1）确认原材料中是否含有已知的致敏原成分，同时，包装材料也应视为原材料并列入检查范围。应采购满足规格的原材料
（2）运输工具也必须特别注意，因为在运送不同物品时可能会导致交叉污染

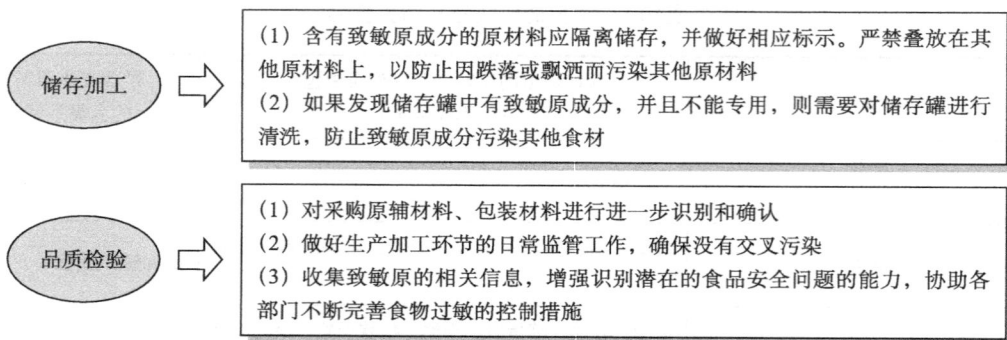

图10-1 致敏原预防工作

262 标示标注致敏原

对于食物致敏原,餐饮店要做好各种标示标注,以提醒顾客注意。

1．基本原则

(1) 致敏原标示标注应准确、清晰、醒目、持久。

(2) 致敏原标示标注应与菜品摆放在同一位置,易于就餐的顾客辨认和识读。

(3) 配料应在致敏原标示标注中加以提示,如含有小麦、牛奶和蛋类。

(4) 餐饮食品致敏原标示标注的字符高度不得小于5毫米。

2．致敏原标示标注要求

(1) 国家有关致敏原标注的标准《GB/T23779—2009预包装食品中的致敏原成分》明确规定,对含有如下列举的可能导致过敏反应的食品必须如实标注并标示,具体内容如表10-2所示。

表10-2 致敏原标注要求

食品种类	致敏原食品
含麸质的谷类及其制品	小麦、黑麦、大麦、燕麦、玉米等
甲壳类及其制品	蟹、虾
鱼类及其制品	鲈鱼、鳕鱼
蛋类及其制品	鸡蛋、鸭蛋
花生及其制品	花生

（续表）

食品种类	致敏原食品
大豆及其制品	大豆
乳类及其制品	牛奶、乳糖
坚果及其制品	杏仁、腰果、胡桃、板栗

（2）加入由两种或两种以上的其他配料构成的复合配料的食品，如含有（1）中所列举的可能导致过敏反应的食品，应进行标注。

（3）不能确定但可能含有（1）所列举的致敏原食品，可标注"可能含有××"或"不能保证不含有××"等警示语句。

第二节　预防食物中毒

263　了解产生食物中毒的原因

我国食品安全法明确了食物中毒的定义，指食用了被有毒有害物质污染的食品或食用了含有有毒有害物质的食品后出现的急性、亚急性疾病。

在餐饮店的经营过程中，食物中毒主要是由食品加工人员对食物的处理、烹制及保管不当等所致。根据餐饮企业中已发生的食物中毒案例来看，引发食物中毒的主要因素有如下几个方面。

（1）食品冷藏不当，如冷藏的温度不够低。

（2）食品加热处理不当，如食品加热的时间过短。

（3）食品保温储存不当，致使细菌繁殖。

（4）烹调后的菜品放置过久且未加热就直接食用。

（5）已感染病菌的工作人员接触过食品，尤其是成品。

（6）加工后的食品交叉污染。

（7）食用已污染的生食品或熟食品。

（8）容器、器具清洗不干净，残留有污垢。

（9）食材来源不安全。

（10）直接食用未做处理的剩余食品。

（11）误食有毒食物。

（12）食用发酵不良的食品。

（13）误食添加剂或不当使用。

如果餐饮经理在安全管理过程中多关注上述问题，采取有效措施抑制病菌（微生物）的生长和繁殖，就可将食品安全隐患降至最低，从而达到有效预防食物中毒事件的发生。

264 明确预防食物中毒的要求

预防食物中毒有以下三大要求，具体内容如表10-3所示，餐饮店必须严格遵守。

表10-3 预防食物中毒的要求

名称	具体内容
保持加工过程的清洁	餐饮经理应要求厨房员工在烹饪前，一定要把手部彻底洗干净，加工用的器具（如餐具、砧板、抹布等厨房用品），应该用水或消毒药水反复清洗，洗干净后如果有条件应在太阳下暴晒。抹布必须经常用清洁剂清洗，洗净后应保持干燥 食材加工人员如果手上有伤口或脓疮，应戴上手套或指套后再从事加工工作，否则脓疮里面的细菌会污染到食材。食材应妥善保存，以免被老鼠、蟑螂、苍蝇等污染
食材不要存放太久	食材放置的时间越短细菌繁殖数量越少。所以，食材采购回来后，不要放太久，应尽快烹饪供食，尤其是生的食材越快处理越好，即使是加工好的食材也要尽快处理，所以餐饮店应事先做好估算工作，每次加工的食材不要过多
注意食物的加热与冷藏	细菌通常不耐热，大部分细菌在加热到70℃以上都会被杀掉，因此把食物加热以后再食用比较安全；细菌比较耐冷，虽然冷藏以后不会死掉，但是在低温环境下不易繁殖，并且温度非常低时细菌根本不能繁殖，能够防止细菌繁殖的温度是5℃以下

265 预防细菌性食物中毒

细菌性食物中毒的预防方法如下。

（1）严格选择原料并在低温下运输、储藏。

（2）烹调时通过高温杀死细菌。

（3）注重卫生环境，防止病菌污染食物。

不同细菌的预防措施如表10-4所示。

表10-4 不同细菌的预防措施

细菌	污染	预防措施
沙门氏菌	沙门氏菌产生在人和动物的肠道内，病原菌的媒介食物通常是鸡肉、火鸡肉、猪肉、牛肉、牛乳和蛋等。此类食材由于冷藏不当或在厨房工作台上交叉污染，从而可能引起食物中毒	(1) 工作人员应定期进行健康检查并保持个人卫生，避免带菌工作；保持加工场所的清洁，防止鼠类和蝇蚊等害虫进入厨房 (2) 不能将熟食长时间放置在室温下，应及时冷藏 (3) 加工蛋类食物时应防止带菌污染
副溶血性弧菌	分布于海水中，病原菌的媒介食物是海产品。中毒发生期以6月～8月最多	(1) 利用冷冻和冷藏抑制细菌繁殖。温度为10℃时繁殖缓慢，5℃～8℃时可抑制细菌繁殖 (2) 加热杀菌。通常在60℃时加热10分钟即可杀死该细菌 (3) 盛装海产品的盛器必须洗涤干净，以免间接污染 (4) 不生食海产品
葡萄球菌	主要来源是伤口化脓、鼻炎和咽喉炎患者的分泌物。葡萄球菌耐高温，在100℃的条件下加热30分钟也不会被杀死	(1) 感冒、受伤及有咽喉炎、鼻炎的工作人员不能参与食物制作 (2) 食物应及时冷藏，因为在7℃以下葡萄球菌不能繁殖
肉毒梭菌	肉毒梭菌主要是随泥土或动物粪便污染食物。通常会引起中毒的食物有肉类罐头、臭豆腐、腊肉等	(1) 罐头要充分加热后再食用 (2) 食品应冷藏，肉毒梭菌在10℃以下很难繁殖 (3) 在肉制品及鱼制品中加入食盐或硝酸盐有抑菌的作用 (4) 防止食物受土壤及动物粪便的污染
黄曲霉毒素	黄曲霉毒素是黄曲霉菌的代谢产物，可致癌	(1) 花生、大豆、大米等应储藏于低温、干燥处 (2) 以上几种食物发霉后不可食用

266 预防化学性食物中毒

化学性食物中毒的预防措施具体如下所示。

（1）采购人员必须从可靠的供应商处采购食材。

（2）化学物质要在远离食材处安全存放并由专人保管，餐饮经理应随时抽查。

（3）不使用含有有毒物质的器具、容器、包装材料，如使用含有铜、锌、镉、锡、铅等的器具，此类器具在盛装酸性液体食材或腐蚀性食材时，其盛器金属成分易溶入食物中。塑料包装材料应选用聚乙烯、聚丙烯材料制成的制品。

（4）在厨房使用化学杀虫剂时，应小心谨慎并由专人负责。

（5）清扫厨房时，化学清洁剂必须远离食物。

（6）蔬菜、水果要洗涤干净，以消除残留的杀虫剂。

（7）食品添加剂的使用应严格执行国家规定的品种、用量及使用范围。

267　预防有毒食物中毒

有毒食物中毒的预防措施具体如下所示。

（1）毒蕈草含有毒素且种类很多，所以只可食用无毒的蕈类，可疑蕈类不得食用。

（2）食用白果时要加热、少食，切不可生食。

（3）马铃薯发芽和发青部位有龙葵素毒素，加工时应去除干净。

（4）苦杏仁、黑斑甘薯、鲜黄花菜、未腌透的腌菜不能食用。

（5）烹调秋扁豆、四季豆时要彻底煮熟，不可生食；木薯也不宜生食。

（6）死甲鱼和贝类不能食用。

（7）河豚有剧毒，不能食用。

（8）不新鲜的且含组氨酸高的鱼类不能选用。

（9）不得购买或加工带有米芯肉的猪肉。

268　处理食物中毒事件

如果餐饮店发生食物中毒事件，餐饮经理应及时进行处理，防止危害进一步扩大，并制定相关预防措施。食物中毒事件的处理是一项技术性、政策性很强的工作，也是对餐饮经理的考验。对食物中毒事件的处理包括以下四个方面。

1．人员的处理

餐饮经理要对中毒者进行紧急处理并及时报告当地相关部门，具体的处理方法如下所示。

（1）告知其他人员停止食用有毒食物。

（2）采集中毒者呕吐物、排泄物的标本，以备送检。

（3）帮助对中毒者进行急救治疗，主要包括急救（催吐、洗胃和灌肠）、对症治疗和特殊治疗。

2．有毒食物的处理

有毒食物的处理方法如下所示。

（1）保护现场、封存有毒食物或疑似有毒的食物。

（2）追回已售出的有毒食物或疑似有毒的食物，妥善保管，以备查。

3．中毒场所的处理

餐饮经理要根据不同的有毒食物，对中毒场所采取相应的消毒措施，主要的处理方法如下所示。

（1）接触过有毒食物的炊具、食具、容器或设备等，应进行煮沸或蒸汽消毒，或者用热碱水、0.2%～0.5%漂白粉溶液浸泡擦洗。

（2）对中毒者的呕吐场所用20%石灰乳或漂白粉溶液消毒。

（3）在必要时对顾客中毒的现场进行室内外彻底的卫生清理，以0.5%漂白粉溶液冲刷地面。属于化学性食物中毒的，应销毁包装食物的容器或改作非食用用具。

4．责任事故处理

食物中毒事件，尤其是造成重大人员伤亡的，要依据《中华人民共和国食品安全法》及有关法规，对造成食物中毒的个人或单位进行相应的处理。

269 处理食物中毒投诉

顾客因食物中毒而投诉餐饮店时的处理步骤具体如下。

（1）餐饮经理接到顾客的投诉后，应立即向顾客了解就餐时间及消费的菜品。

（2）请顾客出示医院诊断书，餐饮经理亲自查看诊断书的内容。

（3）告知顾客餐饮店的处理办法，并征询顾客的意见，如顾客提出赔偿要求，须立即告知顾客餐饮店将会给其一个满意的答复。

（4）餐饮经理应立即组织人员对顾客消费时间段的相应食物进行检测，同时派人前往医院了解顾客的具体情况。

（5）在确定导致顾客中毒的不是本餐饮店的食物时，与顾客取得联系，将检测结果告诉顾客。

（6）若确定导致顾客中毒的是本餐饮店的食物，餐饮经理应与顾客商量赔偿办法。

第十一章　餐饮店营运安全管理

导读 >>>

　　安全是餐饮店有序营运的前提，是餐饮店实现效益的保证，是保护顾客与员工利益的根本。作为餐饮经理，要时刻把餐饮店的营运安全放在重要的位置。

　　A经理：安全营运也是吸引顾客光临餐饮店的重要指标之一，因此安全控制工作是餐饮经理现场管理的重要工作内容。

　　Q先生：那安全管理包括哪些方面呢？

　　A经理：安全管理包括员工安全、顾客安全、财产安全、消防安全等。安全问题之所以成为现场管理的重要内容是因为安全无小事，任何不安全都会造成一定的损失。

　　Q先生：我觉得安全管理应以预防为主，实施事前控制。

　　A先生：是的。另外，在营运现场的管理中，餐饮经理除应按流程实施常规性管理外，还要应对与处理一些突发事件。

第一节　餐饮店人、财、物的安全防范

安全是有序营运的前提，安全是餐饮企业实现效益的保证，是从根本上保护顾客与员工的利益。餐饮店要确保顾客与员工的人、财、物的安全，必须做好防抢、防偷、防意外、防火、防台风、防爆、防地震工作。

270　防抢劫

餐饮经理应强化员工的警觉性，对于出入店内的人、事、物都要提高警惕，预防抢劫案的发生。

1. 餐饮店遇到抢劫的应变措施

（1）餐饮店遇到抢劫的应变通则

抢劫多发生在餐饮店打烊后或深夜时刻，当发生抢劫案时，当事人首先要想办法尽快让歹徒离去，因为歹徒在店内停留的时间越久，对员工及顾客造成伤害的可能就越大。其处理要则如图11-1所示。

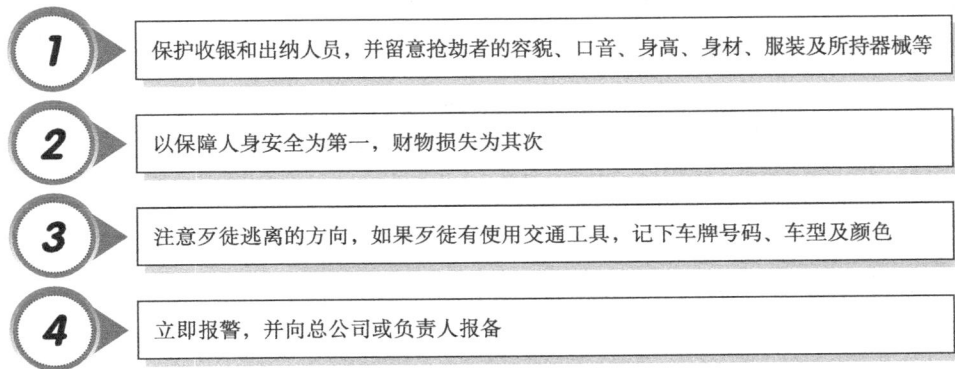

1 保护收银和出纳人员，并留意抢劫者的容貌、口音、身高、身材、服装及所持器械等

2 以保障人身安全为第一，财物损失为其次

3 注意歹徒逃离的方向，如果歹徒有使用交通工具，记下车牌号码、车型及颜色

4 立即报警，并向总公司或负责人报备

图11-1　餐饮店遇到抢劫的应变通则

（2）各级人员的处理细则

各级人员的处理细则如图11-2所示。

收银人员	其他员工
尽量满足歹徒的要求，将钱交出，切勿反抗；不要与歹徒发生争执，也不必主动提供信息，只需简短回答其问话即可	保持冷静，不要乱跑，以免激起歹徒的暴力倾向，当然尽可能地离歹徒越远越好；机警并留意歹徒的特征

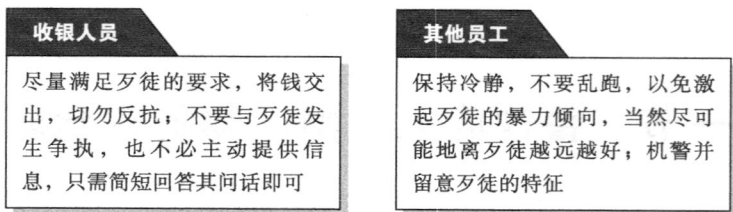

图11-2 餐饮店各级人员遇到抢劫时的处理细则

2．被抢善后处理原则

（1）各级管理人员

①马上报警，并向警察提供有关抢劫案发生的始末及任何有关歹徒的线索，如容貌、口音、身高、身材、服装、所持器械以及逃走时所乘交通工具的车号、车型、颜色及逃逸方向等。

②确定损失的金额。

③把门锁上，尽量保持案发现场的完整，直到警察抵达。

④要求员工镇静，不要讨论所发生的事件。

（2）所有员工

远离案发现场，不要触碰任何东西，不要讨论所发生的事件。

3．可疑情形及应对措施

在日常的营业中，餐饮经理应教育员工密切注意可疑情形并了解应对措施。常见可疑情形及应对措施具体如图11-3所示。

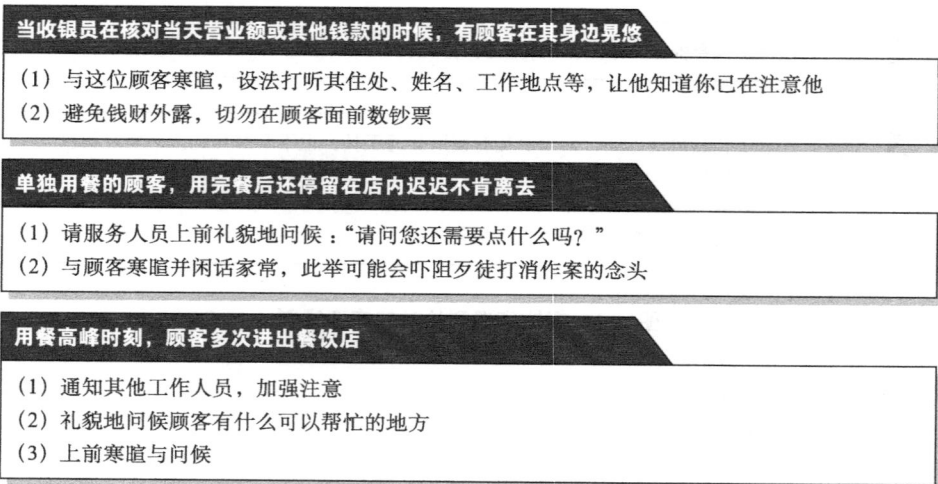

当收银员在核对当天营业额或其他钱款的时候，有顾客在其身边晃悠
（1）与这位顾客寒暄，设法打听其住处、姓名、工作地点等，让他知道你已在注意他
（2）避免钱财外露，切勿在顾客面前数钞票

单独用餐的顾客，用完餐后还停留在店内迟迟不肯离去
（1）请服务人员上前礼貌地问候："请问您还需要点什么吗？"
（2）与顾客寒暄并闲话家常，此举可能会吓阻歹徒打消作案的念头

用餐高峰时刻，顾客多次进出餐饮店
（1）通知其他工作人员，加强注意
（2）礼貌地问候顾客有什么可以帮忙的地方
（3）上前寒暄与问候

天气酷热，顾客却穿着外套，可能藏有器械

（1）通知其他工作人员留意他（她）
（2）礼貌性地上前问候和交谈，并询问店内的温度他（她）是否满意

车子停泊在店门口或停车场，并且有人在车上等候

（1）试着确认车上的人是否正在等候店内用餐的顾客
（2）如有可能，观察并记下该车的车号、车型、颜色及停留的时间

餐饮店打烊后还有车子停在店外

（1）观察驾驶者并记下该车的车号、车型、颜色及停留的时间
（2）确认车上的人是否在等候店内用餐的顾客

一个人或一群人在餐饮店门外闲逛、逗留

（1）密切观察其有无可疑行为并记下其身材特征
（2）如果有充分的理由，可礼貌地请对方离开，以确保安全
（3）如果对方持续在店外闲逛，则可视情况打电话报警

打烊后，有人敲门

（1）应安装保全系统
（2）打烊后，勿让任何人进来（如借用厕所或借打电话等）

图11-3　常见可疑情形及应对措施

271　防偷

１．防止员工偷窃

在餐饮店的日常经营中，人多事杂，当发现餐饮店的员工有偷窃行为时，其处理通则如下：

（1）规定贵重物品严禁携至店内，如有必要，则交由柜台保管。

（2）发薪日现金或薪资支票锁于保险柜中，下班的员工方可领回，领完钱最好随即离店，无事勿在店内逗留。

（3）抓到偷窃者立即开除，绝不姑息。

２．防止外人偷窃

（1）餐饮店硬件设备方面

餐饮店硬件设备方面，具体如图11-4所示。

门窗	（1）后门要安装猫眼，利用猫眼确认想要从后门进来的人，后门最好保持锁着的状态 （2）如果后门没有猫眼装置，则请想从后门进来的人改从前门进入 （3）后门的门面不要有手把或其他类似部件，要使后门只能从店内打开 （4）检查门窗，如有玻璃破损及任何螺丝脱落的情况，应立即找人修理 （5）控制餐饮店钥匙的数量，只限分配给餐饮经理或开店及打烊的管理人员 （6）建立钥匙记录簿，务必要求钥匙持有者签名
储藏间和巨型铁质垃圾桶	储藏间须上锁，确认巨型铁质垃圾桶完好并保持紧闭
灯光照明	（1）在阴雨天和天将黑时，要打开餐饮店外围的灯光 （2）在天黑时，要打开招牌灯 （3）投射灯须能照到走道、后门、前门及外围景观 （4）营业时间用餐区的灯光须打开 （5）不亮的灯须随时维修或更换
店面外的景观	经常检查建筑物的前后及室外垃圾处理区（如果有的话），尤其有庭院的餐饮店要检查是否杂草丛生，一旦植物生长过高或过于茂盛，不但影响视野的清晰度，更易成为歹徒的躲藏之处

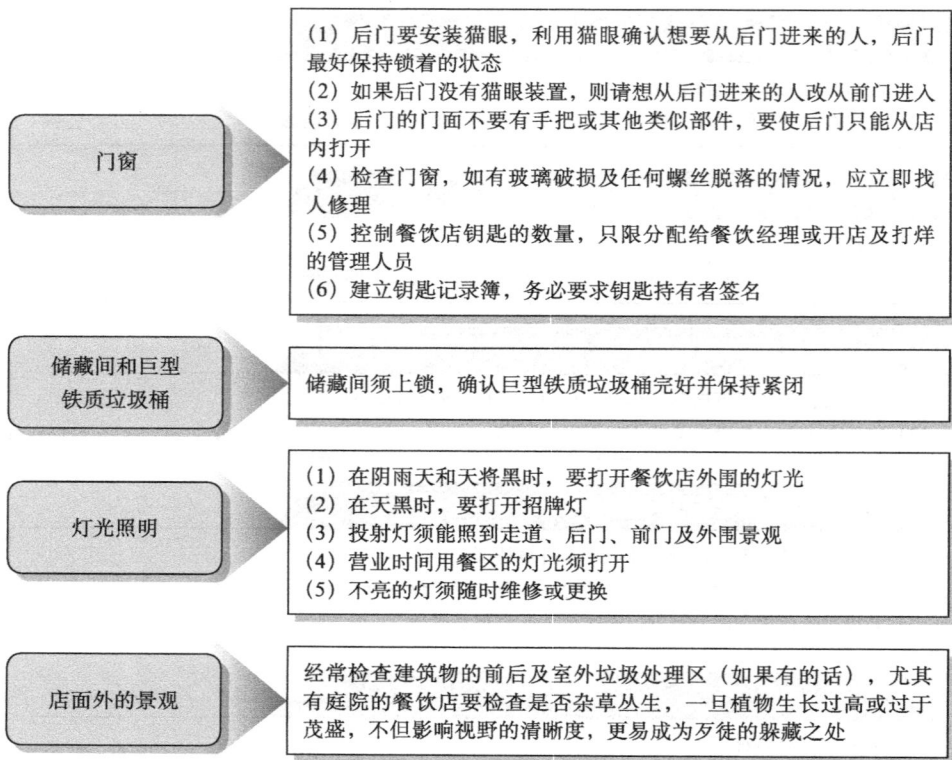

图11-4　餐饮店硬件设备方面的措施

（2）营运安全管理

①餐饮店开店的安全

每天第一个抵达餐饮店的工作人员，应先环绕店面一周，检查窗户是否破损，门是否打开，巨型铁质垃圾桶是否开着，以及任何其他可疑的现象。然后将车停在餐饮店前门而非后门，从前门进入餐饮店。在餐饮店营业之前，再将车子移到餐饮店后门，将餐饮店前面的停车位留给顾客使用。

②打烊的安全步骤

打烊的安全步骤如图11-5所示。

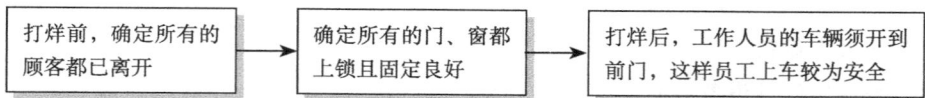

打烊前，确定所有的顾客都已离开	→	确定所有的门、窗都上锁且固定良好	→	打烊后，工作人员的车辆须开到前门，这样员工上车较为安全

图11-5　打烊的安全步骤

272　防意外

1．预防措施

（1）一旦地面有油渍、水渍、汤汁或食物，必须马上清理干净。

（2）清除工作区、走道、储藏区及进出口的障碍物。

（3）修理或更换有缺口的桌、椅和其他物品。

（4）确保高脚椅稳固。

（5）更换有缺口或破损的器皿、器具或设备。

（6）刀叉等尖锐用具及厨房器具要正确使用及储存。

（7）笨重物品储存要稳固。

（8）指导相关人员各项电器设备的正确使用、保养及清洁方法。

（9）定期检查插座、插头、电线、电路开关，如果有破损，应立即请专人修理。

2．急救箱

餐饮店的急救箱应摆放在固定位置，当防意外发生时可迅速取用。

273　防火

1．防火措施

厨房是烹饪食物的场所，燃烧使用火种频繁，稍有不慎就容易引发火灾。餐饮店发生火灾的原因除烹饪燃烧火种外，还有电线漏电、马达机械损坏、瓦斯漏气、油料外泄及故意纵火等。餐饮店防火应注意的事项如下。

（1）应保持厨房清洁，染有油污的抹布、纸等杂物，应随时清除，常清洗炉灶，以免火种飞散，引起火灾。

（2）炒菜时切勿随便离开，或者分神处理其他厨务，或者与他人聊天。

（3）油锅起火时，应立即关闭炉火，除去热源，并用锅盖紧闭，使之因缺氧而熄灭；锅盖不密时，可把酵粉或食盐倾入以使火焰熄灭。

（4）工作时切勿抽烟。

（5）易燃、易爆危险物品不可靠近火源附近，如酒精、汽油、木柴、瓦斯钢瓶、打火机等，此类物品不可放置在炉具或电源插座附近。

（6）马达动力机器使用过久，会因太热而起火，应密切注意定期检修和维护保养。

（7）所有开关及插座都应有覆盖壳。

（8）所有有关电的工程，都应由合格的电工完成。

（9）用电烹煮食物时，须防烧干起火，厨房用电时切勿利用分叉或多口插座，或者同时使用多个电器，以防止超负荷而致电线着火。

（10）电线配线老旧、外部绝缘体破裂或插座损坏，应立即更换或维修。发现电线着火时，应迅速切断电源，切勿用水灭火，以防触电。

（11）使用瓦斯炉、瓦斯管线时，不要靠近电气线路或电源插座。炉具及钢瓶经检验不合格者，不可使用。

（12）使用瓦斯钢瓶时不可横放，管线及开关不可有漏气现象。点火和熄火时应采用正确的方法，点火之前不要让大量瓦斯喷出。熄火时，应关闭管制龙头（切断瓦斯来源即熄）。

（13）可用肥皂水检查瓦斯管及接头处是否有漏气现象，以金属瓦斯管代替橡胶管，可防虫咬或鼠咬。

（14）抹布不要放在烤箱、煎板或正在煮的锅上烘干。

（15）如闻到烟味，应立即察看每个热源处。

（16）每日工作结束时，必须清理厨房，检查电源、瓦斯、热源火种等开关是否关闭。

（17）平时应加强对员工的消防宣传，训练员工正确使用消防器材。

2．火灾应变措施

（1）如果是餐饮店内的火警，应立刻切断瓦斯及电源，如火势不大，可用灭火器灭火，切勿惊慌大叫。

（2）如果火势太大无法控制，应立即拨打119报警，并打开安全门，让顾客循序逃出。店内员工应保持镇定，稳定外场秩序，员工最后再循序离去并报备管理层。

（3）如果是隔壁或楼上发生火灾，应查看火势大小，确定是否会波及本店，处理方式同（1）及（2），切勿惊慌失措。

（4）如果是电线着火，应立刻切断电源，切勿用水灭火，以免火势蔓延，尽量用隔离空气法灭火。

（5）如果是瓦斯漏气，尚未酿成火灾，应立刻切断瓦斯总开关，打开门窗并尽快切断火源、电源，等瓦斯散尽后再打开电源，以免发生爆炸。

（6）如果是瓦斯泄漏引起火灾，灭火方法为：切断瓦斯，隔绝空气，降低周围的温度，用泡沫灭火器灭火。

3．火灾疏散顾客引导要领

（1）利用广播告知顾客火灾地点。

（2）优先疏散最靠近火灾处的顾客。

（3）优先疏散老弱妇孺。

（4）疏散当中如遇浓烟迫近时要使用湿手帕、湿毛巾将鼻、口掩住。

（5）疏散时不可使用电梯。

（6）指导疏散时要注意安全。

（7）将顾客疏散至安全地带后，禁止其返回取物。

（8）关闭火灾区域的防火门，在此之前要先确认有无人员未疏散。

（9）检查餐饮店内是否还有人。

274　防台风

（1）检查门窗是否坚固，开关有无锈蚀失灵。

（2）关闭非须开着的门窗。

（3）检查电路、瓦斯，注意炉火，慎防火灾。

（4）准备照明手电筒及电池（不可使用蜡烛），以防停电。

（5）多备一些食物并节省用水。

（6）应取下餐饮店内外各种悬挂物件、花盆及易被吹落物，以防伤人。

（7）台风过后，立刻打扫餐饮店的卫生，清除污物，喷洒消毒药物。

（8）若台风引发水灾，应将易被浸坏的用具、设备、物品垫高或移往高处。

（9）如果餐饮店内进水，不可打开电源，以防触电。

275　防爆

为防范歹徒先放置爆炸物，然后再进行恐吓、勒索或扰乱秩序，餐饮经理及员工应注意以下事项。

（1）各部门办公室的门应随时保持关闭状态，尽量不在办公室内接待访客，遇有访客至办公室须询问其身份，不接受顾客寄存任何物品，如必须接受顾客寄存的物品时，应了解寄存者的身份，记明寄存时间，在该寄存物上标示清楚。

（2）离开办公室时，若短时间内不能返回，抽屉及橱柜务必锁上。

（3）下班后务必关窗、关门、关灯。

（4）办公室、仓库应随时保持整洁，一切公、私物品均放置在固定位置，便于发现可疑物，凡发现不属于本餐饮店的物品，切勿随便移动，应立即告知经理。

（5）任何工作人员发现可疑物或可疑情况时，应立即告知经理，对该可疑物或可疑情况严密监视，不触摸、不移动，尽可能保持原状，等待警察前来处理。

276　防地震

餐饮店对地震的预防与应变措施如图11-6所示。

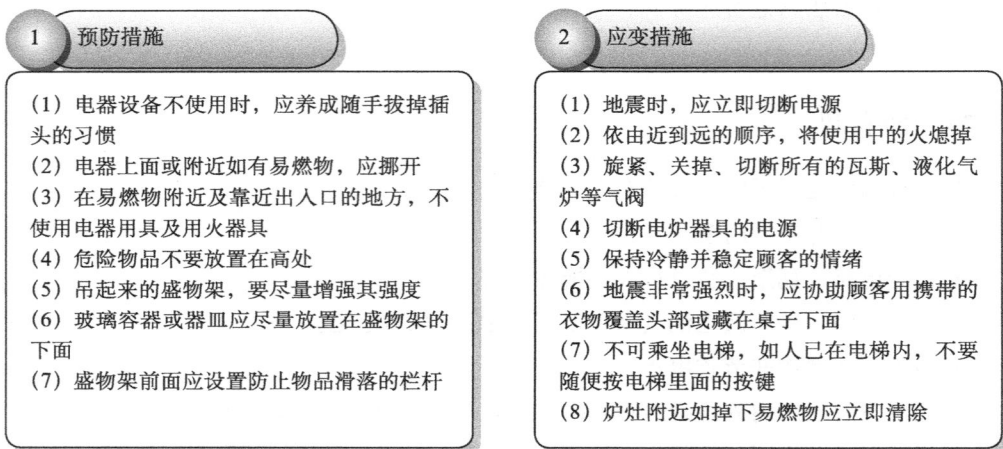

1　预防措施

（1）电器设备不使用时，应养成随手拔掉插头的习惯
（2）电器上面或附近如有易燃物，应挪开
（3）在易燃物附近及靠近出入口的地方，不使用电器用具及用火器具
（4）危险物品不要放置在高处
（5）吊起来的盛物架，要尽量增强其强度
（6）玻璃容器或器皿应尽量放置在盛物架的下面
（7）盛物架前面应设置防止物品滑落的栏杆

2　应变措施

（1）地震时，应立即切断电源
（2）依由近到远的顺序，将使用中的火熄掉
（3）旋紧、关掉、切断所有的瓦斯、液化气炉等气阀
（4）切断电炉器具的电源
（5）保持冷静并稳定顾客的情绪
（6）地震非常强烈时，应协助顾客用携带的衣物覆盖头部或藏在桌子下面
（7）不可乘坐电梯，如人已在电梯内，不要随便按电梯里面的按键
（8）炉灶附近如掉下易燃物应立即清除

图11-6　餐饮店对地震的预防与应变措施

第二节　餐饮店突发事件应急处理

突发事件就是突然发生的重大事件。在餐饮店内可能会发生的突发事件有烫伤、烧伤、腐蚀性化学制剂伤害、电伤、顾客突然病倒、顾客跌倒、顾客出言不逊、顾客丢失财物、顾客打架闹事、突然停电等，对于上述情况，餐饮经理应能够事先预见，制定应急处理措施并对员工进行培训、演练。

277　烫伤

（1）用流动的自来水冲洗被烫伤的部位或是直接将烫伤部位浸泡在水中，以便皮肤表面的温度可以迅速降下来。

（2）在被烫伤的部位充分浸湿后，再小心地将烫伤表面的衣物除去，必要时可以利用剪刀剪开，如果衣物已经和皮肤黏在一起，可以暂时留下衣物，此外，不可将烫伤部位的水泡弄破。

（3）继续将烫伤的部位浸泡在冷水中，以减轻伤者的疼痛感。但不能泡太久，应及时去医院，以免延误最佳的治疗时机。

（4）用干净的布将伤口覆盖起来，不可自行涂抹任何药品，以免引起伤口感染和影响医生的判断与处理。

（5）尽快将被烫伤者送往医院接受治疗。如果伤势过重，最好将伤者送到设有整形外科或烧烫伤科的医院。

278　烧伤

（1）如果顾客身上着火，应该告知顾客用双手掩盖脸部并让其立即倒地翻滚以让火熄灭，或者立刻拿桌布等大型布料将伤者包住、翻滚，以便将火熄灭。

（2）等火熄灭后，再以烫伤的急救步骤来处理。

279　腐蚀性化学制剂伤害

（1）无论是哪种化学制剂，都应该用大量的清水冲洗患处，而且清洗的时间至少要持续30分钟，尤其当眼睛受到伤害时，更要立即睁开眼睛用大量清水冲洗。

（2）立刻将伤者送往医院接受治疗。

280　电伤

（1）先切断电源或用绝缘体将电线等物移开，接着应立即检查伤者是否还有呼吸和心跳，如果呼吸和心跳停止，应立即对其实施人工呼吸。

（2）如果被电伤者的伤势比较严重，应直接将其送往医院。

281　顾客突然病倒

顾客在餐饮店用餐时，有可能会发生一些意想不到的情况，突然病倒就是其中之一。遇到就餐的顾客突然病倒时，服务人员应按照以下方法处理。

（1）保持镇静。遇到顾客突然发病时，服务人员要保持镇静，首先要打120，再通知餐饮店的有关部门，采取一些必要的抢救措施。

（2）如果顾客昏厥或摔倒，不要随意挪动顾客。服务人员要认真观察病人的情况，帮助顾客解开领扣，打开领带，等待急救医生的到来并按医生的吩咐做一些力所能及的事情。

（3）对于顾客在进餐过程中或进餐后尚未离开餐饮店时，就突然出现肠胃不适等病症，服务人员也要尽量帮助顾客。与此同时，服务人员不要急于清理餐桌，要保留顾客食用过的食物，留待检查化验，以便分清责任。

282　顾客跌倒

顾客在餐饮店跌倒时，服务人员应主动上前将顾客扶起，安置顾客暂时休息，细心询问顾客是否摔伤，如果伤势严重应马上送医院，事后要检查原因，引以为鉴并及时向上级汇报，同时做好登记，以备查询。

283　顾客出言不逊

有些顾客会对服务人员出言不逊，甚至出口伤人，这种事情也时有发生。情况不同，对待和处理的方式也不一样。如果是顾客自身的素质较低，不懂得在公共场合保持应有的言行举止，服务人员可以冷静对待，一般不要与其计较；如果顾客的言行十分过分，服务人员可以冷静地让顾客注意其言行，有必要的话，还可以报告领导和有关部门出面协助处理。如果顾客是出于受到怠慢而出言不逊，服务人员应该立即向顾客道歉。

总之，遇到出言不逊的顾客时，服务人员首先应以礼相待，晓之以理，若问题并未解决，也不能以粗对粗，而应及时通知有关部门协助处理，用文明的方式解决纠纷。

284　顾客丢失财物

为了防止发生顾客丢失财物的现象，当顾客来餐饮店就餐时，服务人员应适时提醒顾客注意保管好自己的财物。

如果顾客在餐饮店丢失了财物，服务人员应表现出同情与关心，问清顾客用餐的具体位置、餐桌的台号、丢失物品的件数和特征等。经过寻找仍没找到，可以请顾客留下联系地址和电话号码等，以便一有信息可以及时告知。

有些顾客因在餐饮店丢失物品，可能会对餐饮店的环境或服务人员产生怀疑，有时甚至当场说一些很难听的话，服务人员应坦诚相待，不急不恼，认真查找，以自己的实际行动来替顾客排忧解难。

285　顾客打架闹事

如果顾客在餐饮店打架闹事且不听劝告，餐饮经理应马上打110，请警察出面解决，以维持餐饮店的正常营业秩序。

（1）服务人员在劝阻打架闹事的顾客时，要注意方法，态度上要尊敬对方，言语上要用词恰当。

（2）一般来说，顾客在餐饮店打架闹事多是一时冲动，只要服务人员能及时、恰当地劝阻，一般都会平息下来。

286　突然停电

在餐饮店正常营业期间如果遇到突然停电，服务人员要保持镇静，首先要安抚顾客的情绪，然后立即开启应急灯，或者为顾客点燃备用蜡烛。服务人员应立即与有关部门取得联系，问清楚停电的原因，如果是餐饮店的供电设备出现了问题，应立即找人检查、维修，在尽可能短的时间内恢复供电。如果是地区停电或其他一时不能解决的问题，应采取相应的对策。对在餐饮店用餐的顾客继续提供服务，向顾客表示歉意，并暂停接待新顾客。

第十二章　餐饮卫生管理

导读 >>>

　　餐饮卫生管理的目的是确保餐饮店干净、整洁、无虫害，这是从基本层面保证餐饮店的食品安全。因此，餐饮经理必须对餐饮店的卫生进行严格管理，如加强员工的卫生管理、生产场所的卫生管理等。

　　　　　　Q先生：A经理，餐饮店的卫生状况不太好，我想加强餐饮店的卫生管理，请问您有什么好的建议吗？

　　　　　　A经理：你可以从员工的个人卫生管理做起，同时加强对生产场所的卫生管理，如经常清洗墙壁、清洁门窗和增设防蝇设施等。当然，食物及加工设备卫生管理最为重要。

　　　　　　Q先生：嗯，我打算开展一场清除虫害的行动，您认为怎么样？

　　　　　　A经理：你的想法很好。蟑螂、苍蝇等虫害容易污染食物、传播疾病，必须将它们清除干净。同时也要处理各种垃圾，如液态垃圾、固态垃圾等。

第一节　生产场所卫生管理

287　墙壁清洁工作

不同材质的墙壁的清洁方法具体如表12-1所示。

表12-1　不同材质的墙壁的清洁方法

类别	具体内容	备注
瓷砖	（1）用湿抹布或浸润清洁剂溶液的抹布全面擦拭 （2）注意着重清洁墙脚线较低的位置，因为此区域容易溅染污水和杂物等。在清洁此处时，可采用软刷刮擦的方法	对离地面较低的墙壁及墙角处的干结物，可用毛刷蘸清洁剂洗刷
喷塑、涂料粉刷装饰的墙壁	（1）主要用吸尘器或扫帚进行清洁 （2）对局部较脏、污垢较多的地方，可用湿抹布进行擦拭或在墙壁或天花板上喷洒清洁剂，然后再用抹布擦拭 （3）对墙壁上的排气口部位、灰尘较多的地方及无法使用吸尘器的墙角等处，可用软刷或干抹布擦拭	

288　门窗与防蝇设施清洁工作

厨房的门窗也是比较容易沾染污物的地方，主要是由于工作人员领取和搬运食材时出入频繁所致。厨房的门主要包括门扇、门框、拉手、防蝇门帘等，具体清洁方法如表12-2所示。

表12-2　门窗与防蝇设施的清洁方法

设施	具体清洁方法	备注
门与门框	（1）粗加工、切配、烹调、餐具的清洗和消毒等场所的门应采用易清洗、不吸水的坚固材料制作。食材处理区的门应装配严密，与外场直接相通的门、各类专用房间的门应能自动关闭 （2）先用湿抹布擦拭门框，并用干净的抹布擦拭两遍，然后用浸润过清洁剂溶液的抹布把门框自上而下、从外到内擦拭一遍，再用清水把抹布洗涤干净，按同样顺序把门框擦拭一遍 （3）对门上方的玻璃，分别用湿、干抹布各擦拭一遍；对门下方的木板，应先用长柄软刷蘸水刷洗一遍，再用干净抹布擦拭干净	对门及门框的清洁标准是无污物、无污迹、无油渍、无水迹

设施	具体清洁方法	备注
窗	（1）摘下纱窗后，用软毛刷蘸清洁剂溶液洗去窗框、横梁、窗台、玻璃上的油渍、杂物、灰尘 （2）用清水冲洗干净，然后用湿抹布将窗框、横梁、窗台擦拭干净 （3）用不掉绒毛的软干布或吸水性较好的纸巾把玻璃内外的水分擦干，然后用干净抹布蘸酒精擦拭一遍 （4）将清洁后的纱窗安装在原来的位置上	—
纱窗	（1）摘下纱窗，用软毛扫帚将纱窗上的灰尘扫除干净 （2）用软毛刷蘸清洁剂溶液刷洗一遍 （3）将纱窗用清水清洗干净，晾干	—
拉手	（1）开餐后每隔1小时清洁一次 （2）拉手及其周边区域一般先用湿抹布擦拭一遍，以除去污迹 （3）用干净的抹布蘸消毒剂擦拭一遍 （4）再用干净的干抹布擦拭一遍，以免黏滑	—
灭蝇灯	每日营业结束时进行清洁	—

289　下水道及水管清洁工作

由于下水道或水管安装不妥而引发传染病和食物中毒的情况时有发生，原因一般是饮用水管和非饮用水管交叉安装、污水管滴漏、下水道堵塞、污水倒灌，造成食物和炊具的污染。

因此，凡是有污水排出以及用水龙头冲洗地面的场所，如粗加工间、炉灶、厨房洗涤间等，均须有单独的下水道和窨井且窨井直径较大，以免在冬季因油垢冻结而引起阻塞。饮用水管都应设有防倒流装置，非饮用水管应有明显的标记。应避免将饮用水管和污水管交叉安装。

290　通风、照明设备清洁工作

通风、照明设备的清洁工作如表12-3所示。

表12-3　通风、照明设备的清洁

内容	详细说明
通风设备	厨房应安装排烟罩、排气罩，以排出由烹调、洗涤产生的油烟、湿气、热气和不良气味，防止油烟、水汽在墙壁和天花板上凝聚下滴而污染食物、炊具；同时应有通风设备，以调节厨房内的温度
照明设备	餐饮店的厨房、楼面、仓库、洗涤间、卫生间等应根据实际需要安装相应的灯光设备。另外，应在厨房、楼面等重要场所安装防爆灯具或使用防护罩，以免灯泡爆裂时伤到人或掉入食物内

291　洗手池设备清洁工作

洗手设备应按时检修、清扫，及时补充卫生用品。厨房内的洗涤设备、洗厨具用的水池不能用于洗手。

292　更衣室和卫生间清洁工作

更衣室和卫生间卫生管理的具体内容如表12-4所示。

表12-4　更衣室和卫生间的卫生管理

内容	详细说明
更衣室	(1) 员工不能穿着便服上班，也不能将便服挂在厨房、仓库或卫生间里。餐饮店应有员工更衣室设施，便于员工上下班时更换服装和存放私人物件 (2) 更衣室一般不应靠近厨房、仓库和楼面，要求通风、照明良好，并且有淋浴、洗手池、镜子等设备
员工专用卫生间	餐饮店应有员工专用卫生间 (1) 卫生间设备应齐全，如果洗手池使用感应水龙头，出水时间应不少于15秒 (2) 卫生纸、肥皂等用品应及时补给 (3) 培养员工养成便后洗手的习惯，还可以在适当的地方张贴写有此类内容的醒目标语 (4) 员工专用卫生间应设在隐蔽处，出入口应有自动关门装置

293　加工间清洁工作

1．日常卫生管理

(1) 厨房的每日清扫工作应不少于4次，保持厨房干净、整洁，无废料、下脚料堆积现象。

189

（2）地面整洁、无油污；墙面无灰尘、蛛网；边角、下水地漏处无卫生死角。

（3）每天对炊具、厨具、餐具进行洗涤消毒，保持清洁、明亮、无油垢；砧板、刀具应定期消毒。

（4）每天清洗各种盖布、盖帘、抹布，专布专用。

2．粗加工间卫生管理

（1）每日清扫作业区域，保持工作环境卫生。

（2）蔬菜、水果经筛选后去除不可食用的部分，进行初洗、浸泡，再用流水洗净。

（3）对肉类应清除污秽、有害腺体或变质等不可食用部分，洗净后装入专用容器，供切配用。

（4）对水产品除去鳞、内脏或壳，用清水清洗干净后盛于专用容器。

（5）保持解冻、洗涤水池的卫生，并按原料的不同分类解冻。

（6）对用后的刀、砧板、工作台、容器、抹布等要清洗消毒。

（7）加工后的原材料要分类盛装并分类放入冷库备用。

3．冷荤加工间卫生管理

（1）进入冷荤间前要洗手消毒，台面每日用紫外线消毒。

（2）应每天对冰箱进行整理，保持食品卫生。需冷藏保鲜的食物应分类放入冰箱内；生食品和熟食品要分开存放，防止交叉污染。严格按操作规程作业，生、熟食物的刀、砧板、容器、抹布等不能混放。

（3）罐头开瓶后倒入专用餐具使用，隔日罐头不能再用。

（4）厨房饮用水应透明、无色、无异味。

（5）水龙头及开关把手始终保持清洁。

4．烹调热加工间卫生管理

（1）开餐前要将炒锅、手勺、笊篱、抹布等用品清洗干净。

（2）保证调味品、食品添加剂、油的质量和卫生；已变质或被污染的原材料不能烹制。

（3）烹制食物时要烧熟煮透，防止里生外熟。

（4）对烹制好的菜品应用消毒后的碗碟盛装；尝试口味时应使用汤匙，保证烹调菜品的卫生。

（5）每日营业结束时，清洁台面、灶台、烤箱、蒸笼等设备，洗刷炒锅、汤锅、手勺等用具，清理调味品，冲刷地面。

第二节　食品及加工设备卫生管理

294　食品卫生管理

保持食品卫生需注意的要点如表12-5所示。

表12-5　保持食品卫生需注意的要点

要点	具体内容
食材	(1) 食材应清洗干净，储存场所及容器均应保持清洁 (2) 食材要尽快处理，然后烹饪供食
调味品	(1) 尽可能选用新鲜的调味品 (2) 食盐、糖、醋等可有效阻碍细菌的繁殖，可以适量使用

295　各类食品卫生要求

1．肉禽、蛋类

肉禽、蛋类的卫生要求如表12-6所示。

表12-6　肉禽、蛋类的卫生要求

类别	具体卫生要求
鲜肉	(1) 鲜肉应具有光泽，红色均匀，脂肪洁白，外表微干或微湿润 (2) 触摸不粘手，有弹性，指压后凹陷立即复原 (3) 无异味，烹调后的肉汤透明、澄清，脂肪团聚于汤面，有香味
内脏	(1) 肠呈乳白色，稍软，略坚韧，没有脓点、出血点，无异味 (2) 胃呈乳白色，黏膜完整结实，无异味 (3) 肾呈淡黄色，有光泽，有弹性，无囊泡或畸形，无异味 (4) 心脏呈淡红色，脂肪呈白色，结实有弹性，无异味 (5) 肺呈粉红色，有弹性，边缘无肺丝虫，无异味 (6) 肝呈棕红色，包膜光滑，有弹性，无异味

（续表）

类别	具体卫生要求
肉制品	（1）火腿色泽鲜明，肉质暗红，脂肪色白、透明，肉身干燥结实，有香味 （2）咸肉呈红色，脂肪色白，肉质紧密，无异味 （3）熟香肠的肠衣完整，肠衣与肉紧密相贴，无黏液，呈肉红色，脂肪透明，无异味 （4）酱卤肉无异味，肉块中心已煮透，外表无异物 （5）肉松呈金黄色或淡色絮状，纤维纯净疏松，无异味
禽类	（1）健康鸡的鸡冠鲜红、挺直，肉髯柔软，眼圆大而有神，腿脚健壮有力，行动自如 （2）死禽冷宰时，切面周围组织无暗红色血液浸润，皮肤表面呈暗红色，脂肪呈暗红色 （3）冻禽解冻前，母禽皮色乳黄，公禽、幼禽、瘦禽皮色微红；解冻后，切面干燥，肌肉微红
蛋类	（1）鲜蛋壳上有白霜，照光透明，气室小，蛋黄略有阴影，无斑点 （2）鲜蛋煮熟后蛋黄呈粉状或极易松散的块状，颜色均匀，无异味和杂质；蛋白呈晶片状或碎屑状，浅黄色，无异味和杂质 （3）咸蛋蛋壳完整，无霉斑，摇之有轻度水荡漾感，照光蛋白透明，红亮清晰，蛋黄缩小，靠近蛋壳，打开后蛋白稀薄透明、无色，蛋黄浓缩呈红色，煮熟后蛋黄有油脂并有沙感，有香味 （4）皮蛋外层包料完整，无霉味，摇晃无动荡声，照光呈玳瑁色，凝固不动；打开时，蛋白凝固，有弹性；纵剖面蛋黄为淡褐色

2．鱼类

（1）鲜鱼。鲜鱼表面有光泽，附有清洁透明的黏液，鳞片完整，不易脱落，无异味，眼球凸出饱满，角膜透明；鳃鲜红无黏液；腹部坚实无胀气，有弹性；肛门孔呈白色；肉质坚实，有弹性，骨肉不分离。

（2）冻鱼。冻鱼化冻后质地坚硬，色泽鲜亮，表面清洁无污染；鱼肉剖面新鲜不腐败，与鲜鱼相似。

3．大米与豆类

（1）大米颗粒完整，质地坚硬，无霉变、虫蛀和杂物，色白，含水量在15%以下。

（2）豆类颗粒饱满，无虫蛀和霉变。

（3）豆腐无豆粞和石膏脚，质地细腻，用刀切后切面干净。

（4）整板豆腐脱套圈、揭布后不坍塌。

（5）油豆腐软，不湿心，呈黄橙色，有光亮。

（6）手揸豆腐干表面不发毛，挤压切口不出水。

（7）豆腐衣不破碎，能揭开，有光泽，柔软无霉点。

4．蔬菜

蔬菜应鲜嫩无黄叶，无刀伤和烂叶。

5．水果

优质水果的表皮色泽光亮，肉质鲜嫩可口，有清香味；瓜果腐烂部分不可食用。

6．糕点

糕点的制作过程必须符合食品卫生的要求，储存时要防止生虫、霉变和脂肪酸败。储存场所应清洁、干燥、通风，并有防鼠、防蝇设备。

7．罐头食品

生产原料、生产工序均必须符合食品卫生要求。

（1）优质罐头外壳光洁，无锈斑、无损伤裂缝以及漏气、膨胀现象，接合处焊锡应完整均匀。

（2）罐内真空必须符合标准，用金属棒轻击罐盖，发音清脆坚实。

（3）打开后，罐身内壁不应有腐蚀、变黑或涂料层剥离现象。

（4）果酱罐头应与原来果实色泽相符，果酱黏度高，倾罐时不易倒出，静置时不分离出糖汁。

（5）保存罐头的地方应通风、阴凉、干燥，一般相对湿度应在70%～75%，温度在20℃以下，以1℃～4℃为宜。

8．酒水饮料类

酒水饮料类的卫生要求如表12-7所示。

表12-7　酒水饮料类的卫生要求

类别	具体要求
冷饮	（1）原料要新鲜，香精、色素、糖精适当 （2）制作场所盛放的器皿、管道应彻底清洗，并用蒸气或0.1%～0.2%浓度的漂白粉液消毒 （3）熬料后要迅速冷却 （4）包装盒应清洁无毒，包装盒用的蜡应为食品级石蜡 （5）冷饮须放在冷库或冰箱内储藏 （6）冷饮应具有相应的色泽和味道，无异臭、异味及异物 （7）汽水应澄清透明，无沉淀，瓶盖应严密、不漏气
酒类	（1）一般的白酒应纯洁、透明，有酒香，滋味醇厚，无强烈刺激性气味 （2）黄酒色黄，澄清不混浊、无沉淀物，有爽快馥郁的香味，滋味醇厚、稍甜、无酸涩味 （3）葡萄酒应清亮，具有天然色彩（红紫或浅黄色），无沉淀，具有葡萄香味，无异味 （4）啤酒应透明澄清，无混浊或沉淀，色金黄，入杯时有密集、洁白、细腻的泡沫且保持一定时间不消失

296 菜品制作卫生管理

菜品制作卫生管理的内容如图12-1所示。

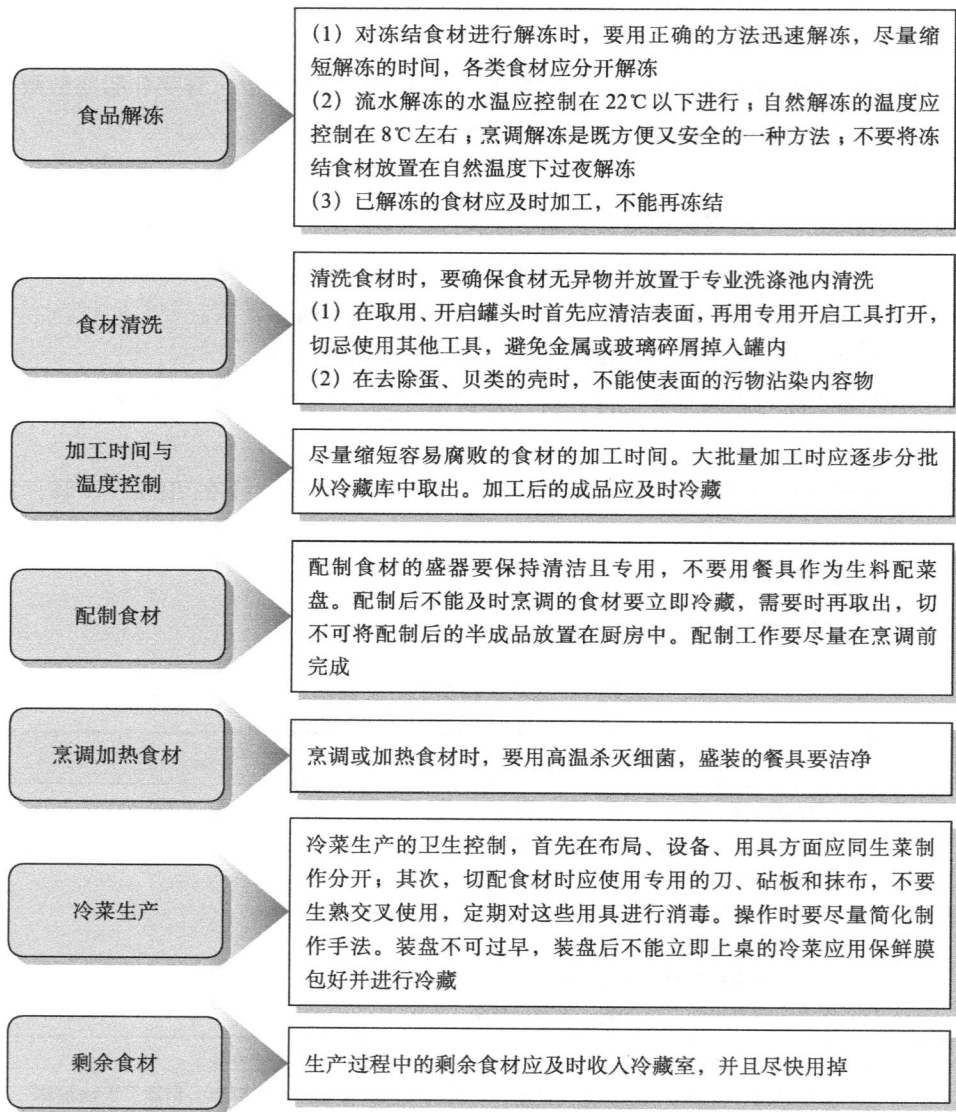

| 食品解冻 | (1) 对冻结食材进行解冻时，要用正确的方法迅速解冻，尽量缩短解冻的时间，各类食材应分开解冻
(2) 流水解冻的水温应控制在 22℃ 以下进行；自然解冻的温度应控制在 8℃ 左右，烹调解冻是既方便又安全的一种方法；不要将冻结食材放置在自然温度下过夜解冻
(3) 已解冻的食材应及时加工，不能再冻结 |

| 食材清洗 | 清洗食材时，要确保食材无异物并放置于专业洗涤池内清洗
(1) 在取用、开启罐头时首先应清洁表面，再用专用开启工具打开，切忌使用其他工具，避免金属或玻璃碎屑掉入罐内
(2) 在去除蛋、贝类的壳时，不能使表面的污物沾染内容物 |

| 加工时间与
温度控制 | 尽量缩短容易腐败的食材的加工时间。大批量加工时应逐步分批从冷藏库中取出。加工后的成品应及时冷藏 |

| 配制食材 | 配制食材的盛器要保持清洁且专用，不要用餐具作为生料配菜盘。配制后不能及时烹调的食材要立即冷藏，需要时再取出，切不可将配制后的半成品放置在厨房中。配制工作要尽量在烹调前完成 |

| 烹调加热食材 | 烹调或加热食材时，要用高温杀灭细菌，盛装的餐具要洁净 |

| 冷菜生产 | 冷菜生产的卫生控制，首先在布局、设备、用具方面应同生菜制作分开；其次，切配食材时应使用专用的刀、砧板和抹布，不要生熟交叉使用，定期对这些用具进行消毒。操作时要尽量简化制作手法。装盘不可过早，装盘后不能立即上桌的冷菜应用保鲜膜包好并进行冷藏 |

| 剩余食材 | 生产过程中的剩余食材应及时收入冷藏室，并且尽快用掉 |

图12-1 菜品制作卫生管理

297　加工设备卫生管理

食材加工设备卫生管理的内容具体如表12-8所示。

表12-8　加工设备卫生要求

类别	具体要求
刀	(1) 生食及熟食的使用刀具应分开，避免交叉污染 (2) 磨刀率与日常保养及其锐利程度有很密切的关系,最好每周磨一次刀,或者至少每个月磨一次 (3) 不常使用的刀应涂上橄榄油（或色拉油）以防止生锈，再用报纸或塑料纸包裹收藏
砧板	(1) 木质砧板在使用前需涂上水和盐或浸泡在盐水中，使木质收缩，从而更坚硬牢固 (2) 使用后应用清洁剂清洗，再用消毒液清洗，之后再用热水烫或在阳光下暴晒，以起到杀菌的作用，最好让砧板两面均能接触风面，使其自然干燥 (3) 砧板宜分熟食、生食使用，如果砧板伤痕太多，最好刨平再用
调理工具	(1) 调理工具（如切片机，煎炒、油炸等烹饪设备及输送带等）均应使用不锈钢材料，不可使用竹子、木质等易生霉菌的材料 (2) 每日应拆卸清洗 (3) 生锈部分可用15%的硝酸或除锈剂将锈除去后再水洗
器具及容器	(1) 洗涤后必须将洗涤剂冲洗干净，再以热水、蒸气或次氨酸钠消毒 (2) 若用次氨酸钠消毒，之后应用饮用水冲洗并保持干燥 (3) 塑料制成的器皿耐热性差，最好以次氨酸钠或其他化学方法消毒
搅拌机、切菜机	(1) 搅拌机、切菜机等使用后应立即清洗 (2) 清洗部分包括背部、轴部、搅拌轴、基座 (3) 清洗后应自然晾干
果汁机	(1) 在玻璃容器内加清水或温水（40℃），再加少许清洁剂后，旋转约10秒钟，把容器清洗干净 (2) 拆开果汁机的零件——洗净 (3) 除去水分后晒干、收存 (4) 刮刀不可浸水，应在水龙头下冲洗，注意不要割伤手 (5) 清洗时不可用洗剂药品（如溶剂、酒精），以免造成表面变色或涂料剥落 (6) 不可将基座浸入水中，以免电动机或开关发生故障

298　烹调设备卫生管理

烹调设备的清洁工作要求主要是防止产生异味，提高设备的工作效率。如果洗刷不干净，在烹制食物时会产生大量油烟和异味。烹调设备和工具的卫生管理内容如表12-9所示。

表12-9　烹调设备和工具卫生管理内容

类别	具体内容
炉灶	(1) 等炉灶完全冷却后再清洗，遮板以温热抹布擦拭 (2) 去除油脂时使用热的清洗水溶液，冲净后再拭干 (3) 表面烧焦的物品用金属绒制成的刷子刮除 (4) 热源采用湿布拭擦，不可浸入水中 (5) 火焰长度参差不齐时，可将炉嘴卸下，用铁刷刷除铁锈或用细钉穿通焰孔
烤箱	(1) 打开烤箱门，烤箱内部应用金属球或手刮刀清理，不可用水清洗 (2) 用蘸有厨房用清洁剂的泡绵或抹布去除污渍，并用湿抹布擦净，再用干抹布擦干 (3) 烤箱底部有烧焦的食物时，应将烤箱加热再冷却，使坚硬物炭化，再用长柄金属刮刀刮除干净 (4) 黏污垢宜用去污粉和钢刷刷除 (5) 用干抹布在烤箱内擦拭 2～3 分钟，将水分完全去除，避免生锈
微波炉	(1) 烹调结束后，应迅速用湿抹布擦拭 (2) 用泡棉洗净器皿及隔架 (3) 用软布擦拭表面机体 (4) 不可使用金属刷刷洗，也不可使用各类清洁剂擦拭，以避免机体上的字迹模糊、失去光泽或造成锈蚀
油烟机	(1) 温度过高时能自动切断电源及导管以防止火势蔓延 (2) 应定时清除油烟机管上的油渍 (3) 应每日清洗油烟罩
油炸锅	(1) 用长柄刷擦洗内锅，并用水和醋冲净 (2) 锅内的水煮沸 5 分钟，然后再用水冲净并烘干 (3) 应擦拭或冲净外部
油炸器具	(1) 每日应彻底清洗器具，可用中性清洁剂辅助清洗 (2) 油温温度计使用后也应用清洁剂洗净，并用柔软的干布擦干

299　冷藏设备卫生管理

厨房冷藏箱和冷藏柜只能用于短期放置烹调原材料。某些微生物在低温环境下仍能生长和繁殖，进而导致食物腐败和变质。因此，必须注意冷藏设备的卫生管理，具体内容如表12-10所示。

表12-10 冷藏设备的卫生管理

类别	具体内容
冰箱	（1）应尽量少开冰箱，每开一次应将所需物一起取出，以减少冰箱耗电及故障率 （2）冰箱应至少每周清理一次 （3）冰箱内的各类食物应用塑料袋包装或加盖，以防止水分蒸发 （4）冰箱非存物箱，食物要放凉加盖才能放进冰箱 （5）冰箱内最好置入冰箱脱臭器，消除冰箱内特殊食物的气味
冷冻柜	（1）冷冻柜不可在太阳下直晒 （2）冷冻柜内的温度应保持在 −18℃ 以下 （3）食材应分小包装放入

300 餐具卫生管理

1．制定餐具卫生标准

餐具的卫生要求是"四过关"：一刮、二洗、三过、四消毒，保证餐具无油腻、无污渍、无水迹、无细菌。

（1）刮：洗涤餐具前，先刮去盘、碗中的剩菜，将大件餐具与小件餐具分开并分别清洗，以免损坏。

（2）洗：用过的盘碗一般都有油污，用热水或适量洗洁精去除油污。

（3）过：洗涤后要用清水冲洗干净。

（4）消毒：常用的消毒方法有蒸汽消毒、开水消毒、药物消毒、电子消毒等。

2．明确餐具洗涤程序

（1）预洗。预洗是指在清洗前用刮铲、刷子或其他工具把餐具上的剩余饭菜刮掉。为了有效地开展清洗工作，应在洗涤前对餐具做预洗工作，清除餐具上的残留饭菜，并分类集中存放餐具，以便于清洗。擦拭或用水冲洗餐具除了可去除固体污物外，也可去除部分残留的油脂性污物。

（2）清洗。餐具的清洗可分为人工清洗和机器清洗两种，具体内容如表 12-11 所示。

表12-11 餐具的清洗

类别	具体内容
人工清洗	（1）清洗前应检查餐具，去除有破口、裂缝的餐具 （2）使用比较硬的塑料刷子清洗餐具；清洗玻璃器皿时，应使用专用刷子 （3）一般的清洁顺序是：玻璃器皿、扁平餐具、餐碟、托盘、锅、平底锅

(续表)

类别	具体内容
洗碗机清洗	(1) 在将餐具送入机器前，应预先清洗一次 (2) 把预洗后的盘子放好，做好送入洗碗机的准备 (3) 把盘子送入洗碗机，注意不要超量 (4) 把需要清洗的碗、杯子倒扣过来 (5) 检查清洁剂是否充足

（3）必须对餐具进行消毒。清洗完餐具后需经消毒处理，一般包括物理消毒和化学消毒，具体内容如图12-2所示。

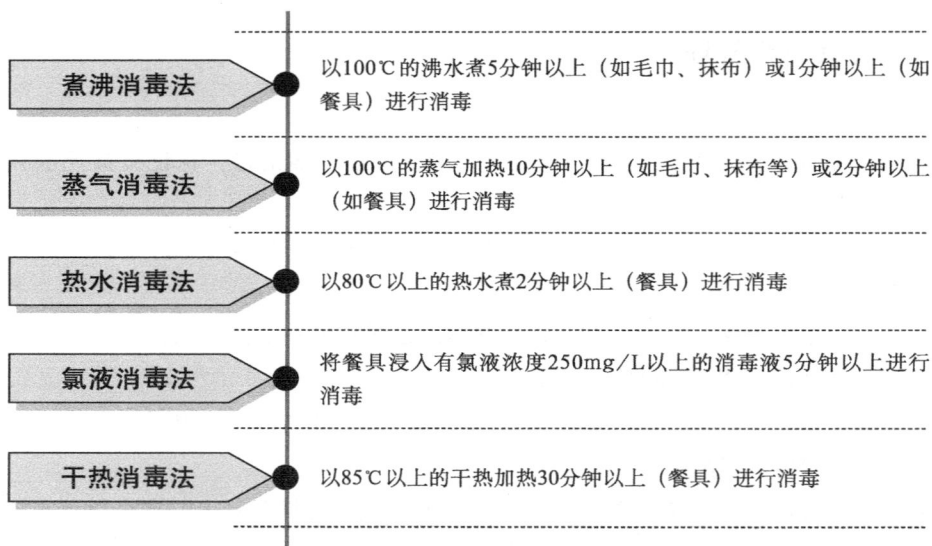

煮沸消毒法	以100℃的沸水煮5分钟以上（如毛巾、抹布）或1分钟以上（如餐具）进行消毒
蒸气消毒法	以100℃的蒸气加热10分钟以上（如毛巾、抹布等）或2分钟以上（如餐具）进行消毒
热水消毒法	以80℃以上的热水煮2分钟以上（餐具）进行消毒
氯液消毒法	将餐具浸入有氯液浓度250mg/L以上的消毒液5分钟以上进行消毒
干热消毒法	以85℃以上的干热加热30分钟以上（餐具）进行消毒

图12-2　餐具消毒的方法

第三节　垃圾处理及病虫害防治

301　气态垃圾处理

气态垃圾是指厨房抽油烟机排出去的油烟。油烟不但会污染大气，也容易引发火灾，所以一定要慎重处理。

（1）油烟应设专用管导出建筑物之外，导管应为防火材料。

（2）温度过高时导管能自动关闭，切断火路，防止火势蔓延。

（3）油烟管内侧的油垢应每两周清理一次，或者在导管内侧贴塑料布或铝箔以便更换。

（4）油烟导入处理槽时，管口宜浸入槽内水中（可用苏打水化解油滴）。

302　液态垃圾处理

液态垃圾包括厕所污水、排泄物、厨房污水等。一般排泄物设有专用管排出，厨房污水等直接排入排水沟。

（1）厕所应为冲水式，应有通风设备。

（2）地板应保持平坦、干燥。

（3）厕所内需设有加盖垃圾桶并经常清理。

（4）厕所入口处设置洗手台、洗手液、烘干器。

（5）为工作人员设立专用厕所。

（6）厨房污水含有机质时，应先处理过滤后再行排放。

（7）泔水桶应使用坚固、可搬动、有加盖的容器，倒入泔水时不宜过量，以免溢出。

（8）泔水应逐日处理为佳。

（9）泔水清运处理后，泔水桶及其周围地面应冲洗干净。

303　固态垃圾处理

固态垃圾处理的具体内容如下所示。

（1）将垃圾分为可燃物（如纸箱、木箱）、非可燃物（如破碎餐具），并分别装入垃圾袋中投入各类垃圾桶，垃圾桶应加盖。

（2）空瓶和空罐可以收集起来售卖或退换，应先冲洗干净，放于密闭储藏室，以免招致苍蝇、蟑螂、老鼠等。

（3）残余蔬菜叶可使用磨碎机磨碎，然后再排入下水道，下水道需做好油脂截流处理。

304 虫鼠的防治

1．化学防治法

化学防治法是指利用化学药剂防治虫鼠的方法。在使用化学药剂之前，应先询问虫害控制专家，以确定药剂种类、用量及使用方式是否在规定许可范围内。

2．物理防治法

（1）捕杀法。徒手或使用器械驱杀害虫的卵、幼虫或成虫。

（2）诱杀法。利用虫鼠的特殊习性，以适当的装置诱杀之。

（3）遮断法。利用适当的装置以阻隔虫鼠，如网遮、屏遮、气流控制等。

（4）温度处理法。利用虫鼠不能耐高温或低温以杀之，如将储藏物暴晒或冷藏、冷冻等。

3．环境防治法

环境防治法是指通过保持环境整洁来降低虫鼠的生存率，即杜绝为虫鼠繁殖提供所需食物及水分。如所有与食物制备及供应有关的用具、餐具，使用后均应彻底洗净、消毒。所有与食物接触的布均不可用作他用。

305 苍蝇的防治

苍蝇的防治方法如表12-12所示。

表12-12　苍蝇的防治方法

方法	具体内容
环境防治法	防治苍蝇最好的方法就是环境防治法。建筑物应尽量使用启动门且在门窗处加装纱门、空气门和纱窗等
化学药剂防治法	用化学药剂防治苍蝇时，需将所有食物包盖或移走，员工不可停留在室内，将电源及所有火源关闭，紧闭门窗

306 蟑螂的防治

1．药物防治

一般使用药物来防治蟑螂，因此，必须选择正确的药物。

2．环境防治

（1）保持环境卫生，不要把食物放在外面，及时清除散落、残存的食物，对泔水和垃圾要日产日清，以降低蟑螂的食源和水源。

（2）厨房墙壁瓷砖缝和破裂的瓷砖要封起来，下水道要保持畅通，下水道口必须加网盖，定期清理下水道的垃圾。

（3）与外界连接的管道接口应封起来，以防止蟑螂从外面入侵。

（4）始终保持餐饮店内的环境干燥、清洁。

第四节　餐饮卫生检查

307　定期进行卫生检查

在进行卫生检查时，餐饮经理应携带一张检查表，将检查情况记录在表内，以便量化检查结果。检查表如表12-13和表12-14所示。

表12-13　厨房卫生检查表

检查项目	检查内容	检查结果	处理意见
作业时操作台面是否干净、整洁，原材料放置是否有序			
作业时砧板、刀、抹布是否清洁			
厨房内门窗、墙面是否干净，有无油污和水渍			
作业时的地面是否干净整洁，有无垃圾和杂物			
作业时的下脚料是否存放完好，废料是否随手放进垃圾桶			
是否有专用抹布、筷子			
盛放菜品的各种器皿是否完好、干净，有无油渍和水渍			
工作中的员工如厕后是否洗手			
冰箱内存放的食材生熟是否分开且无腐烂、变质			
菜品出锅后是否认真检查，确保菜品中无异物、无缺量现象			
盘饰用品是否干净卫生，摆放是否合理			

（续表）

检查项目	检查内容	检查结果	处理意见
盛装菜品的盘子是否干净卫生，有无水迹、油污和手印			
备用餐具是否干净，有无污迹、水迹和杂物			
每道菜出品后，厨师是否清理灶面卫生			
收台后，操作台是否干净整洁，有无污迹和杂物，工具摆放是否有序			
收档后墙面、地面是否干净，有无杂物和污迹			
油烟机排风罩、玻璃、冰箱、冰柜是否干净、卫生，有无污迹和油渍			
收档后的各种用具是否洗刷干净，摆放是否合理有序			

表12-14　楼面卫生检查表

检查项目	检查内容	检查结果	处理意见
玻璃门窗及镜面是否清洁，有无灰尘和裂痕			
窗框、工作台、桌椅有无灰尘和污渍			
地板有无碎屑及污痕			
墙面有无污痕或破损处			
盆景花卉有无枯萎、带灰尘现象			
墙面装饰品有无破损、污迹			
天花板有无破损、漏水痕迹			
天花板是否清洁，有无蜘蛛网			
通风口是否清洁，通风是否正常			
灯泡、灯管、灯罩有无脱落、破损现象，有无污渍			
吊灯照明是否正常，吊灯是否完整			
店内温度和通风情况是否达标			
楼面通道有无障碍物			
桌椅有无破损、灰尘和污渍			
广告宣传品有无破损、灰尘和污痕			

检查项目	检查内容	检查结果	处理意见
菜单是否清洁，是否有缺页和破损现象			
台布是否清洁干净			
背景音乐是否适合就餐气氛			
背景音乐的音量是否适中			

308　检查结果的处理

检查结束后，餐饮经理应当根据检查结果进行相应的处理，对出现的问题要及时整改，不能拖延；对检查结果良好的部门和员工要进行表扬。

第十三章 餐饮成本控制

导读 >>>

餐饮经理要想提高餐饮店的利润，最有效的方法就是开源节流，一方面用促销的方法提高餐饮店的收入，另一方面使各项开支都能得到合理的运用，将损失和耗费降至最低。因此，餐饮经理应严格做好成本控制工作。

Q先生：A经理，餐饮成本控制是餐饮经理工作的重点，我想先从成本核算做起，那么该怎样进行成本核算呢？

A经理：对成本的控制不可有丝毫的松懈，因为成本升高就意味着利润降低。首先你要了解餐饮成本的类型，同时你可以采用顺序结转法、平行结转法等方法开展成本核算工作。

Q先生：那么在实际工作中该怎么做呢？

A经理：餐饮成本包含很多方面，你要从各个方面加强成本控制。例如，在采购方面，你要选择合适的采购人员，制定食材采购标准，控制采购价格。同时，还要加强食材的验收、储存、加工、烹调过程的成本控制工作。人员成本也是餐饮成本的一个重要方面，也必须加强控制。最后，你要控制好店面的租金、广告费等。

第一节 餐饮成本核算

309 餐饮成本的分类

1. 按可控程度划分

餐饮成本按可控程度可以分为可控成本和不可控成本，具体内容如表13-1所示。

表13-1 按成本可控程度划分

内容	详细说明
可控成本	可控成本是指在餐饮管理过程中，通过人为的主观努力可以控制的各种消耗，如原材料、水电燃料、餐茶用品等
不可控成本	不可控成本是指通过人为的主观努力很难控制的成本开支，如还本付息费用、折旧费用、员工工资等

2. 按性质划分

餐饮成本按性质划分可分为固定成本和变动成本。固定成本和变动成本是根据成本对销量的依赖关系进行划分的，具体内容如表13-2所示。

表13-2 按成本性质划分

内容	详细说明
固定成本	固定成本是指在一定时期和一定经营条件下，不随销量的变化而变化的那部分成本。在餐饮成本的构成中，广义的成本中的员工工资、折旧费用、还本付息费用、管理费用等在一定时期和一定经营条件下是相对稳定的，所以属于固定成本
变动成本	变动成本则是指在一定时期和一定经营条件下，随销量的变化而变化的那部分成本。在餐饮成本的构成中，原材料成本、水电费用、燃料消耗、洗涤费用等随着销量的变化而变化，所以属于变动成本

310 掌握成本核算的方法

在核算餐饮成本时应根据产品的生产方式及品种，采用不同的核算方法，从而提高成本核算的准确性和科学性。

1．顺序结转法

顺序结转法是指根据生产加工中用料的先后顺序逐步核算成本的方法，适用于分步加工、最后烹制的餐饮产品。

在餐饮管理过程中，大多数热菜产品都采用分步加工，其成本核算方法是将产品的每一个生产步骤作为成本核算对象，依次将上一步成本转入到下一步成本核算中，顺序类推而计算出餐饮产品的总成本。

2．平行结转法

平行结转法主要适用于批量生产的餐饮产品的成本核算，它和顺序结转法有一定的区别。批量产品的食材成本是平行发生的，这类食材的加工一般一步到位，形成净料或直接使用的原材料。这时，只要将各种食材的成本相加，即可得到产品成本。例如，冷荤中的酱牛肉、酱猪肝；面点中的馅料（如饺子、包子等）。

3．订单核算法

订单核算法是指按照顾客的订单来核算餐饮产品成本的方法，主要适用于会议、团队、宴会等大型餐饮活动。进行此类餐饮活动的顾客都会事先预订且用餐标准十分明确。

在进行成本核算时，首先必须根据订餐标准和用餐人数确定餐费价格，然后根据预订标准高低确定毛利率，计算出一餐或一天的可容成本，最后在可容成本的开支范围内组织生产，而这一过程都是以订单为基础和前提的。

4．分类核算法

分类核算法主要适用于餐饮核算人员和餐饮成本会计的成本核算。如果成本核算人员每天都要核算成本，那么先要将各种单据按楼面和厨房分类，然后将成本单据按食品和饮料分类，再按食品种类分类记账，最后才能核算出楼面或厨房的各类成本。

此外，在月度、季度成本核算中还可以分别核算出蔬菜、肉类、鱼类的成本或冷菜、热菜、面点、汤类的成本等。

311 餐饮成本核算的步骤

餐饮成本核算的步骤如图13-1所示。

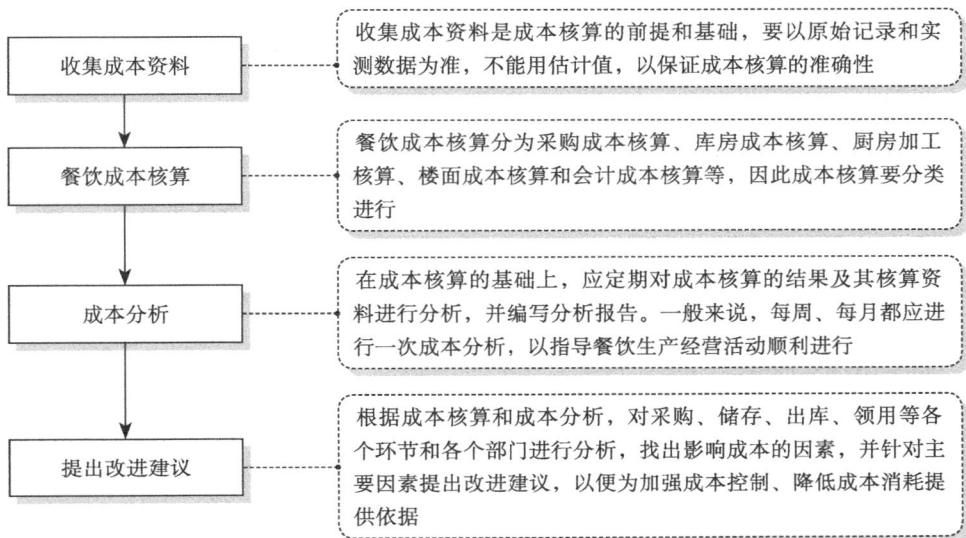

图13-1　成本核算的步骤

第二节　采购、验收及储存成本控制

312　控制采购价格

餐饮店控制食材采购价格的方法主要有以下几种。

1．限价采购

限价采购是指规定或限定所需购买的食材的进货价格，一般适用于鲜活食材。当然，所限定的价格不能凭主观想象，要委派专人进行市场调查并进行综合分析，然后提出一个中间价。

2．竞争报价

竞争报价是指由采购部向多家供应商索取供货价格表，或者将所需常用食材写明规格与质量要求，请供应商在报价单上填写近期或长期供货的价格，采购部根据所提供的报价单进行分析，进而确定最终的供应商。在确定供应商时，不仅要考虑价格，还要考虑供应商的供货信誉，如食材的质量、送货的距离以及供应商的设施、财务状况等。

3．规定供货单位和供货渠道

为了有效控制采购价格，保证食材的质量，可指定采购人员在指定的供应商处采购，以稳定供货渠道。定向采购一般在价格合理和保证质量的前提下进行。在进行定向采购时，供需双方要先签订合约，以保障供货价格的稳定。

4．控制大宗和贵重食材的购货权

贵重食材和大宗食材的价格是影响餐饮成本的主体。因此，可以由餐饮店提供使用情况报告，采购部提供各供应商的价格报告，具体向谁购买则由管理层来决定。

5．提高购货量和改变购货规格

大批量采购可以降低食材的价格，也是控制采购价格的一种策略。另外，当包装规格有大有小时，购买适用的大规格，也可降低单位价格。

6．根据市场行情适时采购

当有些食材在市场上供过于求、价格低廉且厨房日常用量较大时，只要质量符合要求，可趁机购买储存。当应时食材刚上市时，预计价格可能会很快下跌，采购量应尽可能少一些，只要满足需要即可，等价格稳定时再添购。

313　防止采购"吃回扣"

为防止在采购过程中出现"吃回扣"的现象，餐饮经理可以采用以下方法。

1．采购人员的选择

在选择采购人员时，其素质和品德应成为首要的考察条件。采购人员应为人耿直，不受小恩小惠的诱惑。

2．供应商的选择

在选择供应商时就要对采购工作进行控制，比如肉类、海鲜、调味品的长期供应商，最好是提请有关部门审核。采购人员并不是最后的决策者和签订合同的人员。不要长期选择某个供应商，以使物料更好地流动，并且这在一定程度上可以避免采购人员与供应商建立"密切的关系"。

3．经常进行市场调查

定期或不定期对市场进行调查，掌握市场行情，了解原材料的价格、质量和数量的关系，与采购来的货品进行对比，以便及时发现和解决问题。

市场调查人员可以是专职的，也可以由财务人员、行政人员，甚至是餐饮经理兼任，也可以采用轮值进行调查。

4．库房、采购、厨房三方验收

库房、采购、厨房三方验收类似于"三权分立"，有利于餐饮店的管理，尤其在防止以次充好、偷工减料方面效果显著。

5．有力的财务监督

在收到供应商和采购人员报价后，财务部门工作人员应进行询价、核价等工作，实行定价监控。餐饮店可实行"双出纳"制度，一个负责现金的支出，一个负责现金的收入，以便更好地控制资金的出入。

314　配备称职的验收人员

（1）验收人员的餐饮知识应丰富。

（2）人力资源部负责遴选应聘的人员，审查应聘人员的资历，然后会同财务部门和营业部门主管决定人员的录用。

（3）挑选验收人员的最好方法是从库房员工、食材和饮料成本控制人员、财务人员和厨师中进行挑选，使其在验收工作过程中积累管理工作的经验。

（4）收货时，验收人员应对订货单进行数量盘点和对货品质量进行检查。

（5）制订培训计划，对所有验收人员进行培训。

315　明确验收程序

要想在验收环节控制成本，首先需要做好验收的基础工作，如明确餐饮食材的验收程序，按照程序进行验收，可以减少一些不必要的环节。

1．检查货品

根据订购单或订购记录检查货品。

2．检查价格、质量和数量

根据供货发票检查货品的价格、质量和数量

（1）凡可数的货品，必须逐件清点，记录正确的数量。

（2）以重量计数的货品，必须逐件过秤，记录正确的重量。

（3）对照采购规格标准，检查食材的质量是否符合要求。

（4）抽样检查箱装、匣装、桶装食材，检查其是否足量及质量是否符合要求。

（5）发现食材重量不足或质量不符合要求需要退货时，应填写货品退货单，经送货人签字确认后，将退货单随同发票副页退回供应商。

3．办理验收手续

当送货的发票、货品都经验收后，验收人员要在供货发票上签字并填写验收单（见表13-3），以表示已收到了这批货品。如果到货无发票，验收人员应填写无供货发票收货单。

表13-3　验收单

编号：　　　　　　　　　　　　　　　　　　　　　　　日期：

供应商名称：					□部分交货 □全部交货
申请部门：　　　　　　请购单号码：　　　　　　采购订单号码：					
货品号码	摘要	单位	数量	单价	总价
总金额：					
核准人：					
验收员：			使用部门主管：		

4．分流货品，妥善处理

食材验收完毕，需要入库进行储存的食材，要使用双联标签，注明到货日期、名称、重量、单价等并及时送往库房。一部分鲜活食材可直接进入厨房，由厨师开具领料单。

5．填写验收日报表和其他报表

验收人员填写验收日报表的目的是保证不会发生重复付款的现象，可作为控制进货和计算每日经营成本的依据。

316　做好防盗工作

在验收货品的过程中要做好防盗工作，以防止食材丢失。

（1）指定专人负责验收工作。

（2）验收工作和采购工作分别由专人负责。

（3）如果验收人员兼管其他工作，应尽可能将交货时间安排在验收人员有时间的时候。

（4）货品应运送到指定验收区域。

（5）验收之后，尽快将货品送入仓库，防止食材变质和被偷盗。

（6）不允许推销人员、送货人员等进入仓库或菜品生产区域。验收、检查区域应靠近入口处。

（7）入口处大门应加锁。大门外应安装门铃，送货人员到达之后，应先按门铃。送货人员在验收处时，验收人员应始终在现场。

317 加强储存环节

1．设专人负责储存工作

储存工作是食材成本控制的重要一环，储存不当会引起食材变质或被偷盗等，从而造成餐饮店成本增加。

食材的储存和保管工作应有专职的仓管人员负责，应尽量控制有权进入仓库的人数，仓库钥匙由仓库保管员专人保管，应定期更换门锁。

2．保持仓库环境适宜

不同的食材对储存环境的要求不同，如干货仓库、冷藏室、冷库等，普通食材和贵重食材也应分别储存，各类食材的仓库设计应符合安全和卫生的要求，以杜绝虫害和鼠害，从而保证库存食材的质量。

3．及时入库与定点存放

购入的食材经验收后应及时运送至适宜的储存处，在储存时，各类食材应有固定的存放位置。

4．及时调整食材的位置

入库的每批次食材都应注明进货日期，并按先进先出的原则发放食材，应及时调整食材的位置，以减少食材因腐烂或变质导致的损耗。

5．定时检查

仓管人员应定时检查并记录干货仓库、冷藏室、冷冻室等的温度、湿度，以保证各类食材储存在适宜的环境中，具体如表13-4所示。

表13-4　餐饮店仓库检查表

编号：　　　　　　　　　　　　　　　　　　　　　　　　　　　　日期：

时间	检查情况	正常	不正常	检查人

制表人：　　　　　　　　　　　　审核人：

6．定期盘存

做好仓库的定期盘存工作，一般每半个月进行一次。通过盘存，明确应重点控制哪些食材，采用何种控制方法，如暂停进货、调拨使用、尽快出库使用等，从而减少占用库存资金，加快资金周转，节省成本开支。

餐饮经理应以最低的资金量保证餐饮店的正常运转，严格控制采购货物的库存量。每天对库存物品进行检查（特别是冰箱和冷库内的库存食材），对于数量不足的食材及时补货，对于滞销的食材减少或停止供应，以避免原材料变质造成的损失。根据当前餐饮店的经营情况合理设置库存量的上限和下限，每天由厨房及仓管人员进行盘点控制，遵守原材料先进先出的原则，保证食材的质量。对于一些滞销的食材，应及时加大促销力度，避免食材过期造成的损失。

第三节　食品生产成本控制

318　加工过程成本控制

加工过程包括食材的初加工和细加工，初加工是指食材的初步整理和洗涤，而细加工是指把食材切制成形，在这个过程中应对加工净出率和数量加以控制。

1．粗加工控制

粗加工过程中的成本控制工作主要是科学准确地估计各种食材的净料率。要想提高食材的净料率，就必须做到以下几点。

（1）对食材进行粗加工时，应严格按照规定的操作程序和要求，达到并保持应有的净料率。

（2）对成本较高的食材，应先由有经验的厨师进行试验，找出最佳的加工方法。

（3）对粗加工过程中被剔除的部分（肉、骨头等）应尽量回收利用，提高其利用率，做到物尽其用，以降低成本。

2．细加工控制

切配时应根据食材的实际情况整料整用、大料大用、小料小用、下脚料综合利用，以降低餐饮店的成本。加工数量应以销售预测为依据，满足需要为前提，留有适量的储存周转量，避免因加工过量造成不必要的浪费，并根据剩余量不断调整每次的加工量。

319　配份过程成本控制

食材耗用定量一旦确定，就必须制定菜品食材耗用配量定额计算表并认真执行，严禁出现用量不足、过量或以次充好等现象。配份过程的成本控制是餐饮成本控制的核心，也是保证菜品质量的重要环节。

（1）在配份过程中应执行规定的标准，使用称量、计数和计量等工具。

（2）凭单配发。配菜厨师只有接到楼面顾客的订单，或者餐饮店规定的有关正式通知单才可配制，保证配制的每份菜品都有凭有据。

（3）杜绝配制中的失误，如重复、遗漏、错配等。

320　烹调过程成本控制

菜品的烹饪，一方面会影响菜品质量，另一方面也与成本控制密切相关。

（1）调味品的用量。在烹饪过程中，要严格遵照调味品的用量规格，这不仅能使菜品质量较稳定，也可以使成本更精确。

（2）菜品质量及其废品率。严格按照操作规程进行操作，掌握好烹饪时间及温度。每位厨师都应努力提高自己的烹饪技术和创新能力，合理投料，力求不出或少出废品，以有效控制烹饪过程中的餐饮成本。

从烹调厨师的操作规范、制作数量、出菜速度、剩余菜品等方面加强监控。具体内容如表13-5所示。

表13-5　配份过程控制

类别	具体内容
操作规范	必须督导热菜厨师严格按操作规范工作，任何违规做法和影响菜品质量的做法都应立即加以制止
制作数量	应严格控制每次烹调的数量，这是保证菜品质量的根本，少量多次的烹制应成为烹调制作的原则
出菜速度	要检查出菜的速度、菜品的温度、装量规格
剩余菜品	在经营餐饮店的过程中，剩余菜品被看作是一种浪费，应尽量予以避免

321　生产后成本控制

生产后的成本控制主要体现在实际成本发生后，财务部门应将各项成本率和计划成本率提供给餐饮经理进行比较、分析，找出问题，分析原因，及时调整，为下一次制订生产计划提供依据。

（1）将昨日理论成本与鲜货管理员上报的昨日直拨厨房总额和干货管理员上报的昨日厨房领料总额进行对比，找出产生差异的原因。出现差异的原因主要有以下几点。

①昨日领料过多，厨房有大量剩余的食材或半成品；前天剩余的食材过多，导致昨日领料较少。

②标准配方表不准确。

③菜品的分量可能偏离了标准，生产环节可能出现了浪费。

④采购环节或验收环节可能出现了问题。

⑤有些食材的价格波动较大，导致菜品的成本发生变化。

⑥销售排行前几名的单项菜品的毛利率偏高。

（2）不考虑厨房库存因素，每半月对菜品的成本进行一次分类汇总并进行成本分析，通报半个月以来的餐饮成本控制情况。

（3）每月月底对厨房进行盘点并考虑存货、退料情况，进行月底成本综合分析。

第四节　其他成本控制

322　餐饮人工成本控制

餐饮人工成本控制是指在保证服务质量的前提下，对劳动力进行计划、协调和控制，使之得到最大限度的利用，从而避免人员的过剩或不足，以有效控制人工成本支出，提高餐饮店的利润。

1．定岗、定员

定岗、定员是否恰当，不仅直接影响人工成本和员工士气的高低，而且对餐饮生产率、服务质量以及餐饮经营管理的好坏有着不可忽视的影响。因此，餐饮经理要综合考虑以下因素。

（1）餐饮店档次和布局。

（2）食材的成品、半成品化。

（3）菜单的品种。

（4）员工的技术水平和熟练程度。

（5）客流量和生产规模。

2．制定人工安排指南

餐饮人工成本控制的前提是保证服务质量，餐饮经理必须制定能体现服务质量要求的操作标准并依此制定出各项人工安排指南，具体内容如表13-6所示。

表13-6　制定人工安排指南

内容	详细说明
最低劳动力	对于不随业务量大小而改变的餐饮店经营所必需的最低劳动力，如餐饮店主管、会计、厨师长、收银员、维修工等固定劳动力的工资占餐饮店人工成本支出的一小部分，餐饮店应有固定的劳动力标准，并尽可能地将这些人员安排在关键岗位上
变动劳动力	对于随业务量的变化而浮动，即当餐饮店接待更多的顾客生产更多的菜品时，将需要更多的服务人员和生产人员，应根据淡、旺季来安排人员，以减少费用开支。餐饮店中至少有50%的工种可以根据需要来灵活调配
确定劳动生产率	餐饮业衡量劳动生产率的指标主要有两个：一是劳动生产率；二是劳动分配率。劳动生产率是企业中衡量平均每位员工所创造的毛利率 提高劳动生产率的首要因素是培训员工树立经营观念，积极开拓市场，节约开支，提高企业的毛利；其次是要合理安排员工的班次和工作量，尽可能减少员工的数量，减少员工无事可干的时间，减少人工成本。这两种方法都可以清楚地算出员工的平均生产率，可作为排班的根据

3．提高员工工作效率

提高工作效率是降低成本的关键，具体措施如下。

（1）尽量使用自动化水平高的厨房用具。在保证质量的前提下，缩短切、配和烹调的时间，减少工作人员的数量，如以自动洗碗机代替人工洗碗。

（2）利用电脑点菜、收银，以缩短点菜和收银的时间。

（3）注重员工培训，提高员工的服务水平，减少成本浪费和操作失误。

（4）重新安排餐饮店内外场的设施和动线流程，以减少时间的浪费。

（5）改善分配结构，使其更符合实际需要。

（6）加强团队合作，以提高工作效率。

323　用水成本控制

餐饮店用水属于经营服务用水，虽然水费在总成本中所占的比例并不高，但是如果所有员工都能意识到节约用水的重要性，节约用水也可以节省一定的成本。需要牢记的一点是，节约用水不能以降低卫生标准为代价。

每天盘点用水量，参照营业额比例判断用水量是否合理，如有不合理之处应及时查明原因并做出改进计划，可以采取以下方式来减少用水量，具体内容如表13-7所示。

表13-7　有效控制水费

内容	详细说明
节约用水与奖金挂钩	每个水龙头都安排节约用水责任人，一旦发现用完不关的现象，扣除责任人的部分奖金。此外，水龙头不能出现"长流水"
改变洗菜方式	各种蔬菜统一由员工用手清洗，然后再将洗菜水用作他用
桌布、锅碗少冲洗	在不影响正常清洁和烹调的前提下，尽量减少用水量，炒菜厨师洗锅时要节约用水，桌布、锅碗少冲洗
更新设备	将旋钮式水龙头改为下压式或感应式水龙头，节省洗手时造成的水资源浪费；将拖布换成容易清洗的海绵拖把

324　冷冻系统控制

冷冻库和冷藏库在保持半成品的品质方面起着极为重要的作用，为保持适当的温度范围，必须定期对冷冻库和冷藏库进行检查。

1．调整控制

设定冷冻库、冷藏库控制除霜周期的计时器，以节约能源。除霜时间最好选定在进货后

2小时，或是工作人员不会进出冷库或开启冰箱的时间为宜。除霜时间应避开电力需求的高峰时段。冷藏库除霜时间为15～30分钟，冷冻库除霜时间为60分钟。

2．开启—关闭控制

大型冷冻食品进库时，不要关闭压缩机。卸货后再利用冷库降温比让机组继续运作的花费高。在取货或盘点时，不要让冷库的门一直开着，不可为了进出方便将空气帘推到旁边或取下。相关人员在进出冷库前应先做好工作计划，以减少往返次数。

3．维护控制

对冷藏、冷冻系统定期实施保养是降低能源成本最有效的方法，也有助于延长设备的使用寿命。相关人员应遵循保养计划并牢记下列事项。

（1）每周检查冷冻库、冷藏库以及冰箱的门垫是否完好；清除尘垢或食物残渣并注意是否有裂缝及损坏现象。

（2）定期检查冷藏库、冷冻库及冰箱设备的垫圈。

（3）所有冷藏、冷冻机组的冷凝器及散热器线圈也应保持清洁。

（4）检查除霜计时器上的时间设定是否正确。

（5）每周检测一次冷藏库、冷冻库和冰箱的温度。如温度不符合要求则应进行调整。

325　生产区设备电费控制

餐饮店的生产区设备为主要能源消耗者，如果餐饮店想节省能源，应该先从此处着手。对使用独立电表及煤气的餐饮店而言，应从实际度数中分析生产区设备的能源用量。

1．调整控制

保持所有生产区设备的适度调整对能源管理非常重要，生产区调整程序也有助于降低能源成本。不使用的设备应予以关闭。

2．开启—关闭控制

餐饮店的整体设备是按照营运高峰的负载量设计的，既然营运不是一直处于高峰期，那么餐饮店可在一天中的某些时段关闭部分设备。

在营运平缓时，应在适当时段内找出关闭生产区设备的时机，根据设备关机时间表拟定"设备开机时间表"（见表13-8），并使每位服务人员都熟知时间表及正确使用设备的程序，并且明白应以最有效率方式来完成任务。

表13-8　生产区设备开机时间表

编号：

设备名称	预热时间	开机时间	备注

制表人：　　　　　　　　　　　　　　审核人：

3．维护控制

只有正确地维护生产设备，才能经济、高效地运用它。餐饮店相关工作人员一定要参阅设备保养手册，以了解下列重要作业的正确程序。

（1）保持烟道、烟道壁及抽油烟机的清洁。

（2）根据保养计划检查相关设备的温度校准功能。

（3）检查煤气的密封圈、阀门是否完好无损、清洁污垢。

326　照明系统电费控制

餐饮店照明设备既可以使餐饮店保持明亮，又可以吸引顾客进店就餐，但在照明系统电费控制上应注意以下事项。

1．颜色识别

餐饮店可以将各种电灯开关按需要分为四类，每类用一种颜色加以识别。

红色：任何时段都要保持开启。

黄色：开店时开启。

蓝色：阴雨天及黄昏时开启。

绿色：视需要开启。

2．照明

照明设施可选择荧光灯、卤钨灯、LED灯等节能灯具，有条件的还可采取声控或光控灯具。

（1）使用节能型的照明设备。

（2）将餐饮店各区域的照明、广告灯箱等的开关进行定人、定岗、定时管理，并根据实际情况制定严格的开闭时间；餐饮店应根据重点部分规划出监测点位，进行重点控制。

3．其他事项

（1）各后勤岗位人员下班时应随手关灯。

（2）通过安装声控、红外线等方式控制走道灯光。

（3）包间备餐时开启工作灯，开餐后开启主灯光。

（4）使用节能灯，将非对客区域的灯全部更换为节能灯。

327　燃气费用控制

大多数餐饮店都以燃气为燃料来烹调菜品。因此，餐饮店应根据菜品制作所需的标准时间，合理使用燃气炉。

为了节约成本，餐饮经理要对厨师的用气时间进行控制，要求厨师尽可能地充分利用热量，减少热量损失，缩短用火时间。厨师可采用以下几种方法来节约用气。

（1）合理调整燃具开关的大小。在烧水时火焰应尽可能开大，以火焰不超出锅或壶的底部为宜。在水烧开以后，应将火调小。

（2）防止炉火空烧。炒菜前要先做好准备工作，以防点燃火后手忙脚乱。在水烧开后应先关火，然后再提开水壶，以免忘记关火。不要先点燃火再去接水和放锅。

（3）调整好火焰，发现火焰是黄色时可调整风门，清理炉盘火头上的杂物、检查软管或开关是否正常；检查锅底的位置是否合适。此外，还应设法避免穿堂风直吹火焰。

（4）尽可能使用底面较大的锅或壶，因为炉灶的火可开得大一些，锅的受热面积也会更大，同时灶具的工作效率也更高。

（5）烧热水时尽量用热水器。热水器的热效率大大高于灶具，同时还能节省时间。

328　租金成本控制

餐饮店的租金是一项重要支出，在签订房屋租赁合同时，餐饮经理要明确租金等相关事项。

1．延长营业时间

由于租金是固定的，因此，可以通过延长营业时间来增加租金的利用率。当然，并不是所有的餐饮店都适合24小时营业，这是由餐饮店的类型、周围环境等因素来决定的。

2．提高翻台率

提高翻台率，可以增加有效用餐的顾客数，从而增加营业收入。提高翻台率的方法具体如表13-9所示。

表13-9　提高翻台率的方法

方法名称	具体操作	备注
缩短顾客用餐的时间	从顾客进入餐饮店到离开的每一个环节只要缩短一点时间，就能缩短顾客用餐的时间，翻台时间自然也会缩短	要求每位员工都要提高工作效率，缩短顾客等待的时间
候餐增值服务	热情款待顾客，增加免费服务，如免费提供茶水、免费擦鞋、免费提供报纸和杂志以供顾客阅览等	迎宾和礼宾工作人员的工作重点是留住顾客，让顾客等位，避免顾客的流失
运用时间差	（1）运用对讲机，在确定有台位买单的情况下，等位区迎宾或礼宾工作人员就可以开始为顾客点菜 （2）该桌值台服务人员在桌上放置"温馨提示牌"，一方面提醒顾客小心地滑并带好随身物品；另一方面提醒其他员工，准备好翻台工具	大厅与外面等位区的配合是关键
提前为下一个环节做准备	（1）在顾客点完餐后，及时询问顾客是否需要添加主食或小吃，如果不需要的话服务人员就开始核单并到收银台打单 （2）当顾客不再用餐时，服务人员应提前将翻台餐具准备好 （3）顾客结账后若未立即离开，可征询其意见，先清收台面	在工作中，每一位服务人员都应为下一环节提前做好准备
效率与美感	可以选择由传菜工专门负责翻台的清洁卫生，传菜员不仅要加快工作速度，而且要动作得当	特别注意翻台卫生，既要提高效率，又要注意动作得当

3．开外卖口

如果餐饮店的店面比较大，可以选择开设外卖口，既可以卖本餐饮店的产品，也可以租给其他人。但是，在开设外卖口时一定注意不要影响餐饮店的整体形象，或者造成喧宾夺主的效果。

4．租金交付时间

餐饮店租房的租金不要按年交付，最好是按半年或季度交，因为如果按年付房租的话，一旦由于经营不善或因其他原因导致餐饮店无法经营下去，已交付的房租就可能要不回来了。

329　广告费用控制

餐饮店为了扩大影响力或提高营业额，一般会采取广告促销的方式吸引顾客，因此要控制和管理其中的费用。

餐饮店一般会在开业、节假日进行各种广告促销活动，采用向行人发放宣传单是一种成本较低的促销方式。

330　折旧费用控制

餐饮店折旧费用也是一项经常性的支出，因此要进行合理控制。一般来说，餐饮店折旧主要针对的是各种固定资产。

作为固定资产的营业设施，其价值会逐年降低，需要进行折旧处理。资产折旧额直接影响着餐饮店的成本、利润、现金流，是一项很关键的财务数据。折旧的计算方法有多种，会计在报告中应说明此报告采用了哪些折旧计算方法，并且餐饮店所使用的折旧方法必须相对稳定，不可随意更换。

331　刷卡手续费控制

许多餐饮店都能实现刷卡消费，这样做在为顾客提供方便的同时也产生了刷卡的手续费，而手续费由商家自己支付。餐饮业的刷卡手续费为2%，相对于超市、商场等零售行业的平均不高于0.8%的手续费是比较高的。

332　房屋修缮费控制

餐饮店的房屋需要修缮时，由此会产生修缮费用。因此餐饮经理需要在平时注意房屋的保养，减少修缮次数，从而减少修缮费用。

同时，在签订租赁合同时，餐饮经理要明确房屋修缮费用如何支付。合同中注明所租房屋及其附属设施的自然损坏或其他属于出租方修缮的范围，出租人应负责修缮。承租人发现房屋损坏时应及时报修，出租人在规定时间内修缮。因承租人过错造成房屋及其附属设施损坏的，由承租人修缮或赔偿。

333　停车费控制

1．餐饮店自有停车场

如果餐饮店有自己的停车场，那么停车费管理比较简单，只需要安排安保人员进行管理即可。

2．租用停车场

许多餐饮店都是租用停车场为顾客提供停车服务，因此需要支付租用停车场的费用。就餐免费泊车一直是很多餐饮店促销或吸引顾客的方法。餐饮店在租用停车场时，一定要与对方签订停车场租用合同。

334　餐具损耗控制

为规范餐具的日常使用，餐饮店应进行表格化的量化控制与管理，减少餐具的破损与无故流失，控制破损数量。

1．餐具运送及清洗

（1）在收餐和运送时，需按配置的专业盛器进行盛放和运送，玻璃器皿与瓷器等需按类别及大小分开放置，严禁出现混放现象。

（2）在摆放托盘时，大的、重的餐具放在里面，小的、轻的餐具放在外面，严禁不合理的堆积，以免发生意外滑落。

（3）同类餐具尺寸大的放在下面，尺寸小的放在上面。

（4）清洗时各类餐具要放在相应的盛器中，小件餐具（如汤勺、筷子、筷架、刀叉等），放在平筐里进行清洗。

（5）清洗餐具时应轻拿轻放。

2．明确餐具破损责任制

（1）洗碗员工。洗碗员工在洗刷餐具之前，应先检查从楼面撤回的餐具是否有破损，如有破损，要及时查找相关楼面当事人并做好书面记录。

（2）楼面员工。楼面员工在取餐具时，需对餐具进行检查，如果发现有破损餐具，要及时查找相关洗碗间当事人并做好书面记录。

（3）厨房各档口人员。厨房各档口人员到洗碗间取餐具时，需检查餐具是否破损，如有破损应及时查找洗碗间当事人并做好书面记录。

（4）服务人员。服务人员在服务时必须检查所取餐具是否有破损，如有破损送回厨房，由厨师长落实相关档口责任人并由责任人和厨师长、楼面主管签字确认。

（5）相互监督。各环节的工作人员需按规定相互进行监督，如因监管不力而使破损餐具流入本岗位，在不能确认上一环节责任人的前提下，视为自身责任。在各环节如发现具体责任人，需按以上程序填写相应单据，避免责任转移。

（6）送餐、出借餐具等情况。如有送餐、出借餐具等情况，需准确填写"送餐餐具登记表"（见表13-10），一式两联，双方核定并签字确认。回收餐具时，回收人需认真核对登记表，如有餐具短缺等情况，需在第一时间向当值管理人员汇报并签字确认。

表13-10　送餐餐具登记表

编号：　　　　　　　　　　　　　　　　　　　　　　　　　　　　　　　　日期：

接单人	下单时间	送餐人		送达时间	送餐客房确认
收餐人	收餐时间	餐具确认		收餐客房确认	领班/主管确认
		齐□　　否□			
餐具名称	数量	餐具名称			数量
备注：					

制表人：　　　　　　　　　　　　　审核人：

3．制定餐具赔偿标准

餐饮经理应当制定餐具赔偿及处罚标准，以便明确相关责任。

（1）各区域员工打破的餐具，由该员工赔偿，领班或其他班组人员发现后要立即填写"餐具破损记录表"，由当事人签字确认，以便月末统一扣罚。

（2）对于顾客打破的餐具，应开具相应的单据，由顾客进行赔偿，然后由楼面主管做好统计工作。

（3）员工打破餐具不如实做记录或私自处理者，按餐具价格10倍进行罚款。

（4）对于某一环节的餐具发现破损后又无法确定责任人时，由一方的全体员工或双方全体员工按同等比例共同承担赔偿责任。

335　餐具清洁外包

现在，许多餐饮店都使用餐具消毒企业提供的餐具，这样可以节约一些成本。餐饮经理在将餐具清洁外包时，一定要选择与正规的餐具消毒企业进行合作。

第十四章 餐饮财务管理

导读 >>>

　　财务管理在餐饮经理的日常管理工作中占据着非常重要的地位，因为财物管理涉及账款的往来，因此，餐饮经理必须从各个方面对与财务有关的事宜进行严格的管控，如定期进行财务核查等。

　　Q先生：A经理，我该如何进行出纳与收银的管理工作呢？

　　A经理：要想做好出纳与收银业务的管理工作，必须对其运作过程加以控制，如点菜过程控制、现金结账过程控制、顾客签账过程控制，同时还要严格做好入账管理以及明确现金处理手续，当然，也要对账单进行核查。

　　Q先生：那么如何做好对餐饮财务的管理工作呢？

　　A经理：首先，要做好营业款和备用金的管理工作，并且要做好对应收账款的管理。其次，要了解应收的账款问题，然后通过建立应收账款管理系统，制定信用标准等措施对应收账款进行管理。最后，还要做好财务稽核工作，包括对记账凭证的稽核、各类经营账簿的检查、库存的检查等。

第一节　出纳与收银作业管理

336　确定收银员的职责

餐饮店的营收管理工作除了需要严格的手续之外，收银员的工作也尤为重要。餐饮经理应明确收银员的工作职责，具体内容如下所示。

（1）每天在营业前，发给每位服务人员一本连号账单用于点菜、记账，并且在其所用过的账单上签名后交回。营业结束后收回未用的账单，分别登记于账单发出数目登记簿中，以备核对。

（2）核对账单定价及营收款，连同应交纳的金额一并登记于应收（付）账册上。

（3）收受信用卡并在核对信用卡后让顾客签字，用以确认此笔应收款。

（4）遗失或未能收回的账单应登记在账单遗失登记表上，以备查其遗失或未能收回的原因。

（5）所有营收均应登记于销售日报表上；同时，所有支出或付款，无论是现金或刷卡，均应详细注明其支出项目以备核算当天的收支情况。

337　明确日常工作手续

应对处理或经手现金的员工（收银员及服务人员）进行适当的训练，使其按照一定的手续收取现金并登记入账以确保安全。此外，要特别注意下列事项。

（1）每天营业前的手续。检查钱柜或收银机，检查收银员（服务人员）的收账（或收款）手续。

（2）工作时的手续。如何收取顾客的付账款，如何将其交给收银员。

（3）每天打烊的手续。任何文书作业及记录均应予以完成，并计算现金收入，登记信用卡及支票等。

（4）收受外币的手续。可以接受的外币种类，所收外币的现行汇率、入账方式等。

（5）收受信用卡的手续。何种信用卡可以收受，如何检查及核对信用卡，了解信用卡付账的方式，并记入信用卡账簿。

（6）收受旅行支票的手续。何种旅行支票可以接受并注意其使用何种货币，核对发票人的签名。

（7）签账手续。核对可在本店签账的顾客的签名，确认后予以登记。

以上各环节都应在工作手册中进行详细说明，处理及经手现金的员工（特别是收银员及服务人员）应当熟读工作手册，按照指示操作。

338　明确账单核查流程

餐饮收款的管理方法普遍采用核查制度，核查制度只适用于服务人员直接向顾客收款的情形。

1．核查程序

一般餐饮店所采用的核查程序如下所示。

（1）服务人员备有一本连号的账单，以便记录所有已出售的菜品和饮料的金额以及订正事项或变更事项。

（2）菜品由厨房到餐桌时，必须经过核查人员查对。核查人员可使用图章或机器在账单上记入价钱，使之无法涂抹、更改。

（3）当服务人员收到现金时，连同账单交给收银员，收银员根据此账单制作餐饮店售出报告表。

（4）每一个账单都应加以记录，连同账单提交给收银员，收银员根据此账单制作餐饮店售出报告表。

（5）账单上的记录与计算如有错误，可与核查人员所做的出售记录进行核对。

2．核查方法

（1）在服务人员的账单上与核查人员的记录单上，由核查人员盖上表明价格的骑缝章。

（2）服务人员复写两张账单，由核查人员盖上价格印章后，将第一联送收银员，第二联由核查人员当作售出记录之用。

（3）利用自动收款机将服务人员的账单插入机器内，自动打上价格。机器内部装有纸条，印有菜名及价格，该纸条即成为核查人员的售出记录，同时该纸条上的金额可利用机器自动合计。

339　点菜过程控制

当顾客进入餐饮店，由领台带位坐定后，服务人员拿菜单给顾客过目。等顾客点完菜，在服务人员将顾客所点的菜品与饮料记入点菜的三联单之后和送厨房之前，必须先将三联单交给收银员，以便收银员登记并在三联单上签字。

当收银员将点菜的三联单签好之后，服务人员将第一联立刻送厨房制作，第二联交给收银员做账，第三联由服务人员保存。有时候虽然顾客已点过菜，但是用餐过程中可能会加菜，这时服务人员仍然要照前述的方法写点菜单，收银员将加点的菜品明细再记入结账单中。结账单的明细应分为菜品、酒水、点心、水果等，让付账的顾客一目了然。

340 现金结账过程控制

当顾客用餐完毕后，由服务人员将结账单的明细送给顾客过目，核对无误后，由顾客将钱付给服务人员并由服务人员代替顾客往收银员处付款。服务人员要与收银员仔细核对账单的数额，并将零钱返回送给顾客。

341 信用卡结账过程控制

有些顾客在餐饮店消费后，会以刷信用卡的方式结账。如果顾客是以信用卡结账，一般都是由服务人员将信用卡连同结账单交给收银员，收银员在信用卡刷卡凭证上填上付账的金额，然后由服务人员拿回请顾客签字，顾客签完字后再由服务人员交给收银员，收银员将信用卡签购单凭证、结账单一起交财务人员即可。

342 入账过程控制

收银员在每天下班前，应将所有的账单、现金、信用卡签购单等，做成详细的餐饮店日报表并交总台入账，稽核人员查核无误后，才能做成当日应收账款报告交给财务人员（见表14-1）。

表14-1 餐饮店日报表

编号：　　　　　　　　　　　　　　　　　　　　　　　　　　　　　　　　　日期：

三联单号码	菜品	饮料	服务费	小费	税金	折扣		招待	合计	现金	信用卡	应收账款	备注
						菜品	饮料						

制表人：　　　　　　　　　　　　　　　审核人：

第二节　餐饮智能支付与开票

343　了解微信支付的方式

目前微信支付已实现刷卡支付、扫码支付、公众号支付、APP支付并提供企业红包、代金券、立减优惠等营销工具，以满足用户及商户的不同支付场景（见图14-1）。

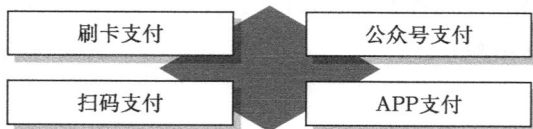

图14-1　微信支付的方式

1．刷卡支付

刷卡支付即用户打开微信钱包的付款界面，餐饮企业扫码后完成支付。

2．扫码支付

用户使用微信的"扫一扫"功能扫描商户的二维码进行支付。

3．公众号支付

用户通过消息或扫描二维码，在微信内打开网页，然后调用微信支付完成付款的流程。

4．APP支付

适用于商户在移动端APP中集成微信支付功能。商户APP调用微信提供的SDK支付模块，商户APP会跳转到微信中完成支付，支付完后再跳回到商户APP，最后展示支付结果。

344　公众号开通微信支付的流程

微信支付（商户功能）是微信向有出售物品需求的公众号提供推广销售、支付收款、经营分析的整套解决方案。商户通过自定义菜单、关键字回复等方式向订阅用户推送商品信息，用户可在微信公众号中完成选购和支付的流程。商户也可以把商品网页生成二维码，在线下张贴。用户扫描二维码后可打开商品详情页，在微信中直接购买。

1．申请条件/申请资格

申请成为公众号支付商户必须满足以下条件，如图14-2所示。

图14-2　微信支付申请资格

2．微信支付申请具体流程

微信支付申请具体流程如图14-3所示。

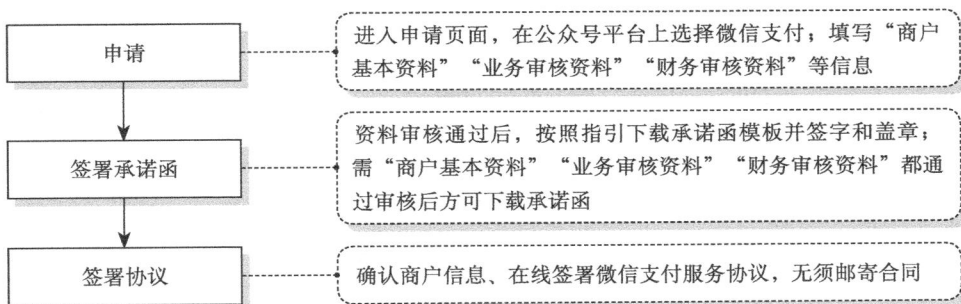

图14-3　微信支付申请具体流程

在申请微信支付的过程中，需要注意图14-4所示事项。

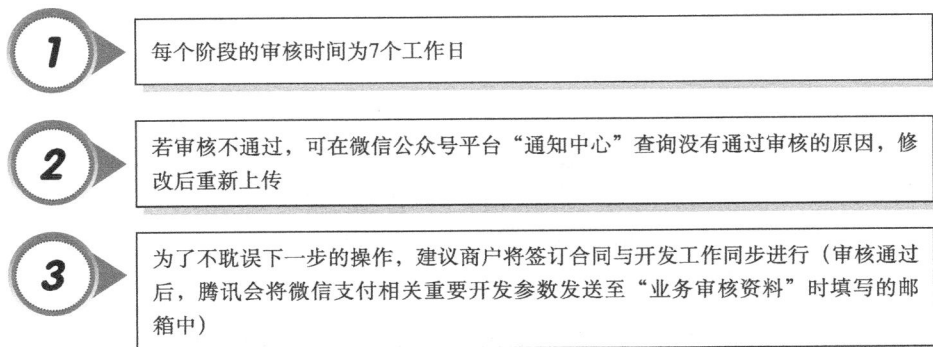

图14-4　申请微信支付注意事项

345　APP开通微信支付的流程

APP开通微信支付有如下步骤，具体如图14-5所示。

注册并认证	注册开放平台账号，提交APP基本信息，通过开放平台应用审核	开发完成后，在APP内即可调用微信支付模块的内容，然后进行支付

图14-5　APP开通微信支付的步骤

346　线下实体商户接入微信支付

线下实体商户可通过微信支付服务商直接申请微信支付，所需条件如图14-6所示。

持有组织机构代码证	①	②	账号须通过微信认证

图14-6　线下实体商户接入微信支付的条件

347　申请微信支付收款码贴纸

1．微信支付收款码贴纸

微信收款码贴纸是微信支付官方为了方便用户收款所推出的可张贴在收银台等其他地方的贴纸（见图14-7）。

图14-7　微信收款码贴纸

2．申请微信支付收款码贴纸的要求

申请用户需提前在微信支付中进行实名认证，点击"我的钱包"的右上角的三个点，在出现的菜单里点击"支付管理"（见图14-8），即可进行实名认证（见图14-9）。

图14-8　我的钱包

图14-9　支付管理

348　了解支付宝支付对餐饮企业的意义

对于餐饮企业而言，支付宝支付有如下意义。

1．买单即成为餐饮店会员

顾客只要通过支付宝钱包买单，立刻就会成为餐饮店的会员，餐饮店的信息会立刻保存到顾客手机中。支付宝平台自带会员管理系统，方便餐饮店掌握会员数据，分析会员消费习惯，制定会员营销方案。

2．买单立刻完成二次营销

顾客只要通过支付宝钱包买单，餐饮店就可以将优惠券、抵值券、红包发送到顾客的手机上，吸引顾客下次来店消费时使用。支付宝平台自带营销管理系统，方便餐饮店制定优惠活动，不再依赖其他平台。

3．买单立即到账

顾客只要通过支付宝钱包付款，钱款立刻进入餐饮店的支付宝钱包，当天就可提现至银行卡。

4．流水即信用

根据餐饮店的支付宝流水，提升餐饮店的信用。

349　餐饮企业如何利用支付宝收款

1．电脑网站支付

开通电脑网站支付服务的签约流程如图14-10所示：

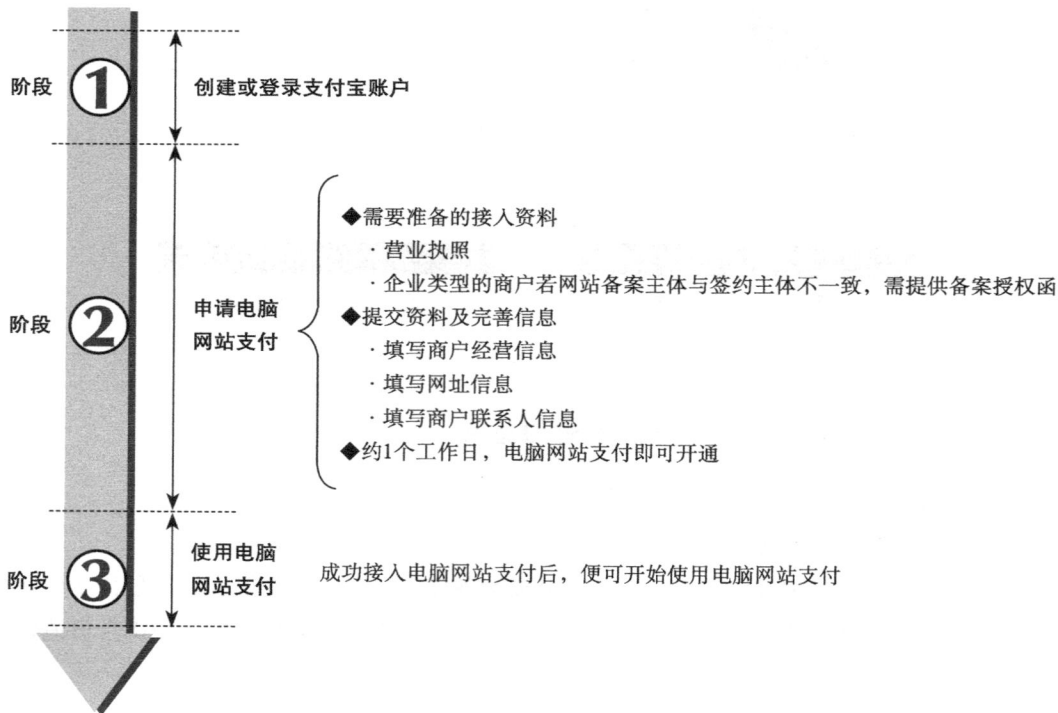

图14-10　开通电脑网站支付服务的签约流程

2．手机网站支付

本支付产品适用于餐饮企业网页，顾客在餐饮企业手机网站进行支付，通过浏览器调用支付宝客户端进行付款，可获得和APP支付相同的支付体验；在没有安装支付宝客户端的情况下，可以继续使用网页完成支付。

餐饮企业开通手机网站支付服务的签约流程与开通电脑网站支付服务的相同。

3．APP支付

顾客在手机、掌上电脑等无线设备的应用程序中，可通过支付宝进行付款，钱款会实时到账。餐饮企业开通APP支付服务的签约流程与开通电脑网站支付服务的相同。

4．当面付

商户可通过以下任一方式在线下完成收款。

（1）条码支付

餐饮企业可通过扫描线下顾客支付宝钱包中的条码、二维码等方式将顾客应付的餐费直接打入卖家的支付宝账户，钱款会实时到账。

（2）扫码支付

线下顾客可使用支付宝钱包扫描餐饮企业的二维码等方式完成支付，这样能提升餐饮企业的收银效率，钱款会实时到账。

（3）声波付

线下顾客可使用支付宝钱包中的当面付功能，通过声波付的方式完成付款，钱款会实时到账。

350　支付宝收款码的申请

申请支付宝收款码时可能有以下三种情况。

1．手机已安装支付宝

用餐饮企业管理者的支付宝账户，按照下图中的流程申请收款码（见图14-11）。

❶ 打开支付宝
扫一扫

❷ 扫描蚂蚁金服商家
中心的申请二维码

❸ 确认信息
立即申请

❹ 申请成功
等待寄送

图14-11　支付宝收款码的申请

2．手机未安装支付宝

餐饮企业管理者需用可信的软件扫描蚂蚁金服商家中心的申请二维码，输入收款银行卡号、联系人、手机号码即可完成申请收钱码。

351　二维码支付

二维码支付是一种基于账户体系搭建起来的新一代无线支付方案。用户通过手机客户端扫描二维码，便可实现与商家支付宝账户的支付结算。

餐饮企业在进行二维码营销的过程中最常用的推广方法是二维码支付返现或返优惠券，返给顾客的现金或优惠券可以在顾客下次到店消费时使用。返现流程如图14-12所示。

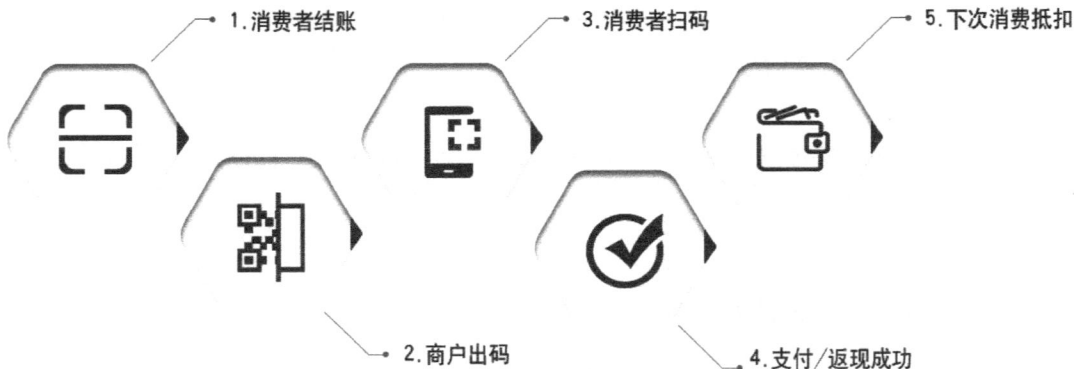

图14-12　二维码支付返现流程

352　支付宝扫码开票

支付宝为商家提供了闪电开票的解决方案，通过支付宝扫描二维码即可自动解析出开票资料并快速开出纸质或电子发票。

顾客只需打开支付宝扫描餐饮店提供的二维码，在手机上输入企业抬头，即可解析出要开发票的资料。确认开票信息无误之后，提交开票申请，就能快速开出增值税专用发票。开票信息会自动保存在顾客的支付宝账户，下次顾客扫码开票时，直接点"确认"即可（见图14-13）。

图14-13　支付宝扫码开票截图

使用支付宝闪电开票二维码，开票时间可大大缩短，提高了饮店收银员的工作效率。更重要的是，使用顾客自行保存或二维码解析出的开票资料，可以保证内容的准确性，避免以往顾客书写相关信息时因字迹模糊等原因造成的输入错误。

353　微信扫码开票

微信的小程序也越来越人性化，为了方便用户，现在微信官方上线了"发票小助手"程序，顾客无须手写发票抬头，开票时扫描商户开票二维码，即可提交开票。

顾客就餐后如果需要开具发票，只需打开微信扫描餐饮店提供的二维码并关注其微信公众号，通过"发票助手"输入企业抬头、企业税号等信息，在确认开票信息无误后提交开票申请，即自动将开票信息生成"开票二维码"；然后将此"开票二维码"置于"闪电开票"终端上轻轻一刷就可快速开取增值税专用发票。当下次需要开票时，开票信息已经保存，扫描后直接点"确认"即可，非常便捷，如图14-14所示。

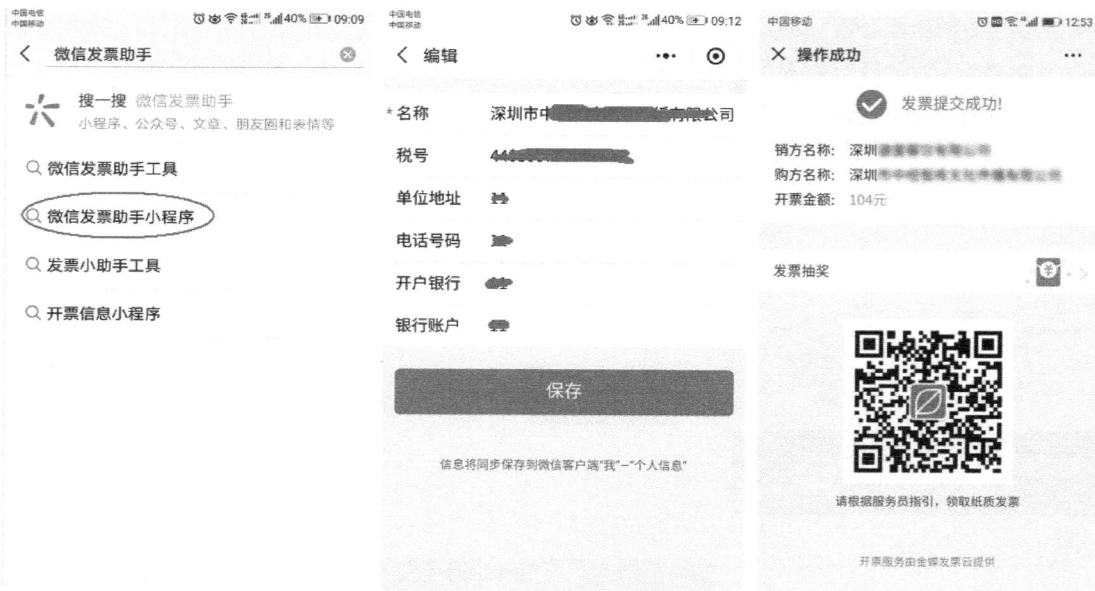

图14-14　微信扫码开票截图

第三节　餐饮账款管理

354　备用金的日常管理

备用金是指餐饮店储存于店内，用于日常开支的现金。备用金的日常管理内容具体如下所示。

（1）备用金用于日常营业中支付餐饮店少量支出及收银备用，不可作私人用途或转借他人。

（2）备用金实行定额管理，要明确记录用途及支出情况。

（3）定额数量应保持不变，不可挪作他用。

（4）财务人员应不定期对备用金的数额进行抽查。

355 营业收入的日常管理

营业收入的日常管理内容具体如下所示。

（1）对所收到的营业收入进行认真核对和检查（收银单与实际金额、收银员签名）。

（2）认真填写当班所收的实际营业收入。

（3）负责本餐饮店营业收入的存缴工作。

（4）存入指定银行卡，每天的营业收入必须于次日上午 11 点以前向银行结款（对公存款的除星期六、星期日外），其他时间如遇银行停业应及时通知餐饮店财务人员。

（5）为明确责任，缴款后必须在营业收缴情况表上签上姓名、时间。

（6）财务人员随时对营业款的存缴情况进行检查。

356 明确费用报销的程序

餐饮经理要明确餐饮店各项费用的报销程序，具体内容如下所示。

（1）餐饮店的少量采购和少量费用开支按照店内相关规定执行。餐饮经理对所支出的原始票据（凭证）的真实性、合理性负直接责任。

（2）大宗和较稳定的支出（如计划内的房租、购置设备和月结货物款等）可先送财务人员审查，餐饮经理审批后，方可付款。

（3）相关人员报销时，收银员应检查和注意以下几点。

①采购物品的真实性。

②是否有经手人签字、证明人签字、餐饮经理审查签字、日期、用途、金额。

③是否有正规的发票。

④办公用品报销时需附原始票据。

⑤自行采购原材料时，报销时需附经过验收的"进仓单"及有关的原始票据。

⑥报销差旅费时需附"差旅费报销单"及有关的原始票据。

⑦报销市内交通费时需附"市内交通费报销单"及有关的原始票据。

⑧报销其他费用时需附有关的原始票据。

⑨在检查完后方可签字、付款并保管好发票。

357 制定规范的信用政策

餐饮店应收账款赊销情况的好坏，依赖于规范的信用政策。信用政策包括信用标准、信用期限、现金折扣政策。餐饮经理应当在财务部门的协助下制定规范的信用政策，通过信用政策加强对顾客的信用管理，减少餐饮店呆、坏账产生的概率。

1．制定明确的信用标准

信用标准是指赊销顾客的信用等级，餐饮经理可以根据"5C"系统来评定，即顾客的信用品质、偿付能力、资本、抵押品、经济状况。

信用标准是餐饮经理和餐饮店决定允许或拒绝顾客赊销的依据，标准过高，会影响餐饮店的市场竞争力和收入；反之，则会导致坏账损失风险加大和收账费用增加。由于实际情况错综复杂，如有必要可以运用计算机上的自动信用评估模型，但不能机械遵循，餐饮经理必须结合餐饮店的实际情况，进行具体分析和判断。

2．规定明确的信用条件

信用条件是指接受顾客赊账时所提出的付款条件。根据事先确立的信用标准，信用等级越高的顾客，信用条件越宽松。信用条件主要包括信用期限、现金折扣政策。信用期限是餐饮店为顾客规定的最长付款时间，现金折扣则是顾客在账款到期前付款给予的优惠。

358　监控应收账款

由于餐饮店每日往来的业务很频繁，所以餐饮经理应当对应收账款进行账龄分析和严格的监控，以避免不必要的损失。

1．随时监督应收账款的回收情况

应收账款形成以后，餐饮经理须做好账龄分析，密切注意应收账款的回收进度和出现的变化。账龄是指应收账款在账面上未收回的时间，换言之，就是指资产负债表中的应收账款从实现销售和产生应收账款之日起至资产负债表日止所经历的时间。

2．建立坏账准备制度

无论餐饮店采取怎样的信用政策，只要存在商业信用行为，坏账的发生总会不可避免。

因此，赊销本身的不确定因素要求餐饮店遵循谨慎性原则，对坏账损失的可能性预先进行估计并提取坏账准备金。

359　催收应收账款

催收账款是指顾客违反信用条件，拖欠甚至拒付账款时，餐饮店所采取的收账措施。

1．制定程序化的收账措施

大型餐饮企业应组建专门的应收账款清欠部门，中小型餐饮企业应组建临时的清欠队伍，制定明确且程序化的收账措施：对拖欠时间较短的顾客，不过多打扰，以免将来失去这部分顾客；对拖欠时间稍长的顾客，可以措辞婉转地发函（信函或电函）催款；对拖欠时间较长的顾客，可利用信件频繁催款并加以电话催询；对拖欠时间很长的顾客，定期向其寄发账单，在催款时措辞严厉，必要时再提请有关部门仲裁甚至提起法律诉讼。

2．量化权衡收账方案的效果

一般而言，收账费用越大，收账措施越有力，可回收的应收账款也就越多，坏账损失就越小。也就是说，收账费用和坏账损失基本上成反比。

判断收账方案优劣的着眼点在于怎样使应收账款的总成本最小化，在权衡收账费用和减少坏账损失的前提下，可以通过比较各收账方案成本的大小，选择最优方案。

第四节　餐饮财务核查

360　日常账款核查

餐饮经理检查现金时须注意下列事项。

（1）现金是否存放于保险箱，如有另存他处者，应立即查明原因。

（2）保险箱内的现金有无以单据抵充现象。

（3）检查保险箱时，除查点数目、核对账簿外，还应注意其处理方法及放置区域是否妥善、币券种类是否分清等。

（4）检查保险箱锁匙及暗锁、密码表的情况，保险箱放置位置等是否合适。

（5）汇款的收据是否妥善保存，有无汇出多日尚未解讫的汇款。

（6）内部往来账是否按月填写账目明细表，并查对账单是否依序保管。

361　记账凭证的核查

餐饮经理在对记账凭证进行核查时，应注意下列事项。

（1）每一次交易行为发生时，是否按规定填写记账凭证，如有积压或事后补填者，应查明原因。

（2）会计科目、子目、细目有无误用，有无遗漏、错误以及各项数字的计算是否正确。

（3）转账是否合理，与借贷方数字是否相符。

（4）应加盖的戳记编号等手续是否完备，有关人员的签字、盖章是否齐全。

（5）检查记账凭证所附原始凭证是否符合规定、齐全、准确及手续是否完备。

（6）记账凭证编号是否连贯，有无重编、缺号现象，装订是否完整。

（7）记账凭证的保存方法及放置地点是否妥善，是否已登记在日记簿或日记表中。

（8）记账凭证的调阅及拆阅是否依照规定手续办理。

362　各类经营账簿核查

餐饮经理在对账簿进行核查时应注意下列事项。

（1）各种账簿的记录是否与记账凭证相符，复核者是否已复核；每日应记的账是否当日记录完毕。

（2）日记账收付总额是否与库存表当日收付金额相符。

（3）各种账簿有无经核准后而自行改正者。

（4）活页账页的编号及保管是否依照规定手续办理，订式账簿有无缺号。

（5）各种账簿的保存方法及放置地点是否妥善，是否登记备忘簿，账簿的销毁是否依照规定期限及手续办理。

363　日常经营报表核查

餐饮经理在核查报表时，应注意下列事项。

（1）各种报表是否按规定期限及份数编送，有无缺漏。

（2）各种报表的内容是否与账簿上的记录相符。

（3）数字计算是否正确，签字和盖章是否齐全。

（4）报表编号、装订是否完整和符合规定。

（5）报表保存方法及放置地点是否妥善。

364 各种有价证券核查

检查有价证券时，应与有关账表核对并注意下列事项。

（1）购入及出售证券有无核准，手续是否完备。

（2）证券种类、面值及号码是否与账簿记录相符。

（3）债券附带的息票是否齐全并与账簿相符。

（4）本息票有无到期或是否齐全并与账簿相符。

365 其他项目核查

餐饮经理检查各种质押品和其他有价值的凭证单据时，应注意其是否存放在保险箱内，并应根据开出收据的存根副本及有关账簿与此类物品或单据进行核查，看是否相符。如有另存其他地点者，应询问原因并检查其有关单据。